バルキモア

「内反足」効果

バルキモア

「内反足」効果

JIM CURRIE

BOOK DOMAIN LLC
Publish to Perfection

スコットランドの若者をゆるやかに描
いた物語生まれつき内反足。
彼の人生に登場する4人の女性に触発された
ドリーン、妻のドリー、母の「マー」エレイン、私の娘
ケリー、私の孫娘
「お茶に私の希望は変わらない」

夢想家ではなく行動する人は、夢を見て老後を生きるよりも、
死んでしまう方が良いです。エレイン・カリー、1983年10月7日
起こりうるすべての悪いことを心配しながら
人生を歩むと、何もしないことが最善である
と自分を納得させることができます。
著者不明

目次

長年にわたり、初孫娘のケリーを腕に抱きながら、全膝関節置換術から回復した体に重要な液体を供給するチューブを備えた車椅子に座ったとき、数分で人生が提供しなければならなかったものに対処することに前向きな自信を持っていました。私の手が彼女の2つの小さな奇形の足を愛撫すると、涙は絶対的な喜びと絶望の入り混じった形で流れ始め、この美しい子供と彼女の両親に今後数週間、数ヶ月、そしておそらく数年が何をもたらすかを考えると、私自身の不快感はすぐに忘れられました。

初孫(ジェイク)が生まれ、私たちの口から最初に出た質問が「彼の足は大丈夫ですか?」だったとき、医者は「はい」と答え、私たちは安堵に圧倒されました。どういうわけか、ケリーとこの質問は必要ないようでした、遺伝学はおそらく結局:本当の関心事ではなかった」と私たちは考えました。しかし、しばらくして発見したように、そうではありませんでした。

最初に感情が爆発した後、なぜか彼女の腫れぼったい目を見つめると、私は落ち着いて平和になり、それから彼女は母親を求めて泣きました。看護師たちは私を病院の廊下をエレベーターまで運んでくれましたが、目には涙が浮かんでいましたが、そこで私は「これがすべては60年近く前に始まった場所」という自分の考えを抱きながら回復室のフロアに戻りました。

バルキモア1

スコットランド1933-1960

1930年代、大恐慌の後、ヨーロッパ中に不満の噂が響き渡り、イギリス政府や他の多くのヨーロッパ諸国は、新興のアドルフ・ヒトラーに率いられたドイツ経済と人々が自分たちの生活哲学でどこに向かっているのかを懸念していましたが、スコットランドのボローストネス(Bo:ness)の若者たちは、対処すべきより差し迫った地元の問題を抱えていたため、どういうわけか発展していることに気づいていないようでした。主な問題は、キニール炭坑か、町の港の近くにある「ウッドヤード」で仕事を見つけて生計を立てることでした。この時期の若者たちにとって、他の重要な問題は、地元のサッカーチーム、できればボーネス・コリンチャンスを作ること、またはほとんどの土曜日の夜に開催される地域のダンスでかわいい若い女の子を見つけることでした。ダンスへの訪問は、ウェストロージアンのいたるところにあるように見えた石炭ビンビンの後ろで伝統的なギャンブルをした後、地元のパブで数パイントを

1

飲んで「小娘」に立ち向かう勇気を与えた後にのみ行われました。

　そのような少年の一人「ジョーディ・カリー」は、彼の前に多くの若者がいくらかのお金を稼ぎ、子供たちを養い、服を着せるのに十分ではなかった家族の収入に貢献するために行ったように、12歳で学校を辞めました。家族には、今日までまだ不明であるさまざまな関係からのいくつかの兄弟姉妹が含まれていました。振り返ってみると、この地域やこの時代のほとんどの家族 は、複数の結婚や生活の取り決めを持っており、家族が食事を与えられ、衣服を着せられ、寝る場所がある限り、それはほとんど問題ではなかったようです。

　ジョーディは、正式な教育をほとんど受けていない単純で単純な男でしたが、平均以上の常識とユーモアのセンスに恵まれ、サッカー、飲酒、ダンス、ギャンブルを楽しんだ人でした。元気いっぱいの青年で、世界が彼に起こるのを許し、また、うめき声や不平を言うだけでなく、良い議論をして「影響」下にある間、彼は少し不快になったので、しばしば彼をトラブルに巻き込むことを楽しんでいました。ジョーディと彼の兄弟たちは互いに激しく忠誠を誓い、良いスクラップから遠く離れることはありませんでした。

　私の父の母、グラニー・カリー、メアリー・アン・ブローガン、アイルランドの両親ジョン・ブローガンとブリジット・クレイマーの娘として1880年に生まれたことは、家族が「デリー・クローズ」に住み着いたきっかけとなり、ボーネスは、すべてのベアンズが遊んだ中庭を見下ろす小さなバルコニーを持つ2階建ての建物の2階にある小さなカウンシルハウスに住んでいました。数年後、そのようなことが重要になったとき、グラニー・カリーには複数のパートナーがいたことを知りました。

　オールド・ジョックは、ジョーディの形成期の「家の男」であり、彼の権威ある性質と人生の細かい点への配慮をほとんど

考慮していないために皆に苦労を与えたように見える無愛想な老人でした。家族全員にとって謎だったのは、そもそもグラニー・カリーがどうやってオールド・ジョックと関わっていたのかということでした。彼は彼女の亡くなった夫の兄弟だったことが判明します。ジョーディは、他の3人の兄弟と2人の姉妹と同様に、グラニー・カリーの最初の結婚の産物であり、他の2人の兄弟はオールド・ジョックの子供としか考えられません。

　ジョーディは、何週間も毎朝並んで就職を望み、ついにそれを確信した日雇いの監督に選ばれた後、zの兄たちを追って森の庭に入りました「我らがおしっこ兄弟」を雇うことが彼の最善の利益になるかもしれない:彼が提供されていた他の代替ネイティブが何であるか想像できない、どうやらカリーの少年たちはこの時までに評判を築いていたようだ。

　結束の固い家族には、非常に洗練された、気立ての良い、若き紳士であるジェームズが含まれていました。彼は非常に早い年齢でボーネスが彼に向いていないと決定し、この目標に向かって働き始めました。ジョンまたは「ジョック」と呼ばれたのは、グラニーカリーの最初の結婚から3人の兄弟の末っ子だった:最初の結婚は、ジョーディのおしっこ兄だけでなく、彼の最高の仲間でも、彼らの生活は、それぞれが初期の日に相手を探して同様の道をたどった、ジョックは、ほとんどの状況で自分自身を保持することができました　が、そうでした:彼の兄と同じくらい攻撃的でした。

　姉のメアリーはジェームズと同じ布切れだったが、故郷を離れるという同じ願望を持っていなかったし、最終的には商船にいた楽しい愛情深い男、デイビー・マクラーディと結婚した。彼は妻を愛したのと同じくらい海を愛していた、デイビーは常に彼の旅行や冒険について語る多くの物語を持っていた、それはしばしば皮肉といたずらっぽい笑顔で語られた彼の想像力の産物から真実を判断するのは難しい。

　ブリジット、バニー、そして若いジェームズ(トロール船員)が家族を完成させ、彼らは皆、何らかの形でオールド・ジョックに似ているように見えました(見た目、行動、マナー)が、ブリジットは最初の結婚の産物であると思われていました。バニーと若いジェームズは、ほとんどの土曜日の夜に戦いを楽しみ、トラブルに巻き込まれる可能性のある家族の誰のためにも常にそこにいた荒々しく転倒したキャラクターでした。バニーの名声への主張は、握手をしながら、彼はどういうわけかその人の親指を取り、それを曲げて服従させることでした、何らかの理由でこれは彼に大きな満足感を与えましたか?

　カリー家は皆、サッカー(fitbae)を愛し、地元のジュニアチームであるBo:ness　Utdや、子供たちが形成期に関わったあらゆるチームの熱心なサポーターでした。Bo:- ネス・ユナイテッドは、限られた予算にもかかわらず、常に非常に競争力のあるチームを持っているように見え、リーグチャンピオンシップを勝ち取り、スコティッシュカップを何度も制覇することに成功しました。そんな時、父が私をサポーターズバスに乗せることにしたとき、「マン・オブ・ウォー・ストリートからハムデン・パークまで特別に、スコティッシュ・ジュニア・カップ決勝でボーネス・ユナイテッドがショーフィールドと対戦するのを見るために、2-1で勝利しました。特に印象的だったのは、ウェリーブーツと革のブーツをクラブフットに履いて行ったからです(冗談です)が、もちろん、私たちはカップを勝ち取り、素晴らしい日。ボーネスのカリー家が生活費を稼ごうとし、個々のメンバーがそれぞれの目標(最近では「生きる」と呼ばれる)を追求している間、エリザベス・フレイザー・フェルの娘であるドリー・フェルという若い女性が学校を卒業し、彼女の2番目の夫ウーリーも学校を卒業し、利用可能なものは何でも稼ごうとしていました。家族は、歴史的なエジンバラ城につながるローンマーケット(地元の人々にはローニー)に近い#4アッパーボウエジンバラに住んでいました。

　彼女の家族、特にジーンという名前の彼女の妹と非常に良い関係を持っていたドリーと彼女を崇拝し、ニックネーム「ドリー」の責任者であった兄のアレックは、彼の意見では、彼女が生まれたときの彼女の姿だったからです。

　他の2人の兄弟姉妹は、国境のモファット出身のアサドラーであったウィリアム・バーンズとの最初の結婚の結果でした。兄弟の名前はウーリーとジョンで、姉妹はリリーアンド・メアリーで、家族は初期の頃はうまくいっているように見えました。

　ドリーはエジンバラのゴム工場で就職することに成功しましたが、給料は比較的良かったのですが、仕事は厳しく、長時間もかかりましたが、ドリーは挑戦に耐えられていましたそして、彼女の友好的で外向的な態度で、すぐに「製粉所」で多くの良い友達を作りました。自信がつき、今では生活費を稼いでいるドリーは、外出を始めるように奨励されましたが、これはもちろん、地元のパブでダンスをしたり、奇妙なラガーを飲んだりすることを意味しました。ダンスはドリーと彼女の友人たちのお気に入りの娯楽になり、すぐに彼らは町の外にあるバレルノ、ブロックスバーン、クイーンズフェリー、ダルケイス、さらには時には遠く離れたボーネスまでダンスに行くようになりました。

　土曜日の夜はその週のハイライトであり、すべてのラッシーはダンスを楽しみにしていました若い男性のほとんどがサッカーをしたり、ギャンブルをしたり、地元のパブでいくつかのパイントを飲んだりした後、元気だったからです。

　それは1933年の秋頃、土曜日の夜にボーネスのキャリデンホールでのダンスで、ジョーディが初めてドリーに会った地元のライバルチームの1つに対する重要な勝利を祝っていた彼の兄弟バニーを含むジョーディのチーム「コリンチャンス」でした。一目惚れだったと言うのはとてもロマンチックですが、そうではありませんでした。ジョーディは、いくつかのパイ

ントを楽しんでいたダンスで、この非常に魅力的な新しい顔を見て、ドリーはダンスへの彼の招待を受け入れたが、彼は少し騒々しく、彼女の好みのために不快であることを発見した、彼の自信に満ちた傲慢な態度は、いくつかのパイントによって燃料を供給され、彼女はこの特定の夜に1つのダンスを決定するのを助けた彼女が処理できるのと同じくらい多かった。しかし、ジョーディは心を打たれ、その夜の残りの間、自分自身に正しい迷惑をかけました。ドリーの家に同行するという彼の招待は丁重に断られましたが、彼が気に入っていたこの見栄えの良い女の子がエジンバラから来たことを知っていたら、恥ずかしい思いをしたかもしれません。

ドリーは、次の週に「工場」で彼女の友人に話すいくつかの興味深い話を持っていて、ジョーディがコリンチャンスでよく知られているサッカー選手の一人であることを彼女に知らせた彼女の仲間の反応に満足しているようでした、そして彼女は多分彼女がBo:nessoneでダンスをもっと試してみることに決めました。その間、ジョーディは彼の「マー」に、ダンスでこの目を引っ張ったこの美しい娘について自慢し、何が起こったかを彼自身のバージョンで捏造していたが、彼にとって不幸なことに、彼の兄弟であるバニーとジョックは聞いていて、「マー」に彼らのバージョンのジョーディ:スナイトアウトを与えた。言うまでもなく、ジョーディは彼の目に留まったこのユーングラスを追い求めるための励ましだけでなく、彼の祝福も得ました。

偶然にも、次の週末にとても重要なフットボールの試合が行われることになっていて、バニーとジョックは、ジョーディが相手チームに宿敵がいて、試合に勝つことよりもジョーディのしこりを蹴り出すことを考えていることを知っていたので、試合後にクラウン・ロイヤル・パブでミーティングを開くことに合意していた。この会議の目的は、2つの敵対者が

何らかの方法で彼らの違いを解決しようとすることだった。オールド・ジョック、当時の父親の姿は、何が進行しているのかを知っていて、大きな期待を持って週末を楽しみにしていましたが、グラニーカリーは彼女がただ動揺するので知りませんでした。

　土曜日が到来し、試合はジョーディとジョック・パーブスが試合のほとんどでお互いの喉を鳴らし、何度も審判から両方に警告を受け、素晴らしい精神でプレーされました。試合は1-1の引き分けに終わり、選手たちがフィールドを去ると、ジョーディはJockPurvesにスイングをしたが、バニーとジョンは、数パイント後にこれを解決することを約束して、彼らを引き離すことができた。

　一方、エディンバラの工場労働者たちは、何が起こっているのか気づかず、楽しみとダンスの夜を過ごすためにBo:nessに向かっているのだと思っていました。

　試合後のパブでは、バニー、ジョック、そしてジョック・パーブスの仲間2人が、この問題をきっぱりと解決するための手配をしていた。計画は、彼らに数パイントを飲ませてから、大きなトイレに連れて行き、「それぞれの友人」がドアを閉めたまま「それに取り組む」ことでした。ドリーと彼女の仲間たちはパブにいて、彼らが受けている注目の欠如にやや失望していました。ジョーディはドリーと話すことにし、飲み物を買って「後でダンスで会おう」と言い、ドリーは「また会おう」と答えた。

　バニーとジョックは2人の戦闘員をトイレの「アリーナ」に案内し、彼らの意見の相違を解決するように言われ、他のメンバーは地元の警察を監視し、問題が発生した場合は彼らに警告するように言われました。その後、ジョーディとジョックが激しい戦いでお互いを叩きのめし合い、警察が到着し、彼らの「友人」全員が持ち場を捨てたため、二人ともそこに残されたという話が語られています。ジョーディとジョック・パーブス

は、このイベントの後、親友となり、傷つき、ボロボロになって
も、警察に解放されたことを嬉しく思いながら、将来の行動に
ついて警告するだけで、ダンスに現れました。彼らの「友達」
は皆、飲み物を買って化粧をすることを切望していました。ド
リーは、この若い男が彼女と一緒に踊っているのを見て動揺
しましたが、彼女はたくさんの友達がいるように見えるこの男
と踊っていることにかなり興奮していました。ジョーディはド
リーを兄弟やチームメイトに紹介し、二人は波乱万丈の夜を
踊 り、語り合った。ドリーはその夜、夜を楽しんだが、自分が本
当にどう感じているのかわからなかったので、友達と一緒に
家に帰りました。

バルキモア2

エディンバラのボーネスとアッパーボウでの生活は、ドリーと
ジョーディが定期的に会うようになったことを除いて、いつも
のように続きました、土曜日の夜はダンスで、時折写真で夜を
過ごします。2つの家の間の距離は、彼らの関係が成長するに
つれて縮んでいるように見えました。彼らは、それぞれの家族
についての話を共有するために多くの時間を費やしました。
ドリーの親戚は、評議会の家が利用可能になったとき、「ロー
ニー」に移住したように見え、奇妙な偶然により、ジョーディ：
弟のジョックは数年後にリドルズコートにたどり着きました。
ジョーディの兄ジェームズはグラスゴーに引っ越し、バニー
はキニール炭坑で働き、若いジェームズはトロール船に向か
い、メアリーとブリジットは地元の若者2人に求愛され、結婚
していた。

それは、ドリーとジョーディが彼のギャンブル、飲酒、サッ
カーの興味を続けたにもかかわらず、ドリーとジョーディが遠
くない将来に結婚することが明らかになった、ドリーは彼女
の原石のダイヤモンドに興奮し、彼らが結婚したときには「そ
れは違うだろう」と確信していた。ジョーディはドリーの家族
のほとんどに会い、彼女の兄弟姉妹とはかなり健全な関係を
築いていましたが、グラニーフェルは別のやかんの魚でした。
彼女は町の外から来たこの生意気な若者には感銘を受けず、

彼の悪い習慣(彼女の定義による)を発見したときもあまり感銘を受けませんでした。

1935年7月12日、ドリーとジョーディは結婚し、ジーンは花嫁介添人で、アレックス・フェルはジョーディの弟ジョックのベストマンでした。2人のフラワーガールは、ジョーディの姪であるクリスティン・ストゥパートとドリーの姪であるイサ・バーンズでした。すべてのアカウントから、結婚式は大成功でしたが、残念ながらドリーはジョーディによる過度の飲酒のために彼女の若い人生の多くの失望の最初の経験をすることになりました。

彼らの結婚生活にかなり脆弱なスタートにもかかわらず、彼らは小さな評議会の家を取得することに着手し、それはジョーディと彼の友人や家族を大いに喜ばせ、ドリーが「工場」での彼女の仕事をあきらめなければならなかったため、グラニーフェルと彼女の家族の失望に大いに喜ばれました。ドリーにとって、まったく新しい生活様式が始まろうとしていました。

ドリーとジョーディは非常に愛し合っていて、お互いの会社を大部分で楽しんだが、ジョーディは仕事を続け、サッカー、ギャンブル、飲酒、喫煙を続けた。彼女は自分の気持ちをフェルおばあちゃんと共有しましたが、彼女は本当に「私があなたに警告したこと」を思い出させる以外にあまり言うことはありませんでした。おばあちゃんフェルは、ベアンが来るまで娘におしっこの仕事を見つけるようにアドバイスしました。ドリーはちょっとした仕事を得て、ジョーディと彼の兄弟や仲間とできるだけ関わろうとしましたが、限られた成功しか得られませんでしたが、余分なお金が入ってきたことで彼女は少し自立し、彼らの家のために物を買い始めました。土曜日の夜はまだとても楽しかった し、ドリーは彼女が外向的で、要求されたときに彼女の順番を取って歌うことをいとわなかったの

で、地元のパブでお気に入りになりました、パブで歌う女性は
Bo:nessで少し珍しいようでした。

　ジョーディのマーは、彼の兄弟姉妹がそうであったように、
ドリーを非常に好きだった、誰もが心配して最初の赤ち
ゃんが来るのを待っていたが、バニーによると"彼らは
何か間違ったことをしているに違いない"とジョーディ
は、他の人々が本当に努力せずに赤ちゃんを産んでいる
ように見えながら、少なくとも2年間、いくつかの気さくな冗談
の対象だった。

　BalkymorTerraceのおしっこ屋は、これらの時代の基準で
はかなり素敵に見え始めていました、2つの収入とnaebairns
で、はい、Currie:sはちょうどうまくやっていました。しかし、
1937年の春、ヨーロッパでの戦争の見通しが迫っていたとき、
ドリーは記録を取り始めて以来、ボーネスで生まれた最大の
女の赤ちゃんを出産し、エリザベス・フレイザー・フェル・カリ
ー13lbs40zsが生まれ、ドリーが困難な出産からゆっくりと回
復したのを家族は喜びました。

　言うまでもなく、ジョーディは兄や仲間に自慢する彼の分
担をし、赤ちゃんが生まれた夜にはかなりの数パイントが嘲
笑されました。ジョーディは今やいくつかの追加の責任を負っ
てお　り、ウッドヤードでの仕事は目的を達成するための手段
に過ぎず、あまり満足のいくものではなかったが、ヨーロッパ
の状況が月ごとに悪化するにつれて、軍隊に徴兵される可能
性が現実のものとなりつつあった。赤ちゃんは「ベティ」という
ニックネームで呼ばれ、ドリーとジョージの焦点となり、彼ら
はBo:nessで日常生活を過ごし、ジョーディの興味は家族が来
るときのように変化していましたが、彼はまだゲームの後に
彼のサッカーとパイントを楽しんだ。

　ドリーは赤ちゃんと多くの時間を過ごし、家族を訪ねるた
めにエジンバラへの旅行を楽しみました。今では彼女の家
族のいくつかのメンバーは、おばあちゃんフェルの家の近く

に"ローニー"近くの評議会の家に移動していたコウノトリは、ドリーに二度目の訪問を支払った訪問に便利だったと私は1938年11月12日に生まれ、ジェームズカリー(ジョーディの兄にちなんで名付けられた)が、11ポンド8オンスで重量を量る"ジム"として知られている、良い重量と考えられましたが、私の「姉」ベティと比較するとフェザー級です。

ジョーディは、将来彼がfitbaeを遊んでいることを考えて、おしっこをしている若者を持つ喜びは、何かが私のおしっこ「若者の左足」で完全に正しくないことが明らかになったときに生きました。

両親の6週間の不安の後、医師の診察を受けたところ、最悪の事態が確認されました:私は生まれつき、左足(Talipes)に先天性の奇形があり、より一般的には「内反足」として知られており、それが機能するためには早急な治療が必要でした。医師は私の両親に、これには頻繁な治療手術のためにエジンバラのプリンセスマーガレットローズ病院とシックチルドレンズ病院の専門家に何度も訪れる必要があることを伝えました。

明らかに、これはドリーとジョーディの人生に大きな影響を与えることになり、1歳半で今では多くの注目を集めることに慣れていたベティにも大きな影響を与えるでしょう。ドリーは私の問題に責任があると決めつけ、ジョーディも医者も、家族の誰も含めて、誰も彼女を説得できなかった。これは今後何年にもわたってすべての人に大きな影響を与えるでしょう、ドリーは彼女の人生を「あの可哀想なおしっこお嬢さん」に捧げているように見えました。

マーが私を「あの可哀想なおしっこお嬢さん」と呼んだとき、マーが人生の早い時期に何が起こっていたのかあまり知らなかったのですが、マーがエディンバラの病院に往復している間、ベティはグラニー・カリー、グラニー・フェル、私の父、そして時々助けてくれる叔母や叔父の間を行き来していまし

た。お父さんは、戦争が迫っており、いつでも呼ばれる可能性があることを知って、追加の費用を支払い、家の世話をし、ベティと時間を過ごすために、できるだけ多くの仕事をするために最善を尽くしていました。未来はあまり期待できそうにありませんでした。

バルキモア3

Bo:nessの私たちの小さな家としてBalkymorの私の最も初期の記憶は、控えめに言っても、私はいくつかの椅子とキッチンテーブルと非常に小さなリビングエリアを覚えている、キッチンは左側に小さな作業エリアと小さな手洗面器を持っていた。カーテンのそばに隠された2つの非常に小さなくぼみが「寝室」として機能し、残念ながらトイレは共用の廊下にあります。

　私は、セントカスバートの牛乳を買う余裕のある人々にセントカスバートの牛乳を届けるために、家々へのわずかな傾斜をゆっくりと登った馬と荷車、馬が私たちのドアのすぐ外で止ま　り、牛乳屋が荷車の車輪の後ろにチョックと呼ばれる木片を置いて、それが転がるのを止めた記憶があります。牛乳屋はいつも来て、私を拾いに来て、それ自身の心を持っていた「馬」を見に行き、牛乳とロールが配達されたと思ったときに前進するだろう、私はすでに人々が明らかに私のハンディキャップと呼んでいたもののために特別な注意を引いていました。

　1940年代初頭になると、父は砲手として訓練を受けるために王立砲兵隊に赴き、後に北大西洋を航行する船の商船に配属されました。マーはまだ、手術や治療のためにエディンバラの病院まで必要なだけバスで一緒に移動していました

し、ジョーディがいつも不在だったので、グラニーフェルは私たち家族をエディンバラに戻そうとしていました。ベティは学校を始めるのが近づいており、これがエジンバラへの引っ越しがグラニー・フェルにとって理にかなっているように見えたもう一つの理由でした。

　ジョーディが休暇で家にいたとき、ドリーは大きな不安を抱きながら問題を提起し、予想していた反応を得た、「彼女はただの邪魔なオールド野郎だ」とジョーディは言い、彼はパブに向かう途中で家を飛び出し、そこではそのような問題は通常地元の人々と話し合われていた。今回、地元の人々はジョーディを驚かせ、ドリーが若者を頻繁にエディンバラに運ばなければならないことについて、すべてのことを考えればそれがやるべきことかもしれないという結論に達しました。

　グラニーカリーはジョーディとおしっこをしゃべり、ドリーと2つのベアンズが荷造りをして　Balkymorを離れ、エジンバラのアッパーボウに移動することが最善であると彼を説得することができましたグラニーフェルと住んでいます。そして、彼は非常に長い期間、家を空けることができました。ドリーと彼女の若い家族は、ジョーディの自宅休暇中に引っ越し、これが私たちの生活の中で非常に激動の時代の始まりとなりました。戦時中(1939-1945)は、あらゆる種類のおしゃべりな話や重要な出来事でいっぱいでしたが、当時私にとって重要だと思われ、家族や友人に関連する出来事についてのみコメントすることができます。

　私の叔父ウーリーバーンズは、聴覚障害(むしろ大雑把にこれらの日には聴覚障害者として定義)されているために、軍隊での積極的なサービスから免除され、彼は古い倉庫から働いて芝生市場で煙突掃除人/レンガ職人/奇妙な仕事のビジネスを設定することを決定していたリドルズコートの古い倉庫から働いていた彼は古い二輪カートを取得していた彼は貿易のツールを運ぶために使用し、彼は確立しようとして行

ったように彼の後ろに引っ張ったその地域での自分のための
ビジネス。興味深い偶然により、私の叔父ジョン・バーンズも
また、税関およびEx-cise部門のエッセンシャルサービス要員
と見なされていたため、現役勤務を免除されましたが、2人の
「バーンズ少　年」が現役に徴兵された他のすべての家族や
友人から取った棒を想像することしかできません。

　ボーネスのデイビー・マクラーディ叔父さんは何年も商船
に所属しており、この任務に留まることを決定しましたが、叔
父のジョック・ストゥパートは深刻な健康問題を抱えており、
近くのグランジマスにあるシェル製油所での仕事を続けるこ
とを許可されました。私の父と叔父、ジェームズ・カリー、バニ
ー・カリー、ジミー・カリー(トロール船の男)、デイビー・ギブ、
アレックス・フェルは軍隊に入り、若いジョック・カリーは海軍
を選びました、男性は人生の運命を受け入れ、女性と子供た
ちを置き去りにして、いつまた会えるのか、また会えるのかわ
かりませんでした。これが、街頭の人間の選択肢が非常に限
られている戦争の現実です。

　ウーリーおじさんが立ち上げたビジネスは最初から繁栄
し、彼は煙突の掃除、レンガ造りの修理、および地域の一般的
なメンテナンス作業に非常に忙しくなりました。彼は、戦争が
終わったとき、神の御心のままに、他の男性家族にも参加して
ビジネスを拡大するように頼むことを決めていました。その
間、彼は彼の家族、妻のイサ、娘のイサ、そして数年間盲目で
寝たきりの義母のグラニー・レッドパスに非常によく提供して
いました。

　ウーリーおじさんは、人生を楽しみ、常に他人に気を配る
幸せな人で、父が戦争で不在の間、父が戦争で不在の間、母、
ベティ、そして私が世話をされていることを確認しました。あ
る　時、彼は私をハムデン・パークに連れて行き、スコットラン
ドが本当に重要な国際サッカーの試合でプレーしているの
を見たいと思っていたことを覚えています、そして私たちは実

16

際にマウンドと呼ばれる場所で階段を下りていました。それはすべてのサッカースペシャルが出発する鉄道駅に通じています。私のマカムが私たちの後を追いかけたとき、彼女は泣いていて、彼女は私のことを心配するだけなので、本当に行かない方がいいと決めていました。

　ウーリーおじさんは、私が大丈夫だと彼女を説得できなかったので、私は行くことができませんでした。ウーリー叔父さんについて思い出すもう一つの出来事は、彼が窓からローンマーケットを見ていたとき、一人の男が二人の若い暴漢に襲われているのを見て、助けに駆けつけたことです。その二人の若者は私の叔父に向き直り、顎を骨折してしまいました。彼はその後の6週間、顎をワイヤーで閉じ、ストローでスープを飲んで過ごしました。彼はよく「善きサマリア人である」と言いましたが、それでも彼は思いやりのある人間であり続けました。

　父「ジョーディ」は王立砲兵隊に徴兵されましたが、アックアックガンナーとして訓練を受けており、ほとんどの時間を銃を装備した商船で勤務していました。彼は自分の船が攻撃され、「ジェリー飛行機」を撃墜したという素晴らしい話を持っていましたが、彼の話の信憑性は常に彼の兄弟や義理の両親から疑問視されていましたが、休暇で家に帰ると、彼は冗談のような悪い精神で立ちました。

　彼が覚えているお気に入りの話の一つは、彼が「戦争」で最も深刻な怪我を負い、イングランドでの試合中に会社のチームでサッカーをしているときに右膝の軟骨を損傷したというものでした。彼は非常に快適な英国の家に配属され、スタッフによって王室に扱われながら、すべての「負傷者」の隊員が着ていた伝統的な「青い」パジャマを着て回復するために6か月を過ごしました。

　彼がよく話を聞いてくれる人に話したもう1つの話は、彼が攻撃を受けていた商船の1隻で勤務していた夜、彼は個人的にドイツ軍機の1機を撃墜したという話です。父によると、

彼は飛行機の一部を回収して密輸し、それを私と妹のために家に持ち帰ったそうです。私たちは適当に感銘を受け、友人に父のことを自慢しましたが、残念ながら、残りの家族は父の話を買わなかったのです。

　一方、父の親友で弟のジョックは海軍にいましたが、残念ながら彼が配属された艦船はいつも困っているようで、しばしば沈められていましたが、彼は何が起こっても生き残ったようで、臆することなく再配置され、再び戦場に向かうことになりました。彼の名声は地中海のHMSフッドに割り当てられ、マルタ近くのどこかでも沈められましたが、その地域のドイツ海軍のボートに大きな破壊を引き起こす前ではありませんでした。HMSフッドの乗組員がついに休暇で英国に戻ったとき、彼らは報道機関や友人、家族から英雄として歓迎されました。残念なが　ら、家に帰れなかった人もいて、彼らの努力に対して打たれたメダルは、家族を慰めるのにほとんど役立ちませんでした。特別勲章は、ドイツの独裁者に対するすべての乗組員の努力に対して授与されました。

　私の母、妹のベティと私は、エディンバラのボウにあるグラニーフェルの家で他の家族に近い　#4Upperかなり落ち着いていました、母はモーニングサイド近くのロスのガレージで仕事を得て、週に40時間から50時間仕事に取り組みながら、私たち全員の世話をするのに非常に忙しかったです。その上、医師たちが私の内反足を矯正しようとしていたので、私は病院に出入りしていましたし、もちろん、母は、シックチルドレンの専門家であるスターリング教授とエアド博士が処方した通り、私の足が毎日必要な治療とマッサージを受けていることを確認するように求められました。

　牧草地近くの病院。牧草地を通って病院までの道のりは約2マイルで、母は必要なだけ何度も私を連れて行き来してくれましたが、何年も後に母が腰を痛めたのも不思議ではありません。

　グラニー・フェルは彼女なりにマーにとって大きな助けとなりましたが、お父さんが休暇で家にいるとき、彼らの関係は初期の頃から決して改善されておらず、もちろん、お父さんが休暇を取ったとき、彼は男性たちとビールを飲んだり、戦時中ずっと続くフットボールの試合を観戦したりする時間が必要でした。状況があまりにひどかったので、家族として家を出るように言われたことが何度もありました。

　その頃には、ジーンおばさんとデイビーおじさんは、ボ#4Upperウのグラニーフェルの隣の同じ階に住んでいましたが、その時々、私たちは追い出されました:彼らは自分たちのための十分なスペースがほとんどなかったので、私たちを置くことができませんでした。ジーンおばさんの言うように、私たちはフェルおばあちゃんと仲たがいしたくありません。だから、私たちはボーネスのグラニー・カリーとオールド・ジョックに行き、そこではさまざまな問題が私たち家族を待っていました。

　オールド・ジョックは「グリーティンフェイス」のベアンズに対処するのが好きではなく、数週間後には再びトラブルに巻き込まれました。彼は毎日数杯のニップとパイントを飲み、静かな家に　帰ってくるのが好きでしたが、もちろん、ジョーディとドリーのベアンズでは不可能でした。これは、気さくで親切なおばあちゃんカリーにトラブルの終わりを引き起こしませんでした。彼が家に帰ると、静寂は耳をつんざくほどで、壁時計の時を刻む音とオールド・ジョックがシンクでピー リングする音が聞こえ、マーは小さな奥の寝室で私たち全員をできるだけ静かにしていました。

　父が軍隊にいた間、私たちはエディンバラのローニーまで3、4年ほどの間、ゴムボールのように跳ね返っていたように思えますが、それはきっと私の妹のベティの学校教育を混乱させたと思いますが、彼女はいつもクラスでうまくやっているように見え、常にクラスのトップ3に入っていました。

この混乱は母の健康に深刻な影響を及ぼし、父がサービスで不在のときだけ、おばあちゃんフェルは「ドリー」が手一杯で、神経衰弱の初期の兆候を示していることに気づき、私たちをアッパーボウに戻しました。

私たちは再びエディンバラに引っ越し、ベティはキャッスルヒルスクールに戻って元気に過ごし、マーはロスのガレージで仕事を取り戻し、ダダウェイが戦争に参戦するなど、物事は順調に進んでいるように見えました。私はガミーレッグとして知られるようになったもので進歩しており、グラニーフェルは請求書の支払いを手伝ってくれる人がいて喜んでいました。マーはいつも金曜日の夕食のための特別な御馳走を管理しているように見え、私たちは離れてロスのガレージ近くのモーニングサイドで肉屋の店から来た食欲をそそる「スペアリブ」を覚えています。私たちが持っていた他の御馳走は、ローンマーケットの角を曲がったところに彼の店を持っていた「デイビー・ザ・ブッチャーズ」から来ました、彼はいつもママに肉の特別なカットとグラニーフェルがスープを作るための良いストックを与えました。彼は本当にいい人で、仕事中にベティと私と一緒にいるのを楽しんでいました。

おばあちゃんフェルは最善を尽くしていましたが、私が覚えている限りでは、彼女は「ハッピーグラニー」と呼ぶものではなく、おそらく、彼女がよく「どうして他の家族はみんな自分たちでやっているように見えるのだろう?」とよくコメントしていたので、理解できる状況下でのスタンスでした。かわいそうなマーはそれに対する答えがなかったが、彼女はエディンバラの地方議会を通じて彼女の「アインハウス」を追求することを決意した。彼女は、自分には特別なケアが必要なおしっこがいて、自分の部屋があると主張したが、それが実現するまでにはしばらく時間がかかるだろう。

お父さんが戦争で離れているおばあちゃんフェルの家での生活はとても快適で、私たちは多くの思い出に残る瞬間を

過ごしました、通常、ベティと私は午後7時頃に寝かされます、そしてもちろん、私たちのどちらもその残酷な時間にあまり疲れていませんでした私たちは寝ると思いました!しかし、その日は仲良く、小さなリビングルームから絶え間なく聞こえる「静かにした方がいいよ、さもないとお前の尻を殴るぞ」というチャントにお互いを苛立たせるのが楽しかったです。

　ある夜、ベティと私が静かになった後、私はマーとベティと共有していた3/4ベッドの後ろにいて、壁紙の残りをつまみ始めました。何十匹ものおしっこやノミが壁紙の下から出てきて、壁紙をつまむための列が来るのではないかととても怖かった:ベティに半分寝ている私の隣に横たわっていた人に言えなかったとき、私はもう我慢できなくなり、泣き始めました。この時、私はおそらく4歳か5歳くらいだったと思います。ベティが私のどこが悪いのか振り返ったとき、彼女はベッドのあちこちにこれらの小さな獣が這いずり回っているのを見て、全能の悲鳴を上げました。おばあちゃんとマーは寝室に走って来て、何が起こったのかを見て発作を起こしそうになりました。おばあちゃんは最寄りの電話ボックスに行き、すぐに市議会に電話し、住宅検査官ができるだけ早く来ました。私たちは数日間、家が燻蒸され、保健局からOKと宣言されるまで、スペースが空いているところならどこでも親戚と一緒に住まなければなりませんでした。

　マーは私にそれが私のせいではないと説得しようとしましたが、それ以来、壁紙を選ぶ誘惑に駆られたことはありません。

　初期の頃は這いずり回ることができ、最初の数回の手術の後、左足をまっすぐに保つために最初に履いたブーツに小さなキャリパーが取り付けられていました。

　時折、泣き叫ぶサイレンが鳴り響くと(その音は永遠に心に残ります)、私たちは包まれてジョンストンテラスの下に建てられた「シェルター」に連れて行かれなければなりませんで

した、そして私は母に「すべての騒音は何だったのか」と尋ねたことを覚えています、しかし彼女は私に教えてくれませんでした:エディンバラ近くの戦略的目標を攻撃しようとしていたドイツの飛行機については教えてくれませんでした。彼女はただ「ああ、喘ぎ声を上げて、また寝て」と答えました。まるで地下の木製の寝台で眠ることができたかのように、誰もが死ぬほど怖がっていました興奮で息を切らし、中には下着を汚す者さえいましたが、私もその一人であることを告白しなければなりません。突然、「オールクリア」が鳴り響き、私たちは皆、家に戻りました。しかし、またしても足に金属のギプスをはめられていたので、かわいそうなオールド・マーが私を運んで往復しなければなりませんでした。ベティとおばあちゃんは、できる限りの方法で助けました。

　彼らが泣き叫ぶサイレン、爆撃、食料から衣服まであらゆるものが不足している中で、どうやって笑顔を保つことができたのか、私には理解できません。

　おばあちゃんフェルはいつも猫を愛し、父はがっかりしましたが、彼女は彼女の「ティビー」(大きなペルシャ猫)が家からすべてのネズミを遠ざけたと言いました。マホーレンは、ティビーが亡くなり、(グラニーズグリーン)に埋葬された後、猫が好きではないお父さんが火の前に座っていた話を後年、私たちの親戚に話しました。ある夜、彼は休暇で家にいました。大きなネズミがズボンの裾を駆け上がった。どうやらお父さんは、ネズミを追い払おうとして走り回っていたようで、グラニーフェルに叫んでいました。「ティビーは一体どこにいるんだ。私たちがいるとき、ティビーはどこにいるんだよ」彼女が必要ですか?」、おばあちゃんは静かに「自分を兵士と呼んでください」と答えました。

バルキモア4

1943年、矯正手術から復帰するまでにかなりの時間を車椅子で過ごした私は、セント・ジョンズ教会の料金所の門に車椅子が鎖でつながれていたおしっこお嬢さんとしてよく知られるようになりました。母は、私ができるだけ新鮮な空気の中にいるのが良いと判断し、まず車椅子を下ろし、ゲートに鎖でつながれて設置し、それから二階の家に戻り、その日の天気に合わせて私を運びました。バスの運転手は私を知るようになり、彼らが別々のルートを通り過ぎるときに私に手を振るようになり、近所の人々は基本的に私を受け入れ、甘いものなどで私を腐らせました。これは結局それほど悪くはなかった、私はそれが見かけた有名人のビットになっていた。近所の子供たちは、どこへでも行く途中で立ち止まって私に話しかけ、一般の人々は私に数分の時間をくれました。私は何年も経つまで、人と話すことや聞くことが私の人生でどれほど重要になるかに気づいていませんでした。#1アッパーボウの2階にあるロビンソン夫人は私のお気に入りの1つで、彼女はいつもスミスクリスプと塩の青い袋、またはマクゴーワンズハイランドタフィーとレモネードを私のためにすぐに手に入れることができました。彼女はなんて素敵なおばあさんで、私が年をとっても、彼女はいつも窓辺にいて、お菓子を投げていました。

　ベティはキャッスルヒル・スクールに通い、成績も良かったので、1943年の9月にマーが私をその学校に入学させました。私の最初の先生は、たまたまスピンスターだったミス・アバネシーで、私がハンディキャップを持っていたため、彼女は私を彼女の「ペット」にすることを決めたので、私は再び非常に幸運でした。学校の勉強は私が本当に楽しかったことであることが判明しました、そしてなぜか私はいつもほとんどの科目で非常にうまくやっていました。だから、私は教師の「ペット」であり、ほとんどの科目で非常にうまくやっていたので、すぐにすべての学校にいるトラブルメーカーの標的になりました。私には、ノーマン・ハンロン「（　ボコ」）という名の隠れた味方がクラスにいて、彼はこの非常に早い年齢でさえ、トールクロス近くの「ヴァルドールカフェ」でたむろするヴァルドールギャングのギャングリーダーになっていたことがわかりました。

　「ボコ」は私が世話をする必要があると判断し、小学校を通じてずっと私の世話をしてくれました、メッセージは出ていました、ジム・カリーに手を出さないでください、さもなければ「ボコ」に答えなければなりません。今日まで、私たちはこの数年間、ほとんど二言も話さなかったと正直に言うことができますが、彼はいつもそこにいましたか？

　ある特定の事件が頭に浮かぶのは、私が何人かの友人と遊び場にいたとき、私のクラスにいたいじめっ子が私に苦労を与えていました（ハイストリートのフランキー・プラー）何らかの理由で彼は空のHPソースボトルで私の頭を殴り、それが隆起を残しました。その夜、家でマーは私の髪を骨で梳いてシラミを探していて、彼女は何度もバンプを叩き続け、私は彼女から引き下がっていましたが、ついに何が起こったのかを彼女に話さなければならなかったのですが、彼女は怒って私を翌日校長に連れて行きました。フランキー・プラーは、私が彼を困らせていると主張したので、彼は「キッパー」で私を殴った、マーと校長の両方が笑ってフランキーを叱責した。「ボ

コ」がこれを噂にしたとき、彼はフランキーにひどい打撃を与え、私は二度と脅威にさらされることはありませんでした。数年後、"ボコ"はトールクロス周辺で犯罪生活に発展し、ギャングの喧嘩やささいな泥棒の結果として、ソートン刑務所で多くの時間を過ごしたことを知りました。それにもかかわらず、私は「ボコ」にどこかに良いものがあったと信じています!

　私たちがアッパーボウ、城、ロイヤルマイル、グレイフライアーズボビー、ディーコンブロディの居酒屋、聖ルード宮殿、グラッドストーンズランド、ラムゼイガーデンズ、魔女の井戸、セントジャイルズ大聖堂、なぞなぞコート、ジェームズコート、ブリッジ、アートギャラリー、博物館(リストは行くことができます)は、すべて日常的な存在の二次的なものであり、数年後になってようやく、これらすべてがスコットランドの歴史にとってどれほど重要であったかに気づきました。

　キャッスルヒルスクールは、1745年の包囲戦中の多くの戦いの1つで、キャノンボールハウス　(現在はもともと16世紀に建てられたウイスキー遺産センター)と呼ばれる学校の一部で独自の名声を主張していました。城から大砲が発射され、現在学校を収容している建物に埋め込まれました。別の説明は、ボールがコミストンスプリングスから今日まで使用されているキャッスルヒル貯水池に来る都市の最初の配管水システムからの重力によって水が上昇するレベルを示したということです。

　この頃には、治療作業の合間に何らかの形で移動できるようになり、車いすを捨てて松葉杖や杖を使い、左のブーツに取り付けたキャリパーを使って足を引きずりながら、ただ立ち回っているだけで幸せでした。父が帰宅すると、私はいつも父に自分の力を見せようと必死でした。時折、彼は私にフットボールを転がし、私はそれを彼に返すために全力を尽くしました。私のfitbaeへの愛と情熱は内面的で本物で、父はそれを知っていたと思います。彼は休暇で家にいる間に、私をイ

ースターロードに連れて行き、彼のチームであるグラスゴー・セルティックのヒブスプレイを見ることにしまし　た。セルティックが4-1で勝ったけど、僕はヒブスに恋をしてしまい、お父さんもがっかりしたよ。初めての試合での私の最も鮮明な思い出は、まず第一に、パブの外で私のお気に入りのスミスクリスプの袋とファンタドリンクを持って待っていたこと、そして次に彼が私を改札口の上に持ち上げてくれたこと、そして私が入るのにお金を払う必要がないようにしたことでした。家に帰る途中の私　の最後の指示は、「息子よ、お母さんに私がビールを飲みに行ったなんて言わないで」でした。

　　おばあちゃんフェルは、父が2パイントを飲んだとき、いつも見分けることができた、そしてそれは彼が休暇で家に帰るとき、彼らがまだほとんどの時間で対立していたときに彼がどれほど頑張ったかは関係ないように見えた。この緊張した関係性を除けば、私たちの周りでは生活が進行していたが、私が聞いた家族の話し合いによれば、戦争は何らかの終結に向かって進んでいるように見え、男たちは今、彼らが降格されたら何をするかについて話し合っていた。ウーリー・バーンズおじさんは、まだビジネスを拡大したいと思っていましたが、父は「家族とビジネスの利益は分けておくべきだ」と言い、私の母も彼に同意したと思います。

　　この期間中、私は幸運にも週末に町の外をバスで移動し、CrippledChildrensSocietyに参加することができましたが、そのような旅行の1つで、エジンバラの南にある小さな村、ブランコから落ちて腕を骨折しました、私たちの責任を負っていた貧しい看護師はひどい感じがしましたが、母が彼女に説明したように、私は今、自分自身のために少し冒険しすぎていました「マーは、私がブランコでやるべきでないことをやっていることをどうやって知ったの?」

　私の時折の移動の機会と私の冒険心と一致して、私の妹のベティは、人形劇を見るために土曜日の朝にプリンセストリートの庭園に私と学校の友人のカップルを連れて行き、途中で、私はマウンド(急な傾斜)の手すりに登っていました、そして:あなたはそれを知らないでしょう私は滑って、手すりのスパイクで私の腕を穴を開けました。ベティはマーが何を言うか考え、血を流しながら目をつぶって「だって、もう二度と病院に行きたくなかったんだ」と唸りなが　ら、たまたま通りかかった男女が私たち全員を家に連れて帰り、マーを迎えに行き、病院に向かった。何針か縫い、数時間後、私たちは再び家に戻り、マーとグラニー・フェルは「あの子をどうしようか」と話し合っていました。

　キャッスルヒルスクールでは、足のせいでこの時期にサッカーをすることはできませんでしたが、学校のチーム「カナリアズ」の熱心なサポーターでした。彼らは多くの試合に勝つことはありませんでしたが、見ていて楽しかったです。チームを指導した先生は、木製の足を持っていたがスポーツが大好きなドクターローで、数年後に彼が私の先生になったとき、彼は「いつかこのチームでプレーするよ、ジム」と言いました。学校の勉強は楽なようで、もっと活動的になりたかったので、ヘディングテニスという遊び場でゲームに参加しました。これは、足の活動をあまり必要とせず、基本的には非常に小さなサッカー場で、コートでゴールが識別さ　れ、空中にボールを投げて反対側のゴールをヘディングしようとします。とても楽しかったし、奇妙な試合に勝ちました。私が関わるようになった他の活動は、キーピー・アッピーで、壁の近くに立ってボールを壁にぶつけ、ボールが誰よりも長く地面に触れずに壁に跳ね返るようにすることが目的でした。11歳になる頃には、学校の記録は227点になり、ドクター・ローは「フットボールを始めるときは、空中戦が上手であるべきだ」と言いました。

　言うまでもなく、私は母に「いつからサッカーを始められると思う?」と絶えず尋ねて母を困らせ始めていました。

　この間、アレックス・ローダー、ジミー・スモール、アレック・ギルド、ボビー・ギブソン、ウーリー・ラッセル、ジョー・マリンギ、サンディ・コーネリアス、ジョン・ミドルマス、ドナルド・アーカート、アルフィー・ダグラス、ドナルド・リードなど、とても仲良くなった男の子たちがいました。

バルキモア5

どういうわけか、私たちは1945年11月にたどり着き、ベティは8歳半、私はもうすぐ7歳になり、周りの人々は幸せで興奮していました、戦争は終わったのです。近所の人たちが皆、ローンマーケットで歌ったり、踊ったり、手に入るものは何でも飲んだりしていたのを覚えています(これには、毎週グラニーフェルズに割引価格で配達されていた税関および物品税倉庫のアンクル・ジョン・バーンズ・ウイスキーも含まれています)。ベティと私は、今や父が家にいて、母が働く必要がなく、うまくいけば自分たちの家を見つけることができるので、少し興奮しました。リハビリテーションの課題は、その瞬間の陶酔感の中では考慮さえされませんでした。

　おばあちゃんフェルは、戦争の終わりのパーティーの二日酔いが治まる前に、市議会に家について見に行くようにマーに思い出させました、議会は私たちに真剣に検討することを約束しましたが、現時点では何もありません!お父さんは、彼が彼に支払うべきお金を持って彼のデモスーツで家に帰ってきました、それは:tmuchでした、そして、ドールに行って仕事のために署名するようにメモ。第二次世界大戦は終わったが、#4アッパーボウで他の戦争が沸騰しようとしていた。ママとパパ、ベティと私はみんな奥の寝室で寝ていて、グラニー・フェルはしぶしぶリビングの小さなベッドの長椅子に移動し、

彼女は不機嫌で、ママとパパは幸せではなかった、そしてベティと私は緊張が高まっていくのを感じた。

お父さんはエジンバラで仕事を見つけることができず(特定のスキルはありません)、再び飲酒してサッカーの試合に行くようになりました、マーは「男性」が家にいたため、ロスのガレージでの仕事をあきらめなければなりませんでした、おばあちゃんは不機嫌で、どういうわけかベティと私と寝室で一緒にいて、マーは彼女が妊娠したこれ以上のベアンズを望んでいないと主張しました。

マーには手に負えなくなってきたので、彼女は父に数日間ボーネスに行って、ボーネスか近くのグランジマスの石油化学工場で仕事が見つかるかどうか試してみるように頼んだので、カリーおばあちゃんが数週間私たちを雇ってくれるかどうか、追加の指示を出して行きました。2日も経たないうちに、彼はボーネス近くの化学工場に就職し、グラニー・カリーは、私たちが落ち着くまで家族の面倒を見ると言った。おばあちゃんフェルはマーが去ったことにとても腹を立てていましたが、彼女はそれが最善であると説明したので、私たちはBo:nessに行きました。スーツケースが2つあり、背中には服がついていて、マーが仕事で貯めたお金と、デモスーツと「naemoney-taespeakoff」を着た父、そしてドリーとジョーディとテバーンが泊まりに来ていることを知らずに翼で待っているオールド・ジョックがいた。

ボーネスへの旅行は、セントアンドリュースクエアへの法人バス、クイーンズフェリーに停車するボーネスのグランジパンへのSMTバス、そして1時間以内にそこに着きました。

ベティと私はすぐにグランジスクールに入学し、父は予想していなかった化学プラントのシフトですぐに働き始めました:マーはおしっこ掃除の仕事を探し回っていましたが、あまり運がなかったので、グラニーカリーはオールドジョックができるだけ世話をされていることを確認しようとしました。彼は

ほとんどの時間をクラウンロイヤルパブで過ごし、週末には
サッカーの試合で父と一緒に楽しむこともありました。残念な
がら、私たちが再び滞在していたデリークローズでは、紛争は
決して遠くありませんでした。メアリーおばさんとブリジット
おばさんは近くに住んでいて、よく私たちを訪れていたので、
家にはいつもオールド・ジョックが慣れ親しんでいた人よりも
多くの人がいたので、おばあちゃんのカリーゴットは、そのこ
とを他の理由も挙げておかしく思いました。

　お父さんはすぐに仕事に慣れ、定期的な給料がもらえる
のを楽しみ、再びフットボールの試合に行ったり、パイントを
飲んだり、もちろんドリーやベアンズも彼のために「そこにい
る」、そう思った。マーは妊娠に苦しみ、義理の両親と一緒に
滞在し、ベティの世話をし、時折私と一緒にエジンバラの病院
に行き、生活費を稼ごうとしていました。

　1946年7月13日、私のおしっこ兄アランが生まれたので、
今では私たち5人がグラニーカリーとオールドジョックと一緒
に滞在していましたが、彼は彼の家に「ベアン」がいるのが好
きではなく、「ジョーディはこれについて何かをした方がいい」
と言いました。1946年から1949年の間に、私たちは住宅のリ
ストを待っている間に、少なくとも3回は2つのおばあちゃん
の家の間を行ったり来たりしたに違いありません。足と左足
が強くなってきたので、今はかなり活動的になっていました
が、まだ治療を受けていたので、どこに行ってもマーが私を病
院に連れて行かなければなりませんでした。私の両親にとっ
て本当にうれしい驚きだったのは、ベティと私が学校で非常
に良い成績を収め続けたという事実でした-すべての国内の
混乱にもかかわらず。

　父は化学工場で働き続けましたが、呼吸や全身の健康状
態が悪化していたため、医師は父に別の仕事を探すように
アドバイスしました。彼はエジンバラのウーリーおじさんと
一緒に働くことを考えることを断固として拒否しましたが、彼

の名誉のために、最終的にはグラントンのガス委員会での仕事を見つけたので、グラニーフェルズへの最新の移動は彼のためにうまくいきました、そして見よ、そして驚いたことに、私の母はエジンバラの市議会から電話を受けました。#1アッパーボウでは、ジョンストンテラスを見下ろす2つのフロントウィンドウを備えたシングルエンドが利用可能になりました。おばあちゃんフェルは喜んで、マーに見えないように言うと、私たちはその通りにしました。リビングルーム、ベッドルーム1室、洗面所、小さなキッチンエリアがあるとても小さいことがわかりました。マーとパパが鍵を取りに行ったとき、#1アッパーボウは実際には共通の廊下を持つ2つのシングルエンドであり、評議会は私が自分の部屋を必要としているとChildren'sAidSocietyから連絡を受けていたので、彼らはうれしい驚きを得ました。

その場所は非常に湿っていて荒廃していたため、彼らの喜びは長くは続かなかったが、家族や友人が集まり、私たちのためにきれいに装飾された最初の家に引っ越すのにそれほど時間はかからなかった。

生活は順調で、ようやく自分の家が持ち、父は安定した仕事に就き、ほとんどの叔父たちは働いており、母はゆっくりと妊娠を乗り越えて「ベアン」を楽しんでおり、ベティと私はキャッスルヒルスクールに戻って元気に過ごしていました、私は細い左足と小さな左足を持っていましたが、整形外科のブーツを履いていても歩いたり走ったりできるようになりました。

エディンバラに戻った後、ボーネスの親戚たちがよく話していた失望の1つは、小学校を卒業するまでグランジスクールのクラスで一番であり続けていたら、学校の「チャンピオン」になり、毎年7月に開催されるボーネスフェアパレードで馬に乗れたかもしれないという「可能性」でした。これは明らかに地元の人々にとって非常に重要であり、私たちが知らされた非常に名誉なことでした。後年、私はこれを逃した機会と

は考えることさえできませんでしたが、親戚がそれについて考えていたことを知ってうれしかったです。

　おばあちゃんたちは、たまに訪れるだけで、第二次世界大戦の混乱からゆっくりと立ち直り、私が採用したチーム(ヒブス)は、「有名な5人」(スミス、ジョンストン、ライリー・ターンブルランド、オーモンド)として知られるようになるフォワードラインで素晴らしいサッカーをしていたことを嬉しく思っていました。

　しかし、父は熱烈なセルティックのファンだったため、「ヒブス」は1948年、1951年、1952年にスコティッシュ・フットボール・リーグで優勝し、フェイマス・ファイブは何度もスコットランドのチーム代表に選ばれました。私のフットボールへの情熱は日に日に高まり、アレックスローダー、ドナルド・リード、ジェームズ・リンゼイ、サミー・キング、ジェームズ・スモール、ボビー・ギブソンなど、初期の仲間たちと学校や学校で遊んだおしっこゲームを楽しみ続けました。彼らは皆、私の機動性の欠如について非常に気にかけてくれ、可能な限り私を

　含めようとしました。ジョージ・アンダーソンもまた、当時私たちと一緒に遊んでいた少年で、彼もまた内反足を持って生まれていましたが、残念ながら、彼には私が恵まれていた献身的な母がいなかったので、彼は生涯を松葉杖で過ごし、私たちがフットボールをするのを見て、本当に悲しいですが、私がどれほど幸運だったかを常に思い出させてくれました。

　父はスコットランドのガス委員会での彼の仕事を本当に楽しんでいました、そして彼の公式の地位は労働者でしたが、彼は貿易によってフィッターであったウーリー・スワン(私の叔父デイビー・ギブの良き友人で、彼も貿易のフィッターでした)と仲間になっていました、ウーリーは私の父の世界を考え、彼らは長年にわたって一緒によく働いていました。また、仕事以外でも親しい友人になること。

マーは今、彼女の3つのベアンを本当に楽しみ始めていました、彼女は彼女の「アインハウス」を持っていました、ジョーディは働いて私たちを養っていました、グラニーフェルは相変わらずカニでしたが、それでも彼女があまり近づかずに彼女の家族を楽しんだ日が数日ありました。ほとんどの叔母と叔父は、自分たちの生活で何が起こっているかを共有するために行ったり来たりしました、そしてもちろん、男性がゆっくりと「キャリーウート」の影響下に入ると、最終的に歌が起こる奇妙なパーティーがありました。アンクルジョンは、興味を持っていた人に毎週割引価格でウイスキーのボトルを提供し続け、言うまでもなく、私の父は常に興味を持っていた、これらの毎週の訪問の結果として、アンクルジョンは私を非常に好きになった、私は常に彼がどこでもサイクリングし、彼の訪問中に私は#1で階段の下部にある彼の自転車のサドルに座ることを許可したという事実の大騒ぎをしていた。

私の友人の何人かは自転車を手に入れ、彼らが近所をサイクリングするスキルを習得したとき、私は彼らに完全に畏敬の念を抱いていました、私の叔父ジョンが中古の自転車を購入し、私のためにそれを修理していたことをほとんど知りませんでした。正確な日付や時間は覚えていませんが、彼はいつものように父さんにウイスキーを届けて玄関に来て、私に「さあ、階段を下りて、君にサプライズがあるよ」と言いました。階段のふもとには、白い縁取りとバタフライハンドルのバーが付いた美しく塗装された青い自転車があり、彼は私を見て、「これは息子さんにあげるよ」と言いました。正直に言うと、その瞬間は間違いなく私の若い人生のこの時点までで最も幸せな瞬間でした、私は興奮を感じたために何日も眠りませんでした。サイクリングは、私の10代の人生の重要な部分を占めるようになったことを、後で知った。

ベティは、私のところに来るように見えた注目にもかかわらず、学校やスポーツ全般で良い成績を収め続けていました

が、振り返ってみると、彼女は対処することがたくさんありました
が、できる限りうまく対処しました。1949年、彼女はキャッス
ルヒルスクールをクラスのトップ3で卒業し、秘書になること
を視野に入れて、彼女の強みに適した商業コースを受講する
ジェームズクラークススクールに行くことにしました。

　1949年、私はサイクリングの技術を習得し、自転車を楽し
み、学校で良い成績を収め、「カブス」に参加し、さらにはジャ
ガイモ狩りに行って年間数ポンドを稼ぐことができました。私
の足は強かったのですが、それでも足をまっすぐに保つため
に設計されたクリップ・エイド・ソサエティのブーツを履かな
ければなりませんでした。母はプリンセス・ストリートのベア
ーズに特別なブーツを注文しようと試みましたが、その費用
は当時私たちが買える範囲をはるかに超えていました。私の
フットボールのスキルは、ゲームに対する私の熱意に匹敵す
ることはありませんでしたが、それは問題ではなく、「ボール
を蹴ることができた」と私は試みました!私が試みた方法。医
者その頃には学校の先生だったローは、私がカナリーズ(学
校のチーム)でプレーする準備ができていると感じていました
が、マーはまだノーと言いました。

　たまたまその年、私たちの学校のクラスは、私たちの先生
であるドクター・ローが手配した春休みの2週間、ウェスト・リ
ントン(エディンバラから20マイル)のブルームリーーアという
キャンプで世話をすることになっていたのですが、彼は私の
母に、そこの地元の学校とのエキシビションゲームで遊ぶこ
とを許されるべきだと提案していました。マーは同意しました
が、私がゴールキーパーとしてプレーすることを条件にしまし
た。私はマーに私がゴールキーパーではないと説得できませ
んでしたが、彼女はゴールキーパーであろうとプレーしない
かという彼女の決定に固執しました。

　私はゴールキーパーとしてプレーし、私たちは完全に劣勢
で、12-0で敗れましたが、私はただ関与するのが大好きでし

た。試合後の小さなセレモニーで、ドクター・ローが私に最も素晴らしい賛辞を送ったとき、彼が「私がいなかったらスコアはもっと悪くなっていただろう」と言ったとき、私が驚いたことは想像できるでしょう。マーとパパは、私が家に帰ったとき、ドクター・ローがどんなにいい人で、とても思いやりのある人だったか、12ゴールを決めたことについて、私に良い気分にさせてくれたに違いないとコメントしたとき、すべてを視野に入れました。まあ、私たちは生きて人生について学ぶのでしょうね。

　ブルームリーキャンプでのもう1つの楽しい思い出は、教師たち(何が起こっているかをすべて知っている)が、クラスの仲間たちと私がスコットランド旅団と呼ばれるグループについての面白いルーチンを開発したことに気づいたことです(とにかく私たちはそう思いました)。毎晩、消灯後、私たちは皆ベッドから出て、棒やほうきの柄、木片を持って寮を行き来し、「ライフル」を歌ったり歌ったり、一般的には馬鹿げた行動をとったりしました。当番の先生は、ある夜私たちを捕まえたが、代わりに彼女は私たちに何を与えるか、"あなたが離れて行くパーティーのためにステージでこれをするつもりなら、彼らは常にキャンプの最終日に私はあなたを報告しません"私たちは挑戦を受け入れ、私たちの小さな寸劇を微調整し、それを知らないだろう、私たちは大ヒットしました。それ以来、私たちが小学校を卒業するまで、私たちのグループは「スコットランド旅団」として知られていました。

　ジャガイモ狩り、ブルームリーキャンプ、ジョンおじさんから自転車をもらい、プリンセスセントガーデンズでカウボーイやインディアンと遊ぶ合間に、私の機動性が向上した私は死んだと思いました。自転車のおかげで私の視野が広がり、行きたい場所のほとんどを自転車で走らせることができました。「今は気をつけてね」というマーからの絶え間ない注意のおかげです。学校の勉強は順調で、サイクリングのおかげで左

足が強くなったので、もちろん「学校のチームで遊びたい」「牛乳や紙の配達の仕事に就きたい」「ステンハウス近くのジョンズおじさんに自転車で行きたい」とマーを常に混乱させなければなりませんでした。父は私の冒険好きな性格をとても応援してくれましたが、もちろん、私の初期の問題をすべて解決する必要はなかったのですが、私がこの幼い頃から「夢想家ではなく行動する人」だと感じていました。

バルキモア6

私は小学校の最終学年を迎えようとしていて、その年は学校のチームでプレーしたかったので、私が毎年の健康診断に行ったときに、マーは医師にその決定を任せることに同意しました。私たちはバスでフェアマイルヘッドまで行き、それからプリンセスマーガレットローズ病院まで歩きました、私は楽観主義に満ちていましたが、かわいそうなマー、彼女はこの問題について彼女自身の考えを持っていました。スターリング教授とエアド博士は、私の進歩に満足しているようでしたが、その時の悪いニュースは、足を可能な限り機能させたいのであれば、トリプルフュージョンと呼ばれるもう1つの手術が必要になるということでした。マーは、お父さんと話し合わなければならないと言い、できるだけ早く知らせると言いました、「でも、その間に学校のチームでサッカーをしてもいいですか」と私が尋ねると、嬉しいことに、医師たちは「学校のチームに参加できるなら、息子はすぐに行くことができます。足を強化するだけです」と言いました。マーとパパは、最後の手術を進めることには同意しましたが、私を学校のチームでプレーさせることには同意しませんでした。ベティは、マーが私と一緒に経験したことを何度も思い出させてくれましたが、もしドクターローが私がキャッスルヒルスクールでの最後の年にプレーできるチームにとって十分だと言ったら、父と私は勝ち

ました。私は、母とドクター・ローが共謀して私をゴールキーパーにしようとしていたことを、ほとんど知りませんでした。

　私がマーにそのことについて問い詰めたとき、彼女は後で謝罪しましたが、もし私が最後の手術を待っている間に怪我をしたら、自分と一緒に暮らすことはできないと言いました。手術を受けるのはしばらく後のことでした。

　1950年は、何らかの理由で記念すべき年であることが判明しました、私はいとこのアン(ジョン・カリーおじさんの娘)に恋をしたと思います、彼女は私のクラスにいて、最も美しい赤い髪をしていました。お父さんは、それはただの一時的な空想だったので心配するなと言いました、彼はどうやって知ることができたのでしょうか?両方のおばあちゃんは、その年に天国に行ったので、私は言われたが、私は本当に理解できませんでした:それがそうだった場合、誰もが泣いていた理由が理解できませんでしたが、私は彼らをほとんどすぐに見逃し、すぐにそれは彼らが本当に永遠に消えていた沈み込みました、死はsofinalであることを発見しました。その年の良いニュースは、近い将来、ブルームハウス(サイトヒルの近く)に新しい家ができるかもしれないということでした。

　その間、私はまだ12歳ではありませんが、私はすでに「稼いだお金」で新しいレーシングバイクを買うことを決めているので、ちょっとした仕事を探しています。モーニングサイドにあるベーカリーショップが、日曜日を含む毎朝6時にロールパンを配達する人を必要としているという噂を聞きつけたマーは、「頭の検査が必要だけど、仕事ができるか見に行ってみて」と言いました。　私はそうしました、そして私はいわばレースに出かけました、私は「毎朝起きる」ことが何を意味するのか理解していませんでしたが、控えめに言っても非常に疲れてすぐに気づきました。

　私の学業は苦しまなかったのですが、学校でプレーしたり、しがみついたり、カブスに行ったり、ロールパンを届けた

り、マーにメッセージをもらったり、店(セントカスバーツ)や肉屋のデイビーにメッセージをもらったりする間、肉屋の生活は非常に忙しく、少し複雑になっていました。

　お母さんもお父さんも、ローンマーケットの紙屋にウッドバインタバコを5本ずつ送るというこの習慣を持っていて、他の1本には言わないようにという具体的な指示がありました、それは当時の私にとっては人生の1つでした:smysteriesでしたが、私は言われた通りにしました。これは結婚しているということの一部に違いないと思いましたか?私の人生のこの期間中、私は奇妙な夢を見ていましたが、そのすべてが私が気づいて考え始めた女の子たちと関係があるわけではありませんでした。誰かがこの感覚を、それが何を意味するにせよ、荒れ狂うホルモンを持っていると表現しました。しかし、奇妙な朝に目が覚めたことは覚えています　パジャマに湿った汚れがついて「いい感じ」です。繰り返される奇妙な夢は、私がコントロールできない状況に閉じ込められ、目が覚めたときに私を絶望に陥れたことと関係がありました。今でも夢見ているのは、サッカーの国際試合でスコットランド代表としてプレーすることになったのに、チームの他のメンバーがフィールドにいて、パイプバンドが演奏され、観客がどよめき、審判が試合開始を決めている間に、自分のサッカーシューズを見つけることができず、ブーツを履かずに沼地を抜けようとして、ゆっくりと沈んでいく中で泣いてしまうことです。ピッチに上がったことはありませんが、夢はまだ起こります、まああ!ベティは、私もよく夢遊病をしていて、よく部屋の窓辺に立ってぐっすり眠っているのを見つけられたと主張し、彼女はまた、私たちの両親が「万が一に備えて」夜に窓に鍵をかけたと主張しています。

　私はカブスで「シクサー」になり、そこでの時間を本当に楽しんでいましたが、通常の進行である「スカウト」ではなく、すぐにボーイズブリゲードに参加することに決めていました。

少年旅団にはフットボールチームがあると聞いていました
が、スカウトはそうではありませんでした、私にとっては簡単
な決断でした。また、キャプテン・マッデンが料金所セントジョ
ンズの「BB:s」の偉大なリーダーであるとも聞いていました。
彼らが持っていた唯一のルールは、次の土曜日の試合をする
ために　BB日曜学校に出席しなければならないということで
した、これは大丈夫な本のように思えました。

　1950年6月の学年末に、自分がキャッスルヒルの「スクー
ル・ダックス」であり、その努力に対して3ポンドの大金と特別
な本を受け取ることを知り、私は非常に恥ずかしかった。いと
このアンは3位でしたが、どうやら彼女の両親は彼女が私より
もはるかに一生懸命働いたと感じてがっかりしたようです、
個人的には同意しましたが、父はそれがただの酸っぱいブド
ウだと言いました、そして私が覚えている初めて、父と彼の兄
弟のジョンは意見の相違を持っていました。それは長くは続
かず、アンや私自身にはほとんど影響を与えませんでした。マ
ーはこれ以上ないほど誇りに思い、彼女も父もドクター・ロー
も校長も、私が「私の可能性」と言われたことを実現するため
に、私が高等教育中等学校(ボロミュアまたはジェームズ・ガ
レスピーの「ポッシュスクール」)に行くべきだと決めたので
す。

　この問題をあまり考えずに、ベティが行ったダロックまた
はジェームズ・クラークスに仲間と一緒に行くことを期待して
いたが、すべての大騒ぎが何であるか信じられなかった。今
振り返ってみると、とてもやりがいのある人生を送ってきたの
に、もし父が高校にこだわっていたら、私の人生はどうなって
いただろうとよく考えます。しかし、私は関係者全員から不本
意ながらジェームズ・クラーク中等学校に行くことを許されま
した。

　私のおしっこ兄のアランは、迷惑で楽しんでいるのに最適
な年齢で、彼が成長している間、私たちは家のロビーでたくさ

ん遊び、素晴らしい関係を築きましたが、私たちが一緒に過ごした時間は、私が中等学校に行ったことも影響を受けました。ベティと私は朝も夜もかなりの距離を歩かなければならず、たまにランチタイムにマーがランチタイムの「ピース」を用意していなかった場合、学校の夕食は私たちにとって問題外でした。

　キャッスルヒル小学校での私の学業成績のために、ジェームズ・クラークス中等学校でもこれが続くという期待は非常に高かったのですが、何らかの理由で、私の「フットボールのキャリア」には当てはまりませんでした。モイーズ氏は金属加工の教師であり、「B」イレブンと呼ばれる1年生のフットボールチームのコーチでもありました。彼は、私が小学校のチームとボーイズブリゲードチームでゴールを決めてプレーしていると聞いていました。彼の思い込みは、私は大丈夫でなければならない、と彼は私に放課後のチーム練習に来るように頼んだ、私は彼があまり感銘を受けていないと感じたが、他の誰もネットでプレーしたくなかったし、マーはまだ主張したので、私はプレーすることができなかった:私はチームが翌日のメゲットランドでの試合のために金曜日の朝に掲示板に上がったとき、私は喜んでいた。

　2年生と3年生の男の子の選考システムはとてもシンプルで、2年生がAイレブン、3年生がファーストチームで、それが私の人生の最初の大きな目標になりました。私は驚いたことに驚きました、そこには木工品、製図、そしてもちろんモイーズ氏の金属細工のクラスのような科目が含まれていて、それらはすべて興味深い科目でしたが、それでも数学、英語、歴史、地理などの通常の科目を好むようでした。

　中等学校での最初の年は、とても楽しかったし、恥ずかしい瞬間もありましたが、金属細工のクラスの一人の男の子が、作業台の後ろで自慰行為をする方法を私たちの何人かに教えていました。モイーズは彼を捕まえ、こんなひどいことを

したら私たち全員が失明するとわめき散らし、少年を校長に送りました。言うまでもなく、少年は校長から何のためにもらったが、後で遊び場で彼は　いたずらっぽい笑みを浮かべて、私たちが「盲目にならないように」と私たちに保証した。

　ベティと私たちの友人たちは、夜や週末にキャッスルエスプラネードで遊んでいましたが、これは1940年代後半にエジンバラミリタリータトゥーが生まれ、その後の世界で有名になったときに重要になりました。ベティの兵士との「つながり」のおかげで、私たちは幸運にもポンペイウスの「TheFamousDrumHorse」との最初の数人を含むタトゥーの初期の作品をすべて見ることができました。また、幸運にも、騎馬軍楽隊が駐留し、馬が手入れされていたキングステーブルロードにある一時的な厩舎を訪れるためのパスをもらいました。マーはベティと兵士たちとの交流にあまり興奮していなかったが、私たちは皆、その恩恵を受けた。

バルキモア7

私の12歳の誕生日の少し前に、地元の議会事務所から最も
エキサイティングなニュースを受け取りました、私たちの家
族の名前は、「オールドトゥーン」からエジンバラの西側にあ
る真新しい住宅開発であるブルームハウスへの移転のリスト
の一番上にあり、ブルームハウスコートと呼ばれる通りの4つ
のブロックでどの家が欲しいかを選択することになっていま
した。マーは自分のそばにいて、今ではガスボードで良い安
定した仕事をしている父に話すのが待ちきれませんでした。
その夜、父が仕事から帰ってきたとき、私たちは素敵なお茶
を飲み、私たちの生活に大きな変化が起こることの意味につ
いて話し合いました。難しい決断ではないと思ったので、バ
スに飛び乗って見に行きました。家の選択に関する決定は簡
単で、お父さんは右下がちょうど完璧だと言いました、正面に
庭、後ろに庭、3つの寝室、キッチン、リビングルーム、バスル
ーム、そして2つの暖炉、私たちは死んで天国に行ったと思い
ました。決定を下した私たちは、「ローニー」に戻る途中でバ
スに飛び乗りました。それから疑問が来ましたか?学校はどう
ですか?私たちの仲間はどうですか?それは:お父さんの仕事
に旅行する長い道のりです、馬のための買い物はどこにあり
ますか?そこには誰も知りません!私たちは本当に「ローニー」
を去りたいのですか、私たち全員のためにパニックステーシ

ョンが設定されています!!その後の数日間は、私たちが決断を下そうとしていたため、ぼんやりとしていましたが、マーとパパはこれが新たな始まりであり、見逃すにはあまりにも良いチャンスだと感じ、時間と忍耐力があればすべての問題を解決できると感じました。ほうきの家、来ました!そして、あなたはそれを知らないでしょう、私たちは1950年11月12日、私の12歳の誕生日に私たちの新しい家の鍵を受け取りました、今、私たちは「フリット」を計画しなければなりませんでした。

　それは本当に沈んでいませんでした、私たちは本当に新しい住宅団地のために街の歴史的な部分を離れていました、ある種、"ブーニー"で、誰が私たちがどんな隣人を持っているか知っていますが、私たちは皆興奮していましたマとパパが引っ越しの計画を進め、私たち子供たちは学校に通い始め、新しい学校に転校する見通しに取り組もうとしました。アランはステンハウスプライマリーに通い、ベティと私はキャリックベールセカンダリースクールに通うことになり、どちらの学校も私たちの美しい「新しい家」から徒歩圏内にあります。このようなことが続いていて、私はまだ言葉を待っていました、願わくば左足の骨を再配置する最後の手術になることを願っています、そして私たちは、医師がかなり正常で活動的な生活と表現したものを楽しみにすることができると言いました。しかし、彼らは、後年、より強い右足が代償を払う可能性があると言いました。正直に言うと、私は学校のチームで「プレーアウト」できる日を本当に楽しみにしていましたが、今はキャリックベールで、学校の2人の優れたサッカー選手がプロ、デイビー・マッケイとアラン・フィンレイにスカウトされていると聞いていました。実際、どちらも「ハート・オブ・ミッドロージアン」でプレーするか、より正確には私の「ヒブス」のライバルになるでしょう。すべてが予定通りに進み、叔父たちが借りた古いトラックに私たちの持ち物がすべて積み込まれ、ジョンストンテラスを下りてブルームハウスに向かったとき、マーは「万が

一に備えて」私たちをバスに乗せて「ベアン」に連れて行くと主張しました。事故があって、私たちはブルームハウスで父とおじさんに会うことになった。

　マーは明らかにローニーと彼女のすべての友人や隣人を去ることに動揺していたが、それが起こったように、彼らはすべて心配して新しい家にも言葉を待っていたとすぐに飛び交うだろう、選択は、それが見かけるラッフルのようだった、あなたの運に応じて、それはピルトン、クレイグミラーブルームハウス、または他の評議会の開発である可能性があります。

　マーを悩ませたもう一つの懸念は、私たちには家具があまりなく、「新しい家は空っぽに見えるだろう」ということでした。もし何か心配事があるとしたら、マーは時々、お父さんの絶望感を大いに引き出すだろう。とにかく、私たちは無事にキャリックノウ#1バス停に到着し、すべての男性がトラックを降ろしていたブルームハウスコートまで歩いて行きました、約1時間後、私の叔父のウーリーは彼らがおしっこ休憩が必要だと言いました、そしてオフに彼らはすぐに戻ってきてお茶のためにフィッシュアンドチップスを持ってくるように厳しい命令でパイントのために「シルバーウィング」に行きました。彼らは皆、痛みを感じず、もちろん「ネ」フィッシュアンドチップスを感じて戻ってきました。

　マーは彼らに何のためにもらって、夕食のためにチップスショップまで歩いて行き、「お前ら、俺が戻ったらこのトラックが荷降ろしされていることを確認してるんだよ」と言ったんだけど、もちろん、お父さんと叔父たちはマーが買ったフィッシュ&チップスを持っていて、たまたま彼らは数缶の缶とビールのボトルが入った「キャリーウート」を持っていたんだ。それで、ブルームハウスでの新しい生活が始まりました！家具はあまりなく、父は天気が悪く、ちょっとした面倒もありましたが、私たちは「新しい家」と新しい生活を楽しみにしていました。

　私たちはすぐに落ち着き、父は「彼の」庭を始めました、彼は働くための土地の小さなビットを持っていることをとても喜んでいるようでした、マーは彼女の家具のビットとピースを整理し、私たちがいくつかの余分なお金を持っていたときに取得するもののリストを始めました。ベティと私はキャリックベールに転勤し、アランはステンハウスに落ち着き、家が完成しようとしていた他の家族もブルームハウスコートに到着し始めていました。最初はみんなローニーの友達が恋しそうだったけど、よくバスに飛び乗って遊びに来てくれたり、みんなで住宅地で遊んだり、完成途中の家でたくさん楽しんだりしたよ。

　それほど長くは続かず、より多くの家族が到着し、占領された家々は「宮廷」の周りに散らばっていましたが、私たちは新しい隣人と連絡を取り始め、すぐに新しい仲間になりました。最初に到着した家族の一人は、私たちの角を曲がったところにある家と二階を選んでくれたテイツ家で、その時は少し驚きました。家族の次男であるアラステア・テイトは、その後何年も私の最高の友達になることになり、私たちはすぐに意気投合しました。テイツ家のすぐ後には、私たちの向かいの家を選んでいたブラウン家とワトソン家が来て、それから私たちの真上の家を選んだ「ローズベリー家」と呼ばれる家族が来ました。素敵な家族に見え、5歳未満の子供が4人いましたが、床には耳をつんざくような設備がなかったため、私たちにとっては災害であることが証明されました。アラステアは、彼らが到着したとき、父親がチャイブにかかっていたので、私が家の二階からのひどい音について話していたとき、それがまさに彼らが二階の家を選ぶように勧められた理由だと説明してくれました。階下の家のための私たちの決定は、私たちの家族の未来に大きな役割を果たしました:それが判明したように、そして-翌年、私たちの夢は特に私の貧しい母にとって少し悪夢になっていました。

　お父さんは、マーが彼女のリストに持っていたもののために により多くのお金を得るために、ガスボードでできるだけ頻 繁に余分な時間働いていました、さらに彼は裏庭で野菜を育 てようとしていました、そして、小さな歩道を挟んで前庭(小さ な約10x20フィート)で草を育てようとしていましたが、彼は私 をイースターロードにハイビーを見に行かせようとしました。 彼はできるだけ頻繁に。トロンの試合当日に行くためにバス に乗るのが大好きで、興奮は私にとってほとんど耐え難いも のでした。スペシャルバスは満員になり、イースターロードで は、父がパブを選び、ニップとパイントを飲み、パブの外で待 っている間、スミスチップスのパケットと飲み物を買ってきて くれまし た。キックオフの約15分前に試合に行こうと試み、改 札口を越えて私を持ち上げた後、私たちは西側のサウスネッ トの後ろのお気に入りの場所で、右ウイングのゴードン・スミ スがヒブスで彼の多くの才能を発揮するのを見ることができ ました。まさに「MAGIC」でした。

　私たちはブルームハウスに移動しましたが、私は「ローニ ー」の料金所セントジョン教会のBB:sに続けました、これはキ ャリックノウからジョンストンテラスへの#1バスで少なくとも 週に2回の旅行を意味しました。私はまだBB:sを楽しんでい ましたが、もっと重要なことは、日曜学校に行くことで、土曜日 の午後にもBB:sでプレーすることができ、それは非常に控え めなリーグでしたが、私が「アウト」でプレーしているとマーに 「言わなかった」ので、彼女は私に何のためにプレーしたの かを教えてくれたでしょう。だから、ここでは土曜日の朝にキ ャリックベールの「B」チームでインゴールでプレーし、午後 はBB:sの右サイドバックでプレーしていたんだけど、とにかく 「fitbae」に参加するのが大好きだったんだ。最も初期の成 果の一つは、BBチームがリーグカップと呼ばれる決勝に進出 し、3-1で敗れたものの、ウーリー・ボールドという有名な「ハ ーツ」選手から贈られたウィーメダルを獲得したことです。私

の密かな考えは、あの時ヒブスのセンターフォワードだった
ローリー・ライリーだったらよかったのに、ああ、まあ、人生と
はそういうものだということだった。BBリーダーのマッデン大
尉は、私たちのチームをとても誇りに思っていました。ベティ
はブルームハウスでの生活を楽しんでいましたが、それでも
ローニーで友達と多くの時間を過ごしましたが、残念ながら、
帰宅が遅く、非常に暗いブルームハウスクレセントを歩かな
ければならなかったため、マとパパと常に問題を抱えていま
した。お父さんは何度も何度も彼女に、遅くとも午後11時ま
でには家に帰るように警告していた、なぜならマーはバス停
で上がって待たなければならない、ある夜は彼女が家に帰っ
たときには真夜中になることもあり、お父さんは怒鳴り散らし
てから寝室に「引っ込んで」、彼とマーがその件について話し
続けることになった。この頃、ベティは私にタバコを吸い始め
たと言いました、「マとパパが大丈夫なら、私も大丈夫なはず
だ」と彼女は私に言いました、私は一度もタバコを吸おうとし
たことがありません、誰が理由を知っていますか?

　ベティ、アランと私は、新しい学校が建設されることになっ
た私たちのすぐ上の農場でたくさん遊んで、私たちはそこで
たくさんの楽しみを持っていました、また、角を曲がって「紙」
の店を含む店の列があり、ここで私たちはお菓子、アイスクリ
ームを買い、もちろん、マとパパのために夜に「⊥ジンバライ
ブニングニュース」を拾いました。店の列には、私たちが「おし
っこ堤防」と呼んでいたものがあり、私たちはよく夜にそこで
遊び、将来、すべての友人のお気に入りの待ち合わせ場所に
なりました。ブルームハウスクレセントの道路を挟んで、5つ
の寝室を必要とする家族向けに設計された大きな家があり、
すぐにそこに引っ越した男の子と女の子の何人かと知り合い
になりました。

　私はキャリックベールスクールで私のクラスでノーマンマ
ッケイという名前の男に会い、それは三日月で私たちから角

を曲がって住んでいたoutheを回し、彼は少しよそよそしい
が、十分に友好的に見えました、とにかく彼を通じて私は彼の
兄弟、アリステアとトムを知るようになりました。アリスターは
私たちの親友になったので、私たちの小さなグループは拡大
し、将来のパーティーでアリスターは笛吹きで、それが非常に
得意であることを知りました。私たちの小さな友人のコロニ
ーには、アラステア・テイト、ジョン・ブラウン、アレックス・ワト
ソン、アレックス・ローソン、そして今ではアリステア・マッケイ
がいます。どういうわけか、私はグループのスポークスマンの
ような存在になっていて、店の近くの堤防に座っていると、よ
く「何がしたいの?」とお互いに尋ね合っていました。誰も答え
を持っていないように見えましたが、私はいつも考えを持って
いるように見え、それを提供し、見よ、その答えはいつも「やろ
う」のように見えました。この早い時期でも、非公式のリーダ
ーシップだと思います。

　だから、ここで私はたくさんの新しい友達と一緒にいて、
ローニーの人たちとまだ友好的で、2つのチームでサッカー
をし、新しい家に住んでいて、私の「ガミー」の足は日に日に
強くなっていました、人生はこれより良くなるのだろうかと思
いました。そんな時、ニュースが入りました!左足の最後の手
術である「トリプルフュージョン」の時間だったので、私はたく
さん泣きましたが、いつものようにマーがそばにいて、すべて
を提供してくれました子供が求めることができる愛とサポー
トは、「それはあなたの足をよりまっすぐにし、あなたは他の
すべての若者のようになります」と彼女は言いました。予想通
り、スターリング教授によるプリンセス・マーガレット・ローズ
病院での手術は成功し、彼は理学療法の後、私が他の少年と
同じくらい「正常」になると予測しました-ただし、左足は常に
細く、左足は右足よりも少し小さくなります。下さなければな
らなかった1つの決定は、私の2番目に小さいつま先を取り除
くかどうかでした。それは小さなつま先と3番目のつま先の間

に少し座っていて、将来的に厄介になる可能性があるためで
す。マード・スターリング教授はそれを放っておくことに決め、
私は彼らがそうしてくれたことをうれしく思いますが、何年に
もわたって、それは私の他のどのつま先よりも捕まって叩かれ
てきました。

P.M.R.病院での数週間の私の思い出は、私が作った友人、
イアン・エイトケン、トニー・トルタラーニ、リス・ブラウンリー、
そして私はいつも看護師やシスター・ダグラス「(ブラック・ダ
グラス」)とトラブルに巻き込まれていましたが、どれも良いも
のでした。彼女はそれが好きではありませんでした:私たち全
員がバスルームに閉じ込められ、私たちが裸だったので彼女
を入れませんでした、そして彼女にそのように見られたくな
いので、男の子は私たちが列を作りました。入院中に学校教
育を受けたのは嬉しい驚きでした。私はまだ良い点数を取っ
ていて、実際に「学ぶ」ことを楽しんでいました。私はもう13歳
だったけど、週末に病院に行った後、母と父(特に母)が私を去
ったとき、私はまだ恥ずかしげもなく心から泣き叫んだ、母と
の素晴らしい関係、そして間違いなく母は私を腐らせたのだ
ろう。

すぐに私は家族と一緒に家に帰り、松葉杖をついて、かな
り動き回っていましたが、活動は限られており、自分の力で学
校に行くことができました。マーはまだ忙しく、私が医者に説
明された通りのエクササイズをしていることを確認し、私はで
きるだけ早く松葉杖なしで管理するために一生懸命働いてい
ました。この期間中、私たちはますます多くの人々に会い、私
は移動できませんでしたが、通りの子供たちのためにあらゆ
る種類のゲームを企画し始めたので、ジョン・ブラウンの家で
白黒テレビを見るまでの間に、時間はあっという間に過ぎま
した。テレビはかなり新しく、彼の家にはテレビしかなく、いろ
いろなものを見ました　が、私が最も楽しんだのはウィンブル
ドンテニスでした。

　家が完成するにつれてブルームハウスに到着する人が増えると、ジョニー・クレイグがザ・グローブに引っ越してきて、パット・プールという女の子が学校への散歩でかなり友好的になってきたのは当然のことでした。ローソンファミリーはブルームハウスロードに引っ越し、アレックスと彼の兄弟ジミーは、私たちの小さな友人の小さなコロニーに関与するようになった父は、私たちの小さな庭を良く見せるために本当に一生懸命働いていました、彼は庭の縁取りのためのいくつかのレンガと前庭の周りのフェンスのためのポストといくつかの素敵なリンクチェーンを「取得」することに成功しました、そして私はヘルパーになるように奨励されました。完成したときは素敵に見え、家の裏側では野菜がきれいに育ち始めていて、母が驚いたことに。残念ながら、これらすべての良いことが起こっていたので、マーは上の階の4人の子供たちからの絶え間ない騒ぎのために彼女の神経に深刻な問題を抱えていました、それは彼女の愚かさを(文字通り)駆り立てていました。お父さんはローズベリー家と話そうと無駄に試み、騒音が来たロビーの敷物を買うことさえ提案しましたが、受け入れられませんでした。私たちは評議会に問題に対処させようとしましたが、彼らは私たちが少し理不尽だと思ったようで、父はかなりひどく反応し、評議会に不評になり、今では「私たち」が問題であるように見えました。当時、私たちは家と近所の退屈な街を愛していたので、引っ越しについて抱いていたすべての懸念がすべてなくなっていたので、本当に残念でした。マーは夜になるとほうきの柄で家の天井を叩いていたので、その騒音は四六時中続き、もちろんローズベリー夫人との関係にも影響を与えました。すぐにお父さんは、私たちがこのまま続けることができるか、マーのために別の議会の家に移すことができるかを決めなければなりませんでした。shealth、なんというジレンマでしょう。

　それはちょうど店の列から道路を上ったところにあるブルームハウスクレセントの家に向かう途中で、サイクリストのグループがしばしばコートを自転車で通り過ぎることに気づいたこの頃でした。すべてのバイクはレーシングモデルだったので、手術から回復したら、再び仕事を探すことを考えるようになりましたが、今ではギプスを切ってできるだけ早くサッカーやサイクリングに戻るのが待ちきれませんでした。

　私の将来が有望に見え始めていたので、残念ながら私の愛する母は本当に苦労していました、そして父はガス委員会から24時間前の通知で要求され続けました、それは一方では財政的には大きかったですが、私の母の健康状態を悪化させるだけでした。ビニョルド医師は父に、マーは神経衰弱に向かっているので、別の家への「交換」を真剣に考えるべきだと言いました。私たちは皆、この可能性に打ちのめされましたが、父は、それが私たちの生活を再び変えるだろうという私たちの素朴で利己的な抗議にもかかわらず、マーのために最善を尽くすという彼の決断を褒めなければなりませんでした。

　私たちは、フロントガーデンとバックガーデンを持つ3ベッドルームの1階の正面玄関の家を持っていたという事実は、他のカウンシルハウスの多くの人々にとって魅力的でしたが、残念ながら、私たちは別の新しい不動産に移動することに興味がなかったので、私たちの選択肢は限られていました。評議会はついに私たちにすぐに引っ越した方がいいと言ったので、私たちはソートンパークの向かいのスティーブンソンドライブのブロックビルにあるかなり新しい12の最上階に2ベッドルームのフラットに落ち着きました、父は私たちに「妥協」という言葉を説明しました私たちが長屋のために私たちの家をあきらめるのは公平ではないと主張したとき。この動きは、その後の数年間で成功した形式的な理由であることが証明されました。

　61スティーブンソンドライブへの引っ越しは非常にスムーズに進み、少量の家具は古い2ベッドルームの家に適しているように見えました。最も大きな影響は、ベティが本当に自分だけの部屋を必要としていたのに、折り畳み式の長椅子でリビングルームで寝なければならなかったことで、言うまでもなく、この配置に適応しようとしたときにはバトルロイヤルが多かったことは言うまでもありません。アランと私は、北風が窓や壁を吹き抜けて極寒の雰囲気を保つ奥の寝室で寝ました。マとパパは正面の寝室、小さな部屋を持っていましたが、遠くに公園とペントランドヒルズの素晴らしい景色を眺めることができます。これらすべての本当の皮肉は、ローズベリーがブルームハウスコートの二階の家を出てオーストラリアに移住したことを知ったときでした。父がそれを聞いたとき、「動揺した」と言うのは、おそらく彼らが他の国に引っ越したのと同じくらい、非常に控えめな表現でしょう。父が少し「冷静」になると、彼が言うことができたのは、「なぜ彼らは私たちに教えてくれなかったのか?」ということだけでした。

　この引っ越しは私たちの学校の手配にほとんど影響を与えず、実際、スティーブンソンドライブから歩いてすぐになりました。私たちの向かいに公園があることも、手術からのリハビリを続け、ギプスを外した後は、近所を少し散歩したりサイクリングしたりして大きな進歩を遂げたので、不幸中の幸いでした。ブルームハウスで新しく見つけた友達との連絡は、学校や自転車で彼らに会いに行くことで維持されました。学校の勉強は順調で、私は「ボナリーハウス」の知事に選ばれ、学校の成績、スポーツ、組織化活動への参加はキャリックベール中等学校で見過ごされていなかったようです。

　いつの間にか、またボールを蹴るようになり、奇妙な歩き方をしていたにもかかわらず、かなりうまく動き回ることができたのですが、まだ頭の中では、スキルは非常に限られていましたが、「うまくやりたい」という強い願望を持っていまし

た。だから、ずっと長くなる前に、毎週土曜日の朝にメゲットランドの2年生チームでサッカーをし(ゴールはブーフー)、午後はウォリストンパークのBB:sダウン(右サイドバックのイッピー)で、両親がいなければ、両親が心配するだけだっただろう。これらすべてでフットボールとサイクリングをしていると、足は日に日に強くなっていき、今度はブルームハウスで自転車で走った人たちが持っていたような新しいレーシングバイクを買うためにお金を節約する仕事を見つける時が来ました。母は賛成で、学校の前か後に仕事を見つけることができれば、給料の4分の1を「貯金」して、母が言うところの貯金箱に入れる限り、稼いだものは何でも保持できると言いました。このシンプルな哲学と、当時彼女が私にくれた「稼いだ以上のお金を使わない」というアドバイスは、私の人生に大きな影響を与え、少なくとも長年にわたってその価値を証明してきました。とにかく私は貯金が上手で、 Corstorphineで書類を配達する仕事を得た後、文字通りレースに出かけるようになりました。この時、物事はとても順調に進んでいたので、クリケットをやってみることに決め、実際に6番目のイレブンを作りました、かなりうんざりしていました私はあまりにも父が私の成果について自慢していました彼が尋ねたとき、彼は「イレブンは何人いますか?」私は満面の笑みで「6人のお父さん」と答え、彼は私に大きな抱擁をし、私が死ぬ日まで彼の「あなたは大丈夫です」という彼のいくつかの言葉を決して忘れません。

　私の学校の勉強は非常に順調に進んでいて、木工細工や製図のような科目がかなり上手くなってきて、実際、私はマーのためにすっきりとした見た目のコーヒーテーブルを作り、実際には「銀行」である小さなスツールを作りました、そしてマーは私がそれを自転車のお金を節約するために使うことを提案したので、毎週末、私は今寝室のマントルピースに座っている「銀行」 に貯められるものは何でも宗教的に入れました。残念ながら、私の母とベティはしばしば少し足りず、給料

日までに数シリングを借りていました、これは毎週の習慣になり、誰が何を借り たかについて常に異なる意見があったので、私はすぐに「簿記」の理解を深めなければなりま せんでした。お父さんはその不一致に非常に親切で、「お嬢さんから借りたいなら、必ず返済するか、借りずに管理するようにしてください」と主張しました。お父さんはいつもマーに家事代わりのお金を渡すことができましたが、彼のパイントを飲んだり、サッカーに行ったり、馬にちょっと賭けたりするのに十分なお金を持っているように見えました。彼らがどのようにお金を管理したのかはわかりませんが、お金をどこに使うべきかについて長い議論がありました!これらの話し合いが、マーが掃除婦(Charwoman)としての仕事に戻ることにつながり、それが彼女に少し自立心を与えたように見えました。彼女はパトリック・トンプソンズで仕事を得て、アレックス・フェルおじさんの妻マーサと一緒に働き、彼らはさらに親しい友人になりました。彼らは、仕事中に灰皿の中のタバコの吸い殻を全部拾い上げて家に持ち帰り、自家製のタバコ を転がすと人々に話していました。お父さんはこれを素晴らしいアイデアだと思って、すぐに自家製のタバコも作るようになりました。「目的」を出すためのものは何でも、そう語る。

　スティーブンソンドライブへの引っ越しでマの健康は劇的に改善し、彼女は近所の人々と本当によく知り合いになり、隣の女性、ロイ夫人と非常に友好的になり、これが彼女がすぐに落ち着くのを助けました。お父さんは、彼女が仕事を得て仕事に戻ったことをとても喜んでいました。これにより、お金の問題が少し緩和されました。唯一の問題は、午前4時30分に本当に早いスタートを切ったため、マーは午前4時のバスに乗ってブリッジズに入るために家を出て、通常午前8時30分頃に家に帰ると、父は仕事に出かけ、アランと私は学校に出かけ、ベティはまだ「リビング」の部屋で眠っていました。の落胆。ほとんどの朝はマーとベティの戦場であり、ベティが

去った後、マーは疲れ果ててお茶を飲みながら座っていました。この状況は、ベティが生計を立てるために仕事に出た後も何年も続き、アランと私はいつも、マーが帰宅した直後には外出するようにしていました。アランは学校や近所の子供たちと友達になっていましたが、時々一緒に楽しい時間を過ごし続けましたが、私は今、おしっこをした兄と遊ぶには「大きすぎる」とか、友達に言われたそうです。この頃、私たちは本当に無線で流れていた素晴らしい音楽に気づき始め、「派手な」ヘアカットがその日の順序でした。私はマーとパパ に、有名な理髪店があるグローブストリートに行ってもいいかと尋ねましたPhil:sと呼ばれていた彼は、すでに「フラット」トップで有名になっていたので、試してみたかったのです。かっこいいといえば、それは素晴らしいと思いましたが、サイドスコアとはかなり違っていたので、友達みんなに笑われました。私が人生のほとんどを持っていたので、少しも気になりませんでした。数年後、スコットランドの偉大な俳優ショーン・コノリーが実際にこの同じ通り(グローブストリート)に住んでいて、彼もフィルの理髪店を使用したことがわかったと信じられますか。この事実は、彼がグローブストリートで牛乳を配達していた男、ショーン・コノリー卿になることになったため、今後数年間の私たちにとって大きな喜びの源でした。兄のアランは私の「ノラット」 トップスを気に入って、ある日少し大きくなったらフィルの理髪店に行くことにしました。

　キャリックベール中等学校に行くために約1年残っていて、私の妹のベティは今、西端のグラントの家具オフィスで働いていて、女の子は私たち男雪に迷惑が少なくなっていた、そして私たちはすべてのおしっこ娘が少し成長し始めていた方法に気づき始め、実際に目にかなり喜ばれました。これらの突然目立つおしっこ娘の一部は、実際には、私たちが店の近くのブルームハウスで遊んだり、農場や他の場所で遊んだりしたときに、さまざまな時間に私たちの周り全体にいまし

た。今までは、彼女たちが団地で遊んでいたので、私たちはただ害虫で、女の子たちを困らせていましたが、今では、彼女たちと話したり交流したりしたいと思っていて、そのうちの何人か、マクファーレン、ローレンス、カーワンのアン・フレイザー、そしてパット・プールという女の子と知り合いになりました。当時、私の友人たちは皆、誰を「空想」するかを自分で選択していましたが、それはすべて少年時代の空想だったと思います。

　母も父もそれぞれの生活で忙しかったのですが、食事の時間(主にティータイムと呼んでいたもの)は、他の文化では夕食や夕食の時間で、いつもおしゃべりをする時間がたくさんあり、私たち3人の子供が成長するにつれて、彼らは私たち3人の子供がどこにいるのかを感じ取っているようで、ある日、父が一度だけスポーツ以外の話をしたいと言ったとき、私は驚きました。それは「鳥と蜂」について、それはむしろ女の子を困らせないようにという警告のように聞こえましたか?その時、彼が何を言っているのかわからなかった。どうやら彼は、私がブルームハウスのパット・プールの女の子とかなり仲良くなっていることを知ったようだ(妹のベティだと思う)。とにかく、心配する必要はありません私は「良いおしっこ少年」でしたか:そうではありませんか?私の母は、私が値する、または今必要としているよりも多くの注意を私に与え続けました、私たちはそのような素晴らしい関係を築き、非常によくコミュニケーションを取りました、そしてもちろん私は彼女と話すのを楽しんでいたので、秘密はありませんでした、そして私は彼女に私がしたことすべてを話しました。残念ながら、これはベティとアランにとって問題を引き起こし、マーが彼らに同じことを期待したように年をとるにつれて、そして彼らは私が何年にもわたってうっかりしていたほど彼らの考えに自由ではありませんでした。マーは、彼女の子供たちがみんな全く違っていて、もしかしたら私の状況のために、兄や妹よりも私が注目され

ていたかもしれないという事実を見落としていました。マールはおそらくそうではないと主張するでしょうが、私は確かに彼女の初期の数年間に多くの時間とエネルギーを費やしました。

1953年はあっという間に過ぎ去り、学校を辞めたときに何をするつもりだったのか全くわからず、あまり考えていなかったのですが、父はずっと、最低限考えるべきはアトレードマンになることだと言っていました。先生と校長は、彼らが私が持っていると思っていた潜在能力を(学問的に)発揮するために進むことを強く勧めました。私たちはさまざまな理由でその選択肢をあまり考えていませんでしたが、個人的には仕事に行って生計を立て始める時が来たと感じました。私が年をとるにつれて、私はこの決定を後悔することはありませんでしたが、最終的には、人生で持つことができる最大の成果の1つは非公式の教育であり、誰もそれを奪うことはできず、機会の扉はあなたにとってはるかに大きいことに気づきました。私はスコットランドの退職証明書で卒業した後、私は就職活動を始め、基本的にすべての店でドアをノックし、彼らが助けるために若者が必要かどうか尋ね、就職活動に科学はないように見えました、助けを必要とした人は誰でもあなたの将来の職業を決定するかもしれません検索で選択的にならない限り。1953年に起こったいくつかの重要な出来事は、私の残りの人生で私と共にあります。

エリザベス女王の戴冠式2世、エドモンド・ヒラリーとシェルパ・テンシングは、エベレストに登頂した最初の人間となり、その後、スタンリー・マシューズ卿がついにブラックプール・フットボール・クラブでイングリッシュ・カップ優勝メダルを獲得しました。

私の仕事探しは、エジンバラのダウンタウンのフレデリックストリートにあるシンプレックスエレクトリカルサプライという会社の倉庫の少年として雇われたことで報われました、

彼らは私の学校の成績に感銘を受けたようで、おそらく私が電気貿易のすべての断片を知るようになったら、私が16歳になったら貿易で見習いの仕事を得るチャンスがあるだろうと提案しました (正式な開始年齢)。もちろん、マーとパパは大喜びでした。仕事はうまくいき、私は「喜ばせたい」と切望していましたが、古い自転車で仕事に行ったという事実は、バス代を払う必要がなく、運動にも役立ったのでボーナスでした。私が倉庫のほとんどの在庫品に精通し、商人たちが私を知るようになるまで、それほど時間はかかりませんでした、そして彼らは私が迅速かつ効率的に注文を準備する能力にかなり満足していたようです。一部の請負業者は、私が彼らのために働くことに興味があるかどうか尋ねましたが、私はシンプレクスが彼らのためにもう少し働く義務があると感じました。地球に戻って私を連れ戻すと、私はケーブルの色の一部に問題を抱えていたことを発見しましたが、私は自分自身にそれを保持し、私はまた、オープンケーブルで小さなバーが巻かれていた電気ヒーターを実験している間に悪い経験をしました、私はヒーターにドライバーを突き刺し、彼らがエレメント(小さなバー)と保護グリルと呼んだものに対してドライバーを保持していました、それが「地面」に行き、ヒーターとドライバーの両方を破壊することをどうやって知ったのだろう?人生の恥ずかしい瞬間だと思います、倉庫の男が言っていた自然な好奇心ですが、あなたは血まみれで幸運です:感電死しませんでした。木製のハンドルは電気を通さなかったようです、男の子は私が「この電気のもの」についてすべて学んでいた、父が言った人生の素晴らしい教訓。いくつかの学習経験にもかかわらず、いくつかの請負業者が私に見習いになる機会を与えてくれるようだったので、私はついにアンガス・イネスという自分のために働いていた男からの申し出を受け入れました。それで、私は16歳の誕生日を迎える前に、大きな不安を抱えながら見習いを始めました(まだ色の問題が心配です)。もし私

がそれを言っていたら、私は仕事に就かなかったでしょう、まあ!

　仕事は最初はかなりうまくいったのですが、すぐにアンガスは不機嫌で不幸な男で、私が何をしても、どんなに頑張っても、彼はすべてについて「うめき声」をあげているように見えました。仕事のほとんどは高齢者のための小さな仕事であり、それはお金が常に問題であるように見えました、私たちは素敵な老婦人が彼女の電力供給を失った1つの仕事に行きました、そしてこれは彼女が言った前に起こったことがない、とにかくいくつかの予備調査の後、アンガスはメーターにお金がないことを発見しました、彼はアシリングを入れました、そしてもちろんライトが点灯　しました、驚かす。私たちが車を走らせながら、彼は独り言をつぶやきました「なんて愚かなオールドバカ野郎、どうしてそんなことをするんだ」。彼の時間、私の時間、交通費の1時間、彼が怒ったのも不思議ではありません。私たちはまた、小さな電化製品にもたくさん取り組んだが、それもあまり利益がなかった、と彼は主張した。なぜ彼はこのビジネスをしているのですか?思いました。

　別の事件は、年金受給者の家でロスリンにあったと私は彼に伝えることになっていたとき、私は壁の内側に鉛直のボブの音を聞いたとき(彼は屋根裏部屋にいた)、私は怖くてたわごとぐではなく、:騒音を検出することができなかったので、私はちょうどOKと言った、まあ、彼が降りてきて壁の穴をノックし、鉛直のボブを見つけることができなかったときに支払う地獄があった、もちろんジムのせいです。

　フレデリック・ストリートのシンプレックスで働いていたとき、ストックブリッジ近くのフレデリック・ストリートのふもとにある、ジミー・ギルクリストという名の素敵な男性が経営している、本当にすてきな自転車店があることを知りました部品を修理または交換すると、彼はスペアパーツを提供し、コストを抑えるのに非常に役立ちました。私は彼に新しい自転車を

買うために貯金をしていると話したのですが、彼は私がサイクリングに一時的な興味以上のものを持っていると感じ、「ダニーデンサイクリングクラブ」のメンバーであり、興味があると教えてくれました。ジミーは、私と友人がダニーデンサイクリングクラブに参加するのに尽力し、特にツアーやレースに参加したい場合に、新しいバイクに何を求めるべきかについて私たちの何人かにアドバイスしてくれました。かなりすぐに私たちは自転車で週末に出かけ始め、非常にリーズナブルな価格で一晩の宿泊施設を提供するユースホステルに参加することを決めました、私たちは今、真剣に「ダニーデン」に参加することを考えていました。これらの週末は、アンガス・イネスが一緒に働くための大きな悪夢になりつつあり、父は私が非常に不幸で夜眠れなかったと疑っていたので、私にとって命の恩人でした。

　だから、私はここにいました、学校とBB:sを辞めて以来、サッカーはなく、見習いとして働き、おそらく数学、実践、理論のために週に3晩夜間学校に行かなければならず、サイクリングに大きな時間を費やし、何度かデートをしたパット・プールの一時的な空想以上に、私の友人の何人かは今、ダンスの方法を学び、「才能」に会うために「パレ・ド・ダンス」に行くことを話していました。Lifegetはこれよりも忙しいのでしょうか？

　父は私にできるだけ早く別の仕事を探し始めるように勧め、シンプレックス・エレクトリカル・サプライの会社から私を雇ってくれたアンガス・イネスにいくらかの忠誠心を感じていました　が、再び人生を楽しむためには変化が必要であることを知っていました。そこには、私たちがローンマーケットに住んでいた場所から角を曲がったところに電気工学会社があったので、私はそこを試してみることにしました、そして運が良ければ、彼らは実際に「ショールームボーイ」を探していましたtheshopの清掃と小さな電化製品の修理を手伝ってくれる公式の5年間の電気見習いを開始することを視野に入れて、

当時は16日までに始めなければなりませんでした誕生日。私の学校の成績が役に立ち、私はその仕事のオファーをもらい、母と父を大いに喜ばせました。アンガスイネスは、予想通り、彼は安い助けを失っていたので、あまり幸せなキャンピングカーではなかったが、不思議なことに、彼の名誉のために、彼は私にこれが私にとってはるかに良い機会になると言い、私にすべての最善を願った将来。そこで、転職が決まり、雨やみぞれ、雪が降る中、毎朝スティーブンソン・ドライブからジョージIV橋のショールームまで自転車で移動しました(約30分)ことで、バス代を節約し、同時に体調を整えることができました。

　仕事の初日、私はフォーミートレーニングと開発の責任者であるビル・ピアソンという名前の商人に出会いました、これは私たちがすぐにつながったので、これは天国で行われたマッチのように見えました。彼は、ショールームの毎日の掃除機をかけ、コーヒーを淹れ、オフィススタッフ(主に女性)のニーズに対応するためのルーチンを設定する初期の日々を私を指導してくれました。私は新しい仕事を本当に楽しんでいたので、喜ばせるために一生懸命努力しました(良い哲学をしてください)、そして彼ら全員がその努力に感謝しているように見えました。

　すぐにビルは、ショールームの下のワークショップで小さな電化製品の修理に関与するようになり、彼は私に、もし私が「電気取引」について真剣に考えているなら、近い将来、ブロートンストリートのベルビューテクニカルスクールに行くことを検討すべきだと言いました。なぜなら、私の見習い期間は1954年11月の私の誕生日に正式に始まり、1959年11月に終わるからです。また、課題が来る前に忙しかったと思っていた場合は、夜間学校でシティアンドギルド証明書を取得するために4年間のコースを受講する必要があります。ビルは私にショールームでの小さな仕事を始めさせてくれましたが、いつ

ものように私の冒険心が邪魔をし、途中でいくつかの「ショック」を受けました。

脚立の上から、それは深刻だったかもしれないが、私たちは皆、ジムが240ボルトの活線に触れているのがどれほど愚かだったか、私はどのように私は最初に、教訓を学び、忘れずにスイッチを閉じるべきだったことを知るために、おしっこ笑いを得た。

生活は本当に忙しく見えましたが、私はとても幸せで、今では満足していて、ジョージ1Vブリッジの仕事への行き帰りに自転車で口笛を吹いたり歌ったりしているのがよく見られました。私の人生のこの頃、私は適度に幸せな家庭と家庭環境を持っていたにもかかわらず、オーストラリア、デンマーク、カナダなどの他の国での「より良い」生活について考え始めました。その時、オーストラリアは手招きしているように見えました、なぜなら私は羊の農家になるという考えを持っていましたが、本当に理由はわかりませんでした。私が考えていたのは、父が契約した商船が戦時中に修理のためにニュージーランドで乾ドックに停泊し、船に乗っていた王立砲兵隊の砲手の何人かがRとRのために羊の農場に送られたということだけでした。

私が言及する「より良い」生活は、母と父の長年にわたる懸命な努力と生活費を稼ぐための私の認識に基づいており、彼らの両方が外出しているにもかかわらず、与えられた週の終わりには「余分なものは何もない」と彼らが将来のために取っておかなければならない追加の現金を持っているという希望はほとんどありませんでした。私たちはいつもテーブルの上に食べ物を並べ、背中には服を着ていました が、議会の家賃が支払われ、マーが食料品を買うと、タバコ、ニップとパイント、奇妙なフットボールの試合、または馬への賭けのためにあまり残っていませんでしたが、私が覚えているように、これらのアイテムは優先順位が低かった、少なくともマーにとっ

てはそうでした。これは、あなたが想像するかもしれないように、奇妙な機会にちょっとした対立を引き起こしました。どういうわけか、私たちは毎年休日に数日離れることをいつもやっていましたが、父は決してパブから遠く離れていませんでした。

社交面では、友人たちと私は、パレ・ド・ダンスやキャベンディッシュ、アッセンブリー・ルームのようなダンシングの場所に行くなら、ダンスの仕方を学ぶ必要があると決めていたところ、姉のベティが答えを提供してくれました。まあ、それは私の友人と鉛の風船のように行きました:「私たちはみんなおしっこ娘の束だと思いますか?」とにかく、私たちは最終的にエディナに数回行き、ダンスを学んでいる非常に格好良い若い娘たちがいたので、本当に楽しかったです。3回のセッションで卒業し、サウスブリッジのセントラルスクールオブボールルームダンスに移り、次にセントメアリー通りのアフトンクラブに移り、今では実際に「パレ・ド・ダンス」に行き、耳にしていたすべての才能に出会うことにますます近づいていました。

サイクリングも私の友人と私にとって主要な趣味になりつつあり、私たちは実際にエジンバラから半径約30マイル以内の様々なユースホステルの場所で週末を過ごし始めていました、私たちは実際にスコットランドのユースホステル協会に参加し、彼らは一晩の滞在のために　2と6ペンスの王子様の金額のためのベッドとキッチン設備を提供しました。また、長距離サイクリング旅行に参加するために「ダニーデン」サイクリングクラブについて真剣な問い合わせを始めていました。

バルキモア8

月曜日の夜、ファウンテンブリッジのパレ・ド・ダンスで、ステージ・ラウンドアバウトの片側にジェフ・ロウェナ・カルテットが、反対側には有名なバジル・キルチン・バンドがいて、私たちはこのすべてを楽しみにしていました。ある土曜日の夜、ウィートシーフインで数パイントを飲んだ後、家に帰る途中でフィッシュアンドチップスを楽しんでいたとき、ジョニークレイグがアリステアテイト、アレックスローソン、そして私自身に言ったので、多くのハミングとホーイングの後、私たちは次の月曜日に「弾丸を噛む」とダンスですべての大騒ぎが何であったかを見に行くことに同意しました。アレックスは、兄のジミーが彼と素晴らしい話をしてくれたこと、そして「たくさんの才能」があることを教えてくれました。

　それは次の月曜日でも、次の2つでさえ、パレ・ド・ダンスの世界への私たちの提案された進出の邪魔になるものとして、次から次へと、しかし最終的にはそこにたどり着くことができましたが、そこにいた多くの娘たちからの拒絶を恐れてダンスフロアに足を踏み入れる勇気がありませんでした。次の3つの月曜日は、バルコニーにぶら下がって、誰もが楽しそうにしているダンスフロアを寂しそうに見つめていましたが、思い切って行動する勇気を見つけることができませんでした。「そろそろ」と決めたのは5週目くらいでした。このプロセスが

どれほど難しいかを本当に理解していましたが、どこから始めればよいのでしょうか?私たちは皆、気づく前に何度も拒絶されました、実際には女の子たちにも選択肢があり、ダンスを受け入れるかノーと言うことができました。私たちはこれを理解していませんでした、彼らがどうやって「私たち」を拒否することができた、それは人生の別のレスソンになるでしょう。私たちはダンスの仕方を学ぶのにかなりの時間を費やしていましたが、今では、恥ずかしがり屋の新人と踊りたいと感じた女の子を探して尋ねる方法を学ばなければなりませんでした、そして最終的にはダンスフロアにたどり着きました、そしてレッスンは確かに役に立ちました、私たちは実際に女の子をリードし、彼らの何人かの驚きに歩調を合わせ続けることができました。

　私たちは、夜遅くにダンスから家に帰る最初の数日間、私たちの瞬間を共有し、「才能」についてのメモを比較しながら、女の子たちが私たちについて何を言ったかを考えずに、大笑いしました。

　ジェームズ・スコッツでの仕事は順調に進んでおり、私はビル・ピアソンと素晴らしい関係を築いていました電化製品修理店、そして実際、彼は1954年11月から電気工学の見習いに向けて私を指導し、カウンセリングし、私がベルビューテクニカルスクールに入学するように手配しました。科日には数学、電気理論、実践研究が含まれますが、これが何のコミットメントであるかを理解せずに興奮していました。ビルにはヘレンという長年のガールフレンドがい　て、彼らは夜間学校のすぐ角にあるブロートンストリートのアパートに住んでいたので、日中は彼と多くの時間を過ごし、クラスを始めてから3晩は彼らと過ごしました。

　私は仕事のためにブルームハウスコートから町のジョージ1VBridgeにサイクリングし、その後、いくつかの夜に夜間学校に行っていたので、私の人生のこの期間を本当に楽し

んだ。私の左足と足は日々改善しているように見え、人生のほとんどで持っていた足を引きずることは今ではあまり目立たず、私の内なる思考とサッカーへの愛情は非常に強くなりましたが、これらすべての「もの」を生活にどのように適合させるのでしょうか。マとパパは、私のすべての努力に励まし、彼らの言葉に忠実に、私は私の給料で受け取ったすべてのバス運賃を保持し、さらに私はこの時点で掘るお金を支払う必要はありませんでしたが、彼らは私が私のテイクホームの給料の25%を節約すると主張し、私は非常に興味を持っていたので、いつか「レーシング」バイクの購入を検討することができることに同意しましたサイクリングで。今振り返ってみると、彼らはまだ私の「フィットベ」という概念に少し神経質になっていたと思います。お父さんはしっかりしたサッカー選手が欲しいと思っていて、密かに私がゲームに興味を持っていることを喜んでいました。たぶん、サイクリングは親愛なるオールド・マーのストレスを減らすでしょう。ブラザー・アランはこの頃、雑草のように育ち、スティーブンソン・ドライブのバルグリーン周辺から良い友人たちがいましたが、彼らはフットボール以外のことに興味を持っているように見えました。アランは本当に音楽が好きで、士官候補生とお父さんはそれで大丈夫でしたが、アランと私は長年にわたるさまざまな理由で、お父さんが強く望んでいた「フットボール選手」を手に入れていないといつも感じていました。

　私の友人と私は本当にダンスで物事のスイングに入っていて、実際には、将来の日付の考えで女の子の「家」のいくつかの後で尋ね始め、これはすべて、深刻な関係が発展することなく、かなりうまくいっていたと私たちは考えました。私はロッヘンド出身の女の子と知り合いになりました。彼女の名前はアイリーン・マック（ダンスのリクエストにNOと言わなかった数少ない女の子の一人）で、月曜日の夜に私たちはかなり一緒に踊るようになりました。ある時、何度か踊った後、彼女

がどこに住んでいるかを考えずに、彼女を家に連れて帰って
もいいかと尋ねました。まあ、あなたはそれを知らないでしょ
う?彼女は「わかった」と言い、エディンバラの反対側にあるロッ
ヘンドに住んでいることがわかりました。その時はすごく恥
ずかしかったのですが、彼女が「バス停まで歩いて行けばい
いんじゃないか」と言ったので、そうしました。彼女は次の月
曜日に私にいくつかのダンスを保存することを約束し、それ
で私が姉のベティとおしっこ兄のアランと共有した私の最初
の種類の関係を始めました、私はこれらすべてに非常にうん
ざりしていて、これらの瞬間を私の母と共有するのが待ちき
れませんでした。その間、ジョニー・クレイグとアリスターは異
なる時期に女の子と出会い、かなり頻繁にデートを始めたの
で、一緒になったときには楽しいお しゃべりをしましたが、最
近は少なくなっているように見えましたが、ダニーデンサイク
リングクラブに参加して、週末にホステリングに行くだけでな
く、自転車でロードレースやタイムトライアルに参加するため
の素晴らしい計画を立てていました。残念ながら、私たちはま
だ必要なタイプの自転車を買う立場になかったので、私たち
が現時点で持っていた不器用さでやっていっていました。私
たちは、ダニーデンについてブルームハウスクレセントで通
り過ぎたサイクリストからいくつかのアドバイスを与えられて
いたと述べ、また、準備ができたときには、より良い白転車を
探し始めるのを助けることができるストックブリッジで自転車
ショップを経営していた男がいた と述べました私たちのバイ
クとダニーデンサイクリングクラブの両方の建設のためのリ
ソース。

　アイリーン・マックと私は着実に進み始め、時間が許す限
りよく写真を見に行きました、彼女はまた、ヘレンとビル・ピ
アソンを非常によく知るようになり、時折彼女は夜の学校の
後に私に会い、私たちはベルビューテクニカルスクールから
道を下ったところにある彼らの小さなアパートを訪れました。

ウェメットは週に1、2回、月曜日にはダンスに出かけ、ロッヘンドの彼女の家の近くで長い散歩を楽しんだ。私の友人と私は本当に私たちのサイクリングに真剣になり、ほぼ毎週末、ユースホステリングは、主に「ボーダーズ」と呼ばれるもので離れるように進化していたので、私のスケジュールはますます厳しくなっていました、さらに私はまだ私にチャンスを与える任意のサッカーチームに関与しようとしていた、そして私たちはダニーデンサイクリングクラブにアプローチして、クラブに参加してレースを開始するために必要なものについての情報を得ていました。

　アイリーンと私はなんとか落ち着いて、父は彼女がなんて素敵な娘だったのだろうと言っていましたが、私は忙しすぎて、結局彼女はうんざりして「私は返事をしなかった」と言いましたが、いつものように父はそれを正しく理解し、私たちは数ヶ月後に別れました、彼女がヘレン・ピアソンと付き合い始めたと言ったとき、私は打ちのめされました、彼女がヘレン・ピアソンと付き合い始めたと言ったとき、それは悪化しました。の兄弟。

　ビルとヘレンはこの時期に結婚し、私は結婚式でベストマンになるよう頼まれ、それを受け入れ、アイリーンと兄が出会った場所であることが判明し、それ以来、彼らは幸せな結婚生活を送っています。

　まだブルームハウスに住んでいた私の友人たちは、地元の娘たちとよく知り合いになり、そのうちの何人かはダニーデンサイクリングクラブに友達がいることがわかりました。私たちはその時までにメンバーになり、ホスティングと他のメンバーとのレースへの興味を育むことを組み合わせていました、そしてそれは判明しましたアラン・マクファーレンと彼の妹ベティ、ダニーデンサイクリングのアドバイスを私たちに助言したブルームハウスクレセントに住んでいた人たちもサイ

クリングに非常に積極的でした、そしてこれは「マクファーレン」ファミリーとの非常に密接なつながりを始めました。

それから数年はあっという間に過ぎ去り、姉のベティと彼女の友人たちはキャベンディッシュ・ボールルームで多くの時間を過ごし、アランはトランペットやチェロなどの楽器に興味を持ち、実際にアッシャーホールでのコンサートで演奏したこともありました。この時期、母と父はそれなりに仲良くしていました。実は、毎週チームを編成するのに苦労していたセカンダリー・ジュベナイル・チーム、ロングストーン・ユナイテッドでプレーする誘惑を受けていたのですが、あまり成功していなかったのですが、右サイドバックでプレーできて嬉しかったです。また、毎週水曜日にメイベリー・インで開催される10マイルのタイムトライアルにも参加していましたが、24分26秒など、当時のダニーデン・クラブのメンバーを感心させるような、とても良いタイムを出していました。正直なところ、ジミー・ギルクリストが注文して約50英ポンドの費用で組み立ててくれた26インチのローゼンデールバイクに満足していました(両親はこれを信じられませんでした!

仕事は本当に順調に進んでいました、ビル・ピアソンは私が電気見積もり者になるために「オフィス」トレーニングで2年間過ごすように手配しました、彼は私には可能性があると思ったようです。

1956年の新年、または私たちがホグマニーと呼んだ日は、当時は気づいていませんでしたが、私の人生で非常に重要な機会になりました。マクファーレン家とフレイザーズは、ローレンスの家でパーティーを手配していたと、今日まで、我々はどのようにそこに終わったのかわからないが、ジョニークレイグは、アイリーンマクファーレンの友人マーガレットカーワン(ちょっとスノッブ)、アレックスローソンは、アンローレンスに恋をしていた、アラステアテイトは、しばらくの間、マーガレットガレスピーと安定して行っていたと私たち"すべて"は、

ローレンス姉妹(アン　とベティ)に目を持っていた彼らは本当に「良いフィギュア」を持っていて、もちろん私はアイリーン・マックからの大きな拒絶からまだそこに縛られています。

　私たちは皆、最も素晴らしい夜を過ごしました、そして私はドリーン・マクファーレンといくつかのダンスをしました、そして彼女の会社を本当に楽しんだ、音楽はミックスされていました、そして私たちは遅いダンスと速いものを持っていました、しかし遅いものは「本当に良かった」です。

　ドリーンは魅力的な若い女性で、静かにもろく、彼女についての無邪気さが目立ち、初期の頃にブルームハウスで店をぶらぶらしていた痩せこけた小娘の一人であった後、きちんとした小さな姿を発達させた人でした。彼女はその夜のパーティーで「アメリカンクリーム」と呼ばれる魅力的な香りを身に着けていて、その後何日も私を悩ませているようでした。私たちはかなりうまくいって、楽しんだと思いました一緒に踊ったけど、僕たち二人にとってすぐに「花火」が上がることはなかったと記憶している。夜が明けて、真夜中にみんなでキスをしたり抱き合ったりする前に、いくつかのデートが決まり、ドリーンと私は他のカップルとアストリアの写真で夜を過ごすことになりました将来の日付でCorstorphineの家。ドリーンがどうやってこれに同意したのかはわかりませんでしたが、本当によかったと思いました。

　新年が明けて仕事に戻ると、見習い期間では物事が順調に進んでおり、研修生見積もり担当者として配属される前は、ミッドロージアン、ブロックスバーン、ダルケイス中のいくつかの新しいエッソガソリンスタンドでトム・マッケイブ(電気技師)と定期的に働いていました。この間、私はビルとヘレン・ピアソンをプリムローズテラスの小さなアパートに訪れ続け、その　後、彼らが頻繁に家を引っ越すように見えたので、ゴージーロードのアパートを訪れました。

　サイクリングで通勤し、週末はホステルで過ごすことで、私は非常に健康になり、今ではダニーデンサイクリングクラブに参加し、10マイル、25マイル、50マイル、100マイルのタイムトライアルに挑戦しました。これにより、ダニーデンジュニア選手権のタイムを入力することができましたが、私は実際に1958年に「準優勝」メダルを獲得するために管理していましたが、平均速度は時速22.78マイルで、非常に驚いていました。

　この頃、ツアーは僕たちの生活の大部分を占めていたんだ。スコットランド全土、イングランドの多くの地域、そして「ヨーク」(ドリーンと私が訪れた場所)を含む1959年に私たちの新婚旅行に行くでしょう)、リバプールからマージートンネルを経由してコルウィンベイ、プレスタティン、ランディドノを含む北ウェールズ。ジョニー・クレイグと私はまた、フェリーでストランラーからラーンに到着したアイルランドの2週間のツアーを持っていました、私たちのツアーには、ベルファスト、アーマー州、ダブリン、ウォーターフォード、コーク、ゴールウェイ湾での一晩が含まれていました。

　ご想像の通り、ドリーンと徐々に関わるようになったのですが、週の時間や日が足りず、週に3晩の夜間学校に通うことが非常に難しくなり、シティ・アンド・ギルドの認定、ジェームズ・スコッツでの非常に忙しい仕事、ロングストーン・ユナイテッドのフットボールをプレーするために努力しました。週末の若者のホステリングといくつかの自転車レースに加えて、私がドリーンで「ウィージェム」を見つけたことに気づき始めています。

　残念ながら、この期間中に私はいくつかの恐ろしい決定をしました、誰が理由を知っているのですか?

　「私たち」が生き残ったことにとても感謝していました、なぜなら、振り返ってみると、私は本当に「嫌な奴」だったからです。友達と出かけていて、バス停で彼女にばったり会ったとこ

ろを想像できますか。彼女は一人でアストリアで写真を見に
行くのを待っていて、私は友達と一緒に行きました。「どうやっ
たらそんなことができるの?」これは後悔し、それ以来罪悪感
を感じています。他の恥ずかしい決定の中で、私は1958年に
サイトヒルのシルバーウィングで開催されているレセプショ
ンに遅れることになった、ドリーンの弟アランと彼の新しい花
嫁マーグは、カナダのサミアから休暇中だった。私が遅刻した
だけでなく(仲間と飲みに行った)、そこに着いた後でも、すぐ
にドリーンと連絡を取らなかった、まだ何が起こったのか説
明できないが、言い訳をせずに家族や友人から「悪役として
キャストされた」。ドリーンは本当に親切で寛容な人で、私に
最後のダンスを踊らせ、家族の良き友人であるボブ・ジョンソ
ンからの真剣な注意にもかかわらず、彼女を家に連れて帰る
ことを許可してくれました。

　ドリーンと私は、お互いを知り、理解するようになるにつ
れて、素晴らしい関係を築いていました:私たちはお互いの会
社を愛し、私たちが持っていたものに憤慨しているかもしれ
ない他の姉妹の一部を悩ませているように見えた私たちの
時間、裏口で深夜にキスをし、抱きしめ、手をつないで、そして
ああ、はい、最後のバスの家に帰るのをかなり逃しました。

　私たちの愛は繁栄し、私たちはかなり世間知らずでした
が、本当に一緒に時間を楽しんでいました、それは「フォーク
でスープを取る」ようでした:それはお互いに十分に得ること
ができなかったようです:映画を見に行ったり、ダンスをした
り、長い散歩をしたりしました　手をつなぐのはまさに「魔法」
でした私たちはお互いに深い尊敬の念を抱いていました、そ
してそれが判明したように、私たち二人は結婚前のセックス
について同じ哲学を持っていました、うーん!しかし、私にとっ
ては、結婚を考える前の後半の段階で「巻き込まれる」ことが
課題であったことを認めなければなりません。私の見習いは、
要求の厳しい取引と思われるもののすべてのトリックを習得

しようとしながら進んでいました。どういうわけか、私はスコットランドが普通の人々に提供していると思われるものよりも良い生活様式を探すことを考えていました。私の両親は両方とも結婚生活のほとんどを働き、私たち家族を養っていましたが、「しかし」ここでは、彼らはまだ非常に素敵な議会の家に住んでいましたが、父がスコットランドのガス局で働いていたすべての残業にもかかわらず、かろうじて生活費を稼いでいました。

　勤勉で、税金を払い、コミュニティ志向の人々に報いる何かがそこにあるはずだ、というのが当時の私の考えでした。スコットランドが大好きでしたが、天候と機会の少なさの間で、ドリーンと私が「婚約」に近づくにつれて、そこに何があるのかを調べ始めました。オーストラリア、デンマーク、カナダ(ドリーンはすでにカナダに親戚がいた)は、その時が来たとき、そして来た場合に考慮すべき選択肢でした。私たち二人には本当に親しい家族がいたので、デリケートな問題ですが、彼らはどう思いますか?ドリーンがどう思うかもよくわかりません。

　ドリーンの姉ベティと彼女のボーイフレンドのアレックス・ローは、ダニーデンサイクリングクラブのメンバーで、一緒にレースやツーリングをしていたので、お互いをよく知るようになりました。彼らは私たちと同じ時期に真剣に付き合っていましたが、ドリーンと私がしたほどマクファーレンの家の「裏口」で多くの時間を過ごしていなかったので、私たちはいつも困っているように見えました、「あなたたち二人はそこで何をしているの」はしばしば叫び声で、主にマック夫人と姉妹の「何人か」から気さくでした。いずれにせよ、どちらのカップルもどこかで結婚に向かっていました。ベティは最年長であるため、最初に結婚することが予想され、1958年に計画を立て始めました。

　1959年3月、私は見習いの最後の年で、妥当な賃金を稼いでいましたが、ドリーンはコーストフィンのフィッシー・トンプ

ソンズの店から、父親がミルライトの職長として働いていたキンリース製紙工場で高給の仕事に移りました。「エンゲージ」する時が来たと私は思います!だから、私の無限の知恵で、私は余裕のある婚約指輪を買いに行きます?デートの後のある夜、私たちはブリンクボニーのドリーンの家に帰宅し、リースの水に架かるおしっこ橋を渡らなければならないところに、私は片膝をついて、この女の子をとても愛していたのでプロポーズしました。うわー、彼女は受け入れました、今私たちは「カップル」でした、私たちの関係の物理的な側面について考えるのをやめることができませんでしたが、私たちはただ婚約しているだけだと思いました。

どちらの家族も私たちには嬉しくて興奮していましたが、父は私に何をするにしても、移住を考える前に見習い期間を確実に終えることを思い出させてくれました(理にかなっています)そして、あなたが行きたい場所とそれがドリーンに与える影響を真剣に考えてください、「問題ない」と思いました。ベティとアレックスはもう婚約していましたが、まだ結婚式の日取りについてはあまり考えていませんでした。私の見習いは今年1959年の11月に完了するので、私の心の中では、それは結婚するのに良い時期だと思うので、ドリーンと話し合って、ベティがおそらく姉である先に結婚したいと思うだろうと私に思い出させました。これは、マクファーレン家が同じ年に結婚式を挙げるのは難しいかもしれません。11月下旬にカナダに向かうという選択肢について話し合いました「たぶん」、その後ドリーンが私と一緒になってそこで結婚するという選択肢は、良い選択肢ではありません。その後、ベティとアレックスが今年の初めに結婚し、11月の日付に使用する計画が立てられ、マクファーレン氏にとって大きな負担となりましたが、彼はそれを管理できると言いました。

このような状況の中で、ドリーンの妹マーガレットは、この時点では治療法が見つかっていなかった癌の一種であるホ

ジキンリンパ腫と診断されましたが、研究は進行中でしたそして、時間が経てば治療法が見つかるだろうという楽観的な見方もありましたが、この問題はドリーンの母と家族に大きな影響を与えていました。

　ドリーンと私は、私が5年間の見習い期間を終えるのに合わせて、1959年11月の結婚式を決めていました(幸いにも私は商売を学ぶことで兵役を延期されていましたが、おそらく内反足のために免除されていたでしょう)、私たちは1960年の春にカナダに向かう前に結婚したかったのです。ベティはあまり幸せではありませんでした、なぜなら彼らは1960年に結婚する予定だったようで、ジャネットがカナダから帰ってきて彼女の最高のメイドになることがわかったからです。どうやら姉が先に結婚すべきで、私たちは　1959年11月の「私たちの」結婚式の計画を立てることで、かなり無邪気に問題を引き起こしてしまったようです。ドリーンはその後、ジャネットの不在でベティのベストメイドになる予定だった、なぜなら彼女は3ヶ月後に結婚することになっていたにもかかわらず、最年長の双子として次に並んでいたからだ。

　一方、ラリーは、サイクリング、サッカー、夜間学校、ドリーンとのデート、そして一般的に「社交」という忙しい生活を送っているので、私にとっては「楽しい時間」のように思えたので、私は幸せです。ドリーンは処女を維持するために一生懸命働き、ついに彼女の父が工場長になったキンリース製紙工場で本当に良い賃金を稼ぎました。ドリーンは、そこに兄と妹がいて、家族と病気の妹マーガレットを残してカナダに移住するという考えにまだ確信が持てませんでした。

　マクファーレン家が1959年に2回の結婚式を計画していたので、おそらく私が思っていた「私たちの」結婚式、プランナー、オーガナイザーのためのことを始めることができると私には思えました。メジャーBOOBOO#1、私は先に行って、私たちの水曜日のレセプション、カリーカークへの送迎のための手

配、バンドや音楽のいくつかのタイプの予約を検討していた
サイトヒルロードでシルバーウィングを予約していたとき、夫
人マックは私の努力の風を得ました!:私はこれが私のビジネ
ス(新郎)の何でもな　く、すべての計画は花嫁によって行われ
るだろうと不確かな言葉で言われました。の家族。ワウ。父と
話し合ったところ、彼は、私の意図は良かったが、マック夫人は
「絶対に正しい」と言いました。

　ベティとアレックスは、ポートベロー近くのミルトンハウス
ホテルでレセプションを開催し、リースエリアの彼の教会で8
月29/59に素敵な結婚式を挙げました。多くの思い出に残る
瞬間で、誰もが楽しい時間を過ごしました。マクファーレン家
の友人で隣人だったヘレン・マンソンには、当時カークニュート
ンに駐屯していたアメリカ軍のボーイフレンドがいて、その
二人とも結婚式に出席していました。レセプションの後、彼は
ドリーンと私にブリンクボニーまで乗せてくれて、そこでお祝
いが続き、母と父はジェシーとジョージ・リーから乗せてもらう
ことになっていました。私たちの車は、ジュニパーグリーンの
レイルウェイインでピットストップし、そこで飲み物を飲むこ
とにしました。良いスコットランドの習慣は、飲み物のラウン
ドを買うことなので、私は飲み物を手に入れることに決めま
した:私たちはブリンキーに戻らなければならなかったので、
クリフが「まあ、私はトリプルブランデーを持っていると思う」
と言ったときの私の驚きを想像してみてください、私は唖然と
しましたが、彼に飲み物を手に入れました。私は自分自身に
思った、それを燃やすためのお金のようです。

　私たちの結婚式はジュニパーグリーン近くのカリーカーク
で行われ、レセプションはストックブリッジとリースの水近く
のクロフォードルームで行われ、私の両親はおそらくバー法
案をマック氏と費用の一部を共有することを申し出ましたが、
これは拒否されました。レセプションでは、カリーの友人や親
戚の多くが、バーが「無料」であることに気づいておらず、食事

前の時間を埋めている間に道のすぐ上にパブを見つけました。彼らを捕まえるために誰かを送らなければなりませんでした。その頃には、彼らは少し天気が悪くなっていましたが、無料の酒について聞いて喜んでいました。

　レセプションはとてもうまくいきましたが、ドリーンと私は早めに出発しなければならなかったので、大きな間違いであることが判明しました、私はウェイバリー駅で7時30分にヨーク行きの列車を手配していました、それはどれほど愚かでしたか?どうやら私たちは本当に素晴らしいパーティーを逃しました。電車の旅は非常に長くて退屈で、ここで私たちは「新婚旅行」に向かっていましたが、エジンバラから下る途中のすべての駅で止まったので、午前7時頃までそこに着きませんでした。

　私たちは、大聖堂からそう遠くない古いヨークの壁のすぐ外にあった私たちのホテル「スポッテッドカウ」にタクシーをなんとか取得することができました、名前は何を期待するかの手がかりになるはずでした!ヨークは、私が以前のサイクリングの冒険で訪れたイギリスの美しい都市です。ホテルは閉まっていて、暗闇の中、タクシーの運転手は「これが本当にあなたのホテルですか?」と言い、彼の目には奇妙な表情を浮かべていました。

　私たちはドアを叩いて叩き、状況にますますイライラしていましたが、最終的に家主が玄関のドアに来たとき、「ここで何をしているのですか」彼は夜のこの時間に私のドアを叩いて言いました、私たちが誰であるかを彼に話したとき、彼はあなたが言った:明日の朝まで到着するはずではなかった、結婚初日の夜を始めるのに、なんて素晴らしい方法なんだろう、と私は思っています。

　私たちはついに予約を入れられ、2階の「控えめ」としか言いようのない場所まで行きましたが、私たちは少し疲れていて、まったくロマンチックな気分ではありませんでした。私た

ちは「気まずい」としか言いようのない最初の夜を過ごしました、私たちのどちらも何をすべきかわからず(経験なし)、結局疲れ果てて眠りに落ち、最初の夜について少し恥ずかしくて、窓の外から聞こえる牛や羊の音を聞いて、朝早く目が覚めました。はい、ご想像のとおり、「斑点のある牛」は巨大な市場の真ん中にありました。しかし、待ってください、それはますます悪化します、私たちがシャワーを浴びて、下着でお互いを見ないように注意して服を着た後、私たちは朝食のために階段を下りました、私はヨークのすべての農民が笑顔で私たちを見ているそこに座っていたと思います「これはスコットランドからのハネムーンカップルだろう」。私たちは二人とも、おそらく昨夜私たちが何をしようとしているのかを理解していたので、再び完全に恥ずかしくなりました。

　私たちはヨーク大聖堂や市内の他のすべての歴史をさまよったので、ヨークで非常に長い週であることが判明しました。このような素晴らしく、愛情深く、素晴らしい求愛の後、私たちに何が起こったのか疑問に思いましたか?これが本当に結婚しているということであり、どのような定義でも良いスタートではありません。

　私たちは「ハネムーン」の後、楽しい時間を過ごしたふりをして家に帰り、友人や家族と思い出を共有しましたが、問題の真実は私たち二人にとって悪夢のような体験でした。どうされました。未経験!ここでは婚前交渉についての議論があるかもしれませんが、実際にはどうやって知ることができたのでしょうか。

　1960年4月にカナダに移住する計画は、新婚旅行後のぎこちない関係と、もちろんドリーンの妹マーガレットの状況が悪化していたため、これまで以上に敏感でした。私たちはビルとヘレン・ピアソンに憧れていたプリムローズテラスの小さなアパートに引っ越し、カナダへの「アシストパッケージ」に行きたくなかったので、旅行の運賃を節約するために二人とも

一生懸命働いていました。ドリーンは、私たちをカナダに連れて行くために必要なスポンサーレターのために、カナダのサーニアにいる彼女の兄弟に連絡しました。

　私たちはゆっくりと時間をかけてお互いの無邪気な愛を回復していたが、その後、私はジェームズスコットによって農場で働くためにジェドバラに送られた:s私の雇用主は、それは今、私はajourneymanだったので、私にとっては良い仕事だった"しかし、"私はちょうど結婚しているを見て、:本当に月曜日から金曜日まで行くことができないと言った毎週、基本的には申し訳ないけど、行かなくちゃ。そこで、プリムローズテラスをあきらめましたアパート、ドリーンはブリンクボニーの家に戻り、私がジェドバラで働いている間、キンリースでお父さんの製紙工場から働き続け、良い賃金を稼ぎ続けました。

　その頃には、ドリーンと私はセックスのことを理解し、再びお互いに対する強い感情を取り戻していました。だから、毎週金曜日にジェドバラからバスで1時間ほどのところに帰って、写真を見に行って、飲み物を飲み、その後に何か食べるものを食べていました。私はいつもベッドに入ってセックスをするのがちょっと不安でした(5日間離れていました)が、またしても、一週間中働いていたドリーンに相談していなかった、彼女のお母さんとお父さんの家に一週間中住んでいました(非常に感情的な状態)に加えて、寝室で私たちの声を聞くことができます。この結婚は少し難しかったようです。

　私は内反足があり、2年間は軍隊に徴兵される可能性は低いものでしたが、それでも私と私の母にとっては少し心配でした。徴兵は1959年12月末に終了する予定で、私の見習い期間は1959年11月に終了しました。どうなるのだろうか?

　次の数ヶ月は、平日は仕事を続け、週末を一緒に楽しみ、カナダへの大きな冒険の計画を始めたので、かなり速く過ぎました、ドリーンは少し不安を感じながら言わなければなりません。彼女の兄のアランから、たくさんのお金を持参し、ド

リーンが妊娠していないことを確認するなど、従うべきいくつかの有用なアドバイスを聞いていましたか?到着後少なくとも1年間はオンタリオ州保健システムの対象外となるためです。私たちは一生懸命貯金していましたが、主にオンタリオ州ロンドンへの航空運賃(それぞれ約60英国ポンド)を支払い、サーニアのアランと彼の妻マーグの家で数週間の生活費のために余分な現金を持っています。私たちはエジンバラのCityChambersに行き、カナダの移民担当官と話をして、彼の国への移動に関して彼が私たちに提供できる助けを探しました。彼が私たちがどこに向かっているのか尋ねたとき、そして私たちがサーニアオンタリオと答えたとき、彼はそれがどこにあるのか「まったくわからない」と言ったとき、私たちは絶対に驚きました。私たちはどこに向かっていますか。

1960年4月26日、マクファーレンとカリーの家、特に2人の母、ベティ・マクファーレンは以前に2回これを経験していたが、それは私の母にとっては新しいことであり、もちろんドリーンの母は重病のマーガレットに対処しており、ドリーンはこの時点で家を出るのに苦労していた。ドリーンの父は、私たちの個人的なもののために小さな木箱を作って、私たちの前に発送する計画を立ててくれました。

私たちは皆、エジンバラのウェイバリー駅に集まり、友人、家族、隣人、仕事仲間の感情は残酷でした。ニューカッスルから来る列車がプレストウィック空港に私たちを連れて行くのを辛抱強く待っていました。感情的な混乱の最中に、誰かがPAシステムで「ニューカッスルからの列車が遅れ、数時間到着しない」というアナウンスを聞いた。カナダ行きのフライトに乗るには、プレストウィック空港に行かなければなりませんでした。いくつかの緊張した議論の後、テリーシャンクスとウォルターフレイザーは、マクファーレンの2つの非常に良い友人を提供しました:sは私たちを駆動するために提供しました(より多くの感情)ので、私たちは行きましたが、私たちは皆にチ

ェリオを振って、たくさんの涙を流しながら雑多な人柄で、私たちは助けることができませんでした:いつになったら彼ら全員に再び会えるのか疑問に思いました。

　プレストウィック空港への2時間のドライブは、いくつかの鼻を鳴らし、いくつかの無駄なおしゃべりを除いて、かなり静かで、テリーとウォルターは、私たちが私たちのフライトのためにチェックインされ、エジンバラに戻る前に、空港の待合室に落ち着いたことを確認しました、彼らは:ガソリンのためのお金を取ることはありませんでした、私たちはカナダでそれが必要になるかもしれないと笑顔で言いました。飛行機に乗ると、フライトが通知されました目的地に到着するまでに約13時間かかる場合があります。飛行機は、それが見える、(ターボジェット)正確には最先端ではありませんでした。いろんな感情をぶつけ合い、こんなことをしたかった私でさえ、「何をしてしまったんだろう」と泣き叫んでいました。美しい国、良い友人、そして素晴らしい家族を残して。ドリーンは途中で何度か病気になったことがあり、この目的のために用意された飛行機の茶色のバッグを使わなければなりませんでした」しかし、「私たちが知らなかったのは、彼女が妊娠していたということでした。ああ、いや。

　燃料を補給するためにモントリオールに着陸し、トロント空港に向かい、うまくいけばオンタリオ州ロンドンに向かいましたが、残念ながらエンジンのトラブルが発生し、飛行機が修理されて再び出発する準備ができるまで待たなければならなかったモントリオールに戻らなければなりませんでした。

　私たちは約11時間トロント空港に着陸する予定でしたが、今はトロントで働いて住んでいる古い友人ジョニー・クレイグと時間を過ごすことを望んでいましたが、途中ですべての遅延のために、私たちは挨拶とチェリオを言うために30分しかなかったので、彼はほぼ10時間待っていました。私たち貧しいバガーを見るために。私たちは再び途中で行き、ロン

ドン空港に近づくと、それは非常に小さく見え、木々は非常に乾燥しているように見えました:その地域にはあまり居住地や家がないように見えました、うーん、次はどうしますか?飛行機を降りた後、到着ターミナルで私たちを待っている人がいなかったことに驚きました、とにかく私たちは待って待っていましたが、数時間後、まだ誰も私たちに会うことができませんでした。アラン(ドリーンの兄)とジャネット(ドリーンの姉)は、私たちがオンタリオ州ロンドンにいると聞いて驚きました。どうやら、彼らは日付をすべて間違えていたようですが、私たちを捕まえるために車を送り、少なくとも1時間以上かかるでしょう。

　それで、私たちはお茶を飲んで彼らを待ちました。2時間半後、アランはノームフェアバーン(ジャネットの夫)と一緒に到着しました。彼らはサーニアからの途中で車のトラブルに見舞われましたが、ついに彼らはここに来ました、そして私たちはサーニアへのハイウェイに向かう前に車に荷物を積み込みました。何という冒険でしょう、カナダでの私たちの生活が成功するためには、物事は良くなるだけです。

バルキモア9

カナダ、1960-1983

私たちは、ロンドンOntario.Allanの妻マーグ、キャシーを妊娠していたその時、息子スティーブン、ジャネットと彼女の3人の子供ダグラス、タニアとコリンに着陸した後、数時間後にサーニア(ケミカルバレー)に戻って到着したすべての心配して私たちの到着のためにブロックストリートのフェアバーンの家で待っていた。ご想像のとおり、私たち全員が座って旅行についておしゃべりし、家族のニュースをキャッチし、女性たちが用意したいくつかの飲み物とおいしい食べ物を食べました。ドリーンと私は両方とも疲れ果てていて、荷解きを始める前にシャワーが必要だったので、パーソンズストリートのアランとマーグの家に行き、寝室に案内されました。

翌朝、私たちは少し時差ぼけに悩まされながら早起きし、ここ数日の出来事を理解しようとしながら、コーヒーを飲みながら、少しばかりのことを考えました。私たちは、彼がラボテクニシャンとしてポリマーで働いていたことを知っていたので、その朝、アランがまだ家にいることに驚きました、私たちが知

らなかったのは、彼が3ヶ月間ストライキをしていて、私たちに話したくなかったということでした。だから、ここではドリーンの兄の家に住んでいて、彼はストライキ中で、妻とベアンがいて、もう一人は途中で収入がなく、今ではドリーンと私が彼らと一緒に住んでいます、うーん、興味深い展開のようです。

　ドリーンは最初の数日間、スコットランドの自宅や家族から離れて、朝の気分が悪く、非常に混乱して不幸に見えましたか?部屋で静かに読書をして過ごしました。私はマーグのキッチンでミルクをこぼしたり、冷蔵庫から卵を落としたり、その他の不器用な行動をして非常に恥ずかしい瞬間がありました、しばらくの間本当に不快に感じました。アランは私を失業局に連れて行き、そこで私は「芝生の破壊」という小さな仕事を拾うことができました、私は何でも取るつもりでした-ただ始めて数ドルを稼ぐために。エド・サリバンは、この地域の新しい家のいくつかに草を敷く契約を結んでいました。彼が必要としていたのは安い労働力だけだったけど、とにかく時給1ドルでそれを取り、できるだけ多くの時間働くんだけど、残業代はなかったんだよ!最初の週は80時間働いて死にそうになりました、それは重労働でした、そして私はそれに慣れていませんでした、しかし私はそこで頑張りました。週末に初めての給料を受け取り、ノースゲートのCIBC銀行に急いで行き、口座を開設して現金を手に入れました。"申し訳ありませんが、"エド・サリバン彼の口座には、この「何」をカバーするのに十分なお金がありませんか?小切手はバウンスしましたが、エドは翌週に銀行にいくらかのお金があると言いました、そして私はただ辛抱強く次の週に働くことができますか。銀行の女の子はとても親切で、アランの電話#を取り、サリバン氏が預金をするとすぐに、彼女はすぐに私に電話をかけ、私が銀行に直接行った場合、彼女は私が支払われたことを確認し、私は何をした、なんて素敵な若い女性。

　アランと私は最初からうまくいっているように見えました、ノームは彼が違う布切れであるという印象を私に与えましたが、それでも私たちはかなりうまくやっていました。彼らは両方とも、サーニアには電気技師のための仕事がたくさんあり、「芝生の破壊」は有望なキャリアではなかったので、できるだけ早く探し始めるべきだと私に言いました。一方、ドリーンとマーグは元気でしたが、マーグは2人目の子供の誕生を待っていて、ドリーンは新しい家、新しい国、新しい夫、そしてスコットランドの家族が恋しいという生活全般に苦しんでいました。

　ある夜、仕事の後、私たちは夕食(スコットランドでは夕食)とアランを食べ、私は通りでサッカーをした後、いくつかのビールを飲んで、いくつかの近所の人々を大いに楽しませました。彼は私に、移住する前に彼が私たちにくれたアドバイスを覚えているかと尋ねたので、私は「はい」と答えたので、彼は「実際にどれくらいのお金を持ってきたのですか」と尋ねました。私は彼に90ドルを言った、今、彼は　3ヶ月間ストライキをしていて、住宅ローンの支払いをしていなかったことを覚えておいて、私は彼が気を失うと思った、しかし、その$go私たちには多く見えたが、それはカナダの基準では多くはなかった。それから彼は、ほとんどの朝病気だったドリーンについて尋ね、私は彼女が妊娠しているかもしれないと言いました、うわー、別の悪い反応、さらにビールを何杯か飲み、泡立て器を2、3ショット飲んだ後、彼はポリマーでのストライキのために彼らが財政的に苦境に立たされていることを私に話しました。常に楽観主義者だった私は、「私たちはこれを乗り越えることができます」と言いました。私は、アランとマーグの負担にならないように、遅かれ早かれもっと給料の良い仕事が必要だと気づきました。

　雇用事務所に戻り、ジャック・イーズデールという男に電気業界の仕事について尋ねたところ、彼は私のためにできる

ことをすると言いました。彼はその後、私がスコットランドで
フットボール(サッカー)をしたことがあるかどうか尋ね、私が
ロングストーンユナイテッドセカンダリージュベナイルチーム
エジンバラアマチュアリーグでプレーしたことを彼に伝えた
とき、彼は感銘を受けたようで、サーニアが地元のサッカーク
ラブを持っていたので、ノームペリーパークに連れて行くた
めにアランに連れて行くように言われました。そしてボールを
蹴り回　す。彼は、チームの多くの選手が良い仕事を見つける
のを助けたと言った。

　ドリーンは医者を見つけなければならなかったので、私
たちはノースゲートの近くにオフィスを持っていたグラディ博
士に会いに行き、予約を取った、彼は実際にドリーンが妊娠し
ていることを確認し、また、アランが私たちに言ったことを確
認しました:私たちはカナダで1年までOHIPの補償を受けるこ
とはありません、これは財政的に問題になる可能性があるよ
うです。彼はいい人だった、彼は、私たちがサーニアに定住し
ようとすることを心配するのに十分だったので、この時点で財
政について心配する必要はないと言った。デルタ・エレクトリ
カル・サービスの仕事の面接を受けたとき、テリー・ジョンズ
マという男が、時給1.10ドルで私を雇うと言っていましたが、
彼らは現在電気契約の仕事をしていなかったので、巻き込み
を学ばなければならないと言っていました。だから、週40時
間働く　仕事を引き受けて、電気取引のこの新しい側面にすぐ
に慣れました。

　私たちは今、アランとマーグの家で永遠に滞在することが
できなかったので、借りる場所を取得することを考えなけれ
ばなりませんでした、ノームとジャネットはブロックストリート
に大きな家を借りました(改造されたガレージ)すぐに利用可
能になるかもしれない小さなアパートが取り付けられていま
した、それは励みになるニュースでした。アランと私は、ノー
ム・ペリーにサッカーチームを見に行くことを考えていたので

すが、その時はあまりにも多くのことが起こっていたように見えました。ジャック・イーズデールから電話があり、状況を尋ねると、彼はダウ・ケミカルが1961年の初めに採用するかもしれないと言い、もし興味があれば、彼は私を念頭に置いておくだろうと言いましたが、彼らが優先されるので、サッカーの練習に行ってみることを提案しました。

アランも私も実際には1960年のその夏にサーニアサッカークラブのゲームをプレイしていたが、我々は火曜日と木曜日に練習に行くことによって選手の一部を知るようになった1929年にカナダに移住していたトムフィンレイソン、シドハリスとジョージエドウォーズは、英国からチームをすべて運営した3人の年長者だった、しかし、トムは唯一のスコットランド人で、ドリーンと私はトムと彼の妻モラグと長年にわたって非常に親密な関係を築いてきました。

254サウスブロックストリートでノームとジャネットに添付された小さなガレージのアパートは、アランとマーグとの生活約3ヶ月後に利用可能になる予定だった、家賃は月額50ドルだったので、特にド　リーンの妹が隣に住んでいるので、それを取ることに同意しました。ドリーンとしてはタイミングが良かったし、アランとマーグとの関係が少しずつ近づいてきたので、次に進む時が来たと感じました不自然。私たちはパーソンズストリートの隣人と知り合いになり、社交し、サッカーをしたり、ヘディングキープアップをしたり、通りで野球のボールを投げたりしていましたが、彼らを見逃していました。

私たち自身の「WOW」の小さな場所、私たちは数週間後に最小限の家具で「必要最低限」の「必要最低限」から始めました。ハドソンのベイデパート、ベッド、ドレッサー、キッチンテーブル、2つの椅子、その他のオッズとエンドでいくつかのものを拾うことができました。ジャネットとマーグは、キッチンポット、フライパン、ナイフ、フォークなどを追加くれました。

　ドリーンは1960年12月下旬に最初の赤ちゃんを産む予定で、グラディ博士は、私たちが本当にOHIPの資格がなかったにもかかわらず、病院法案が処理されるようにどういうわけか手配してくれました。仕事は順調に進んでいましたが、デルタエレクトリックの給料は悪く、実際には彼らのために電気契約の仕事をしていて、テリーが最初に私がやると言ったような電機子巻きではありませんでした。しかし、私は働いていて、経済的にも大丈夫だったので、それは問題ではないと思いました。1961年に地元のサッカーチームでプレーすることを約束したので、雇用事務所のジャック・イーズデールは、ダウ・ケミカルでのあらゆる機会に目を光らせていました。

　私たちはアパートに落ち着き、アパートの整理に忙しく、ドリーンは妊娠中ですが、カナダでの生活について少し気分が良くなりましたが、まだ彼女の若い生活のすべての変化に苦労していました。

　この頃、デイブ・バットという名の男が、私が非組合員として働いているという噂を聞きつけ、私と話をしたいと言っていました。彼は私がスコットランド出身の完全資格のある電気技師であることを発見し、なぜユニオンホールに仕事を探しに行かなかったのか疑問に思いました。ユニオンのために働くと時給3.25ドルを稼ぐことができるの　に、なぜデルタエレクトリカルで働く代わりに仕事を探しに行かなかったのですか。答えは本当に私が得ることが　できる最初の仕事を取った、"右"彼は私の資格情報を確認した後、あなたはすべての場所のこのダウケミカルを取得する来週の月曜日に仕事を開始する"しかし"彼らが構築していた新しいユニットの電気技師として。彼に、デルタのテリー・ジョンズマと話をして、彼に2週間の猶予を与えなければならないと言った:通知、それをしないでください:彼は入って、できるだけ早くあなたの通知を提出すると言いました。私はそれができませんでしたが、テリーに2週間を与えました:通知、デイブは私が頭がおかしいと

思った、テリーは怒っていましたが、それは私にとって素晴らしい機会であることに同意し、私のすべての成功を願っていました。

一方、スコットランドでは、ドリーンの妹がホジキンリンパ腫に苦しんでおり、これが私たちの最初の妊娠や移民のカルチャーショックに関連する他のすべての問題に対処していたドリーンに大きな影響を与えました。

254サウスブロックストリートに引っ越した後、ドリーンと私はよく夕方に散歩をしました車を持っていなかったので、とにかく運転できませんでした、そしてある夜、私たちは大きな納屋のように見えた私たちの通りの建物を通り過ぎました、そして私たちは内部からたくさんの騒音を聞きました。私たちはそれぞれ1ドルを支払って、騒音が何であるかを見に行きました。これがアイスホッケーカナダのナショナルスポーツの紹介だったようです。

約300人の人々が叫び声を上げ、応援していたサーニア・レジオネアーズというチームがジュニア「B」ホッケーと呼ばれていたもので、フィル・エスポジト(後にNHLのボストン・ブルーインズでスーパースターとなる)という名の若者が「スー・ライン」と呼ばれる場所でプレーしていたことを私たちはほとんど知りませんでした。ディック・ラコウィッチとジミー・サンコも、この多作な得点に貢献したメンバーだった彼らは北のどこかにあるスーセントマリーと呼ばれる場所から来ました。ドリーンはとても興奮していましたか?その時、私たちはこのスポーツが私たちの生活の中でどれほど重要な役割を果たすかをほとんど知りませんでした。

私はダウケミカルで約3ヶ月間建設の仕事に取り組んでいましたが、ノームはそろそろ運転を学ぶ時期だと提案し、彼は私を数回連れ出し、オールズモビルと呼ばれる非常に大きな車で運転の基本を教えてくれました。ブロックを数回運転することを許可し、ブロックを数回運転することを許可し、「OK、ジ

ム、運転免許試験のためのあなたの読書」と言いました。彼は
そうではありませんでした:私はテストを受けました、そして非
常に驚いたことに、いくつかの緊張した瞬間でテストに合格
しました。今、私は免許を持っていますが、車はありませんが、
少なくとも機会があれば運転することができました。

　1960年11月、私は建設業の賃金が高いにもかかわらず、
悪天候のために冬の間は仕事があまりないと言われていた
ため、ダウ・ケミカルで研修生プロセスオペレーターとしてフ
ルタイムで働くという選択肢が私にとってより良い選択かもし
れないと決定しました。その上、私は建設の仕事で非常にう
まくやっていたにもかかわらず、色覚異常の電気技師である
ことに懸念を持っていました、実際には主に私が電気図面を
読むことができたために職長になりました、そしてそれは何
らかの理由で地元の電気技師の多くができなかったことが判
明しました。とにかく、私は雇用事務所のJackEasedaleに連絡
し、彼はダウでの面接を手配してくれました。

　サウスヴィダルストリートの管理事務所に行き、ジャック・
ホーンブロワーという男に面接を受け、彼は私の教育につい
て尋ねました、そして私は誇らしげに「スコットランドのセカ
ンダリー卒業証明書で卒業しました」と答えました。また、5年
間の電気見習いを務め、ベルビューテクニカルナイトスクー
ルで4年間、貿易を学びました。「何歳で学校を卒業したの?」
と彼は尋ね た。「私は15歳のときに学校を辞めました。スコッ
トランドでは、大学やカレッジに進学しない限り、それはごく
普通のことです」と私は答えました。面接は中断されました、
私は資格がなかったようです:私は最低限のカナダのグレー
ド12の教育レベルを持っている必要があったので(通常は18
歳卒業するために)、私は打ちのめされました。私がアラン・マ
クファーレンに何が起こったのかを伝えると、彼は「心配しな
いで、数週間後に戻って、もう一度申請して、グレード12相当
のものがあることを伝えて」と言いました。私は心配しながら2

週間も待ち、別の面接を手配し、私がグレード12相当であることを彼らに伝え、驚いたことに、医療を受けるように言われ、問題がなければ仕事があります。彼らは、建設が再び回復したときに春に私が船を飛び降りるかもしれないという懸念を表明しましたが、私は彼らを説得することができましたプロセスの仕事を学び、年間を通じて働くことと、より少ない時給でもいくつかのメリットがあります。

　サッカークラブのみんなは私とドリーンに喜んでいましたが、なぜ私が電気技師組合にとどまるのではなく「工場」で働くのか完全には理解できませんでした。それは断腸の思いで決断しましたが、私は将来に向けて安定した仕事に興味があり、給料も手当も良いものでした。妊娠中の妻と家族の世話をしなければならないため、当時は正しいことのように思えました。ドリーンは、1960年のクリスマスは私たちにとって大きな災害だった、ドリーンは私たちの最初の赤ちゃんを12月下旬に産む準備ができていた、しかし、私たちが考えることができたのは、スコットランド、家族、友人、クリスマス、たくさんのパーティー、新年のお祝い(ホグマネイ)、そして私たちがカナダに来るために残したすべての楽しい時間で欠けていた「何」でした。私たちは非常に早く寝て、com-快適さのために一緒に抱きしめ、これらすべてを「離れる」ことを望んでいました私たちが火けていたものについてのかなりの数の涙を流しました伝統、「私たちの若い生活の良い時間ではない」。

　ジェフ私たちの長男は12月27/60に予定されていたが、セントジョセフ病院で1月3/61まで到着しませんでした:ドリーンのための長くてエネルギーを消耗する出産の後、彼女は彼女の妊娠中にすべて美しく見えました、そして私は彼女を死ぬまで愛していました、そしてジェフが彼のすべての断片を無傷で無事に到着したとき、さらに彼女を愛していました(内反足がない、私の大きな懸念)。私は仕事の合間に時間が許す限り病院に出入りし、この最初の冬にサーニアサッカー卓

球チームでプレーしていたので、ビールを飲みながらテーブルテンの試合をしました。フィル・ターナー、ドン・ベル、ボビー・コープランド、アーサー・ウォーカーもその一人だった。振り返ってみると、私はすべての私の優先順位を間違っていたと本当に病院でより多くの時間を過ごすべきだったドリーンとbaby.1961は、悲惨なクリスマスシーズンの後、私の定義で素晴らしい年になることを約束し、私たちはちょうど新しい赤ちゃんの息子を持っていた、ダウケミカル、私たち自身のアパートで新しい仕事、サーニアサッカークラブに関与し、多分おしっこ車を買う。ドリーンはおそらく私たちの未来について彼女自身の考えを持っていました、1960年は控えめに言っても、彼女の家族の一部が近くにいるにもかかわらず、彼女にとって挑戦的でした。

　私たちは数日の入院の後、赤ちゃんを家に連れて帰ることができてうれしかったし、今では「おしっこ家族」のように感じました、ドリーンは彼女の試練から回復するのに少し時間がかかりましたが、彼女は母親であることに満足していることを示唆する輝きを持っていました。ドリーンのいとこジョージ・リー、彼の妻ジェシー、そして彼らの3人の子供たちは、早春にスコットランドからサーニアに到着する予定で、数ヶ月間はそれなりにうまくいったが、61年4月10日に、ドリーンの妹マーガレットがエジンバラで16歳で亡くなったというニュースが届いた。その夏の残りの時間は、ご想像のとおり少し憂鬱でしたが、私たちは、カナダに移住して以来、エジンバラに戻って初めての休暇中に、双子の妹アイリーン、新しいボーイフレンドのロンフィリップス、そしてメイベリーインニアコーストフィンで私たちの家族とドリーンの21歳の誕生日を過ごす計画を進めることにしました。私たちは誕生日パーティーで本当に楽しい時間を過ごし、休暇中に家族や友人といくつかの素敵な訪問をしましたが、考えはまだ妹のマーガレットと一緒でした:ドリーンのお母さんとお父さんは本当にそのような若い娘

の喪失に苦しんでいました。苦い/甘い思い出と重い心で、私たちはカナダに戻りました。

　私はダウで仕事に歩いて行くことに慣れていて、仕事仲間から奇妙な乗り物をもらい、時にはその時は定期スケジュールではなかったバスに乗ることもありました。冬の天気は、特に帰宅途中の夜遅くにひどく寒くなる可能性があり、実際にある夜、右耳に凍傷を負ったので、帽子をかぶるべきだったと思います。私たちはブロックストリートにうまく落ち着いていて、スコットランドの故郷では夢見ていただけだったが、ここカナダでは必要に思えた「車」を手に入れることを考え始めました。フィル・ターナーには、この時期にベイビュー・クライスラー・ダッジで働いていたエリック・ウィドウソンという非常に良い友人がいて、彼は私に古い安い車を見つけると言った、そして彼は1956年ポンティアックを300ドルでやった。タイヤを蹴ったけど、何を探すべきかわからなかった。

　私たちはそれを買うことに決め、書類に署名した後、それまでずっと運転していたので、彼に家まで運転してもらえないか頼みました。エリックは私をブロックストリートまで運転し、今ではしばらくの間私道に座っている車を持っていました。私は有効な運転免許証を持っていましたが、最初は道路で車を運転する勇気がありませんでしたが、その間に車に慣れるために私道を上り下りするのに多くの時間を費やしました。

　ダウでの私の仕事は、最初は非常に平凡に見えました、私はチャーリー・ボースウィック(職長)のために働く大きな倉庫の「トラック部門」に割り当てられ、さまざまな化学物質を安全かつ慎重に充填する方法を示されましたキャップをかぶってスケールからそれを移動させる「すごい」、これに対して支払われる、古いロープのためのお金のように見えました。昼間と午後のシフトは非常に長くて退屈でしたが、すぐにタンクローリー、鉄道タンクカー、そしてあらゆる種類の化学物質の輸送に関連するあらゆる種類の仕事を教えられました。これで

非常に快適に感じ、チャーリーはすぐに私に「物事を見守る」ように頼みましたが、彼は他のことをするために姿を消しましたか?これまでのところ、仕事は順調に進んでいるように見えました。

　その間、ドリーンとジャネットは、ほとんどの部分で非常にうまくやっていて、素敵な姉妹関係を再構築し、彼らはお互いのアパートで多くの時間を過ごしました:子供たちの世話をし、家庭的なことをしたり、買い物をしたり。ある日の午後、私が仕事にいたとき、隣にノームがいて本当によかったのですが、ドリーンが便器の中にネズミを見つけ、蓋をバタンと閉めて隣に走り、叫びながら隣に走りました。たくさんの狩猟をしたノームはかなり落ち着いていて、ホッケースティックで武装して私たちのアパートに通って行き、ジャネットはドリーンを慰めようとしました、彼はトイレのドアを閉め、トイレの蓋を開けてネズミを殴り殺したようです。あまり勇敢ではなかったので、そこにいてよかったと思いましたが、ブロックストリートにどれだけ長く滞在したいかを考えさせられました。

　トラックで働いている間にいくつかの奇妙な行動が起こりましたが、私は「とにかく仕事をする」ようにアドバイスされました:あまり多くの質問をしないで、このタンクのレベルを6フィートからzftに下げ、吸引バルブと排出バルブを開いてポンプを始動し、レベルが下がるまでここにとどまります、3時間後にはzftでした。「もの」がどこに向かっているのか興味がありました、私が言われたことについて心配しないでください。ドレインはセントクレアリバーに通じていますが、私は言われたことをやらなければなりませんでした、奇妙な利益相反だと思いました、私の誠実さは私にこれが正しいと言いました:正しいですが、「環境問題」は当時は優先事項ではなかったように見えました。

　仕事以外では、生活は順調に進んでいました、ドリーンと私はノームとジャネットと彼の触媒建設の友人と10ピンボウ

リングを試していました、それは外に出るのが楽しかったですが、ボウリングは私にはそれをしませんでした、asaスポーツですが、とにかく私たちはシーズン中遊んでいました。夏の間、私はサーニアサッカークラブと契約してプレーしていましたが、彼らは良いチームを持っていましたが、常に選手が不足しているように見えたので、ほとんどの金曜日に選手を探してパブクロールし、選手を見つけました。トレーニングとプレーに専念した選手は、チャーリー・マクラッケン、フィル・ターナー、レイ・トンプソン、ロジャーレサム、そしてドイツ人のジョニー・アイショルツでした。ドリーンのいとこであるジョージ・リーと彼の家族がシーズン後半に到着したとき、彼はスコットランドのジュニアレベルでプレーし、スコットランド1部リーグのアバディーンでアトライアルを経験していたので、本当に良い選手を見つけました。ドリーンはジェフを産むことを楽しんでいましたが、後で彼女が再び妊娠していることがわかり、私たちは二人ともそれについて幸せでした。

　1962年には、サーニアやロンドン&ディストリクトオールスターズでプレーし、シカゴ、ハミルトン、ウィンザーなどのエキシビションゲームに足を運び、カナダやアメリカでサッカーが成長しているように見えました。この活動は多くの時間を費やしており、私たちの妻たちは私たちが遊ぶことを気にしませんでしたが、その後の酒飲みや深夜にはあまり興奮しませんでした。

　1962年4月27日、次男のマイクが生まれ、2人の男の子が生まれました!!ドリーンには2人の幼い子供がいて、アパートを適度にきれいに保つように努力し、仕事やサッカーなど、ピクニックや家族の朝食のためにできるだけ頻繁にビーチに行こうとしていたので、今では「車」を使うようになったので、忙しい時期でした。それに加えて、私たちはサッカーチームのための資金集めを試みていたのですが、仲良しになったフィル・ターナーと、同じく2人の幼い子供がいてドリーンと仲良く

なった彼の奥さんペギーと一緒に、ダンスや50/50の抽選の手配に深く関わることになりました。私たちは、ブロックストリートのアパートは私たちの成長する家族には小さすぎると感じ始め、より大きなフラットを探し始めました。

1962年8月、私たちは素敵な2ベッドルームの地下室のアパートを見つけ、本当に素敵なオランダ人夫婦と交渉した後、1100レイクショアロードに引っ越しました。彼らはたくさんの花が咲く素敵な裏庭を持っていましたそして野菜に加えて、横に座っている古い木製の手漕ぎボートは、後の月にジェフとマイクに何時間も何時間も楽しみを提供しました。隣には、私たちが本当によく知ることになる素敵なカナダの家族「フレイザーズ」があり、私たちの子供たちは両方の庭でよく一緒に遊んでいました、彼らはダウン症で生まれた小さな女の子を持っていましたが、私たちの男の子たちはこれに気づいていないようで、彼らは彼らの友人である「キャシー」と楽しそうに遊んでいました。

裏庭から裏口がある新しいアパートは、仕事仲間やサッカーチームの人たちにとって「社交」の場となり、私たちは多くの素晴らしい機会や夜を過ごしました。ドリーンは、ほとんどの場合、これらすべての活動に非常に協力的で、優雅なホステスでしたが、振り返ってみると、新年のパーティー、ダウの男たちが4-12シフトで働いた後に立ち寄ったこと、サッカーの男たちがダンス、ゲーム、練習の後に戻ってきたことを振り返ってみると、対処することがたくさんあったに違いありません、私は何を考えていましたか?ある夜、4-12シフトの後、私たちは家に帰る途中で飲みに行って、ダウの男たちをアパートに招待しました、そして男の一人がドリーンと少し前向きだったので、彼女は彼を平手打ちし、その夜に終止符を打ちました、男は後で謝罪しましたが、その後は少し気まずかったです。

　ドリーンと私は、フレイザーの男の子のベビーシッターの一人、ジェフとマイクと奇妙な時間にデートに出ようとしましたが、それでもノーム、ジャネット、アラン、マーゴンスと週に一度ボウリングをすることができました。物事は順調に進んでいたので、1963年にサーニアに来るように私の母と父を招待し、父は誇り高い古いバガーは、彼が自分の方法で支払う余裕がある場合にのみ来る位置を取ったドリーンの母、ノームの母メアリー、彼の妹のモイラとジェシーリーの友人も、その年にカナダに来る旅行を計画していました。ドリー、ベティ、メアリー、そして他のいくつかの人は、来て、異なる日付で行くが、すべてのカナダで私たちのライフスタイルをここ楽しんでいるように見えた、私たちはビーチへの旅行、公園での朝食、ハウスパーティー、さらには誰もが楽しんだナイアガラの滝への旅行を持っていた。私たちは、ナイアガラを訪れている間、アメリカのバッファローに行ったある夜、NatKingコールのコンサートを見ようとし、高速道路で迷子になり、ショーを見ることなく、ナイアガラのホテルに戻る前に、汚れたおしっこパブに終わった。私の母が1100レイクシ　ョアで決して忘れないであろう1つの小さな事件は、彼女がトイレにいて、私に助けを求めて叫んだ日でした、彼女はトイレに行って、1つが「しかし」便器が彼女の恥ずかしさに多く流れました、彼女がそれを乗り越えたとは思わないでください、それは彼女を納得させることができませんでした:彼女のせいですが、彼女が落ち着いた後、私たちはそれについて少し楽しかったです。母が家に帰った後、父と多くの休日の経験を共有したとき、父は来ないという決断を後悔していると言いました「しかし、たとえ彼が自分の道を歩むことができなくても、次回は来る」というのが人生です。

　1963年にマック夫人と母がここに訪れていた間、私たちはデトロイトへの素敵な旅行をしました、彼らは高層ビルの高さとダウンタウンの混雑を乗り越えることができませんでし

たが、どういうわけか、私たちはデトロイト動物園にたどり着き、本当に経験を楽しんだ。私たちは素敵なピクニックランチをしました、そして、日が進むにつれて疲れてきたので、両方のお母さんが車椅子を共有し、本当に楽しい時間を過ごしました。数日後に彼らがスコットランドに帰宅したとき、私たちは本当に彼らを恋しく思いました。

　ここサーニアに落ち着くと、私たちの生活は非常に忙しくなり、時々少しぼやけているように見えましたが、週に一度、母と父に航空便の手紙を書いて、物事がどのように進んでいるかを知らせることができました。サーニア・サッカー・クラブは好調で、ジョージ・リーと私はサッカーチームと卓球チームでプレーしていたので、最高の友人になっていました。ジェシーとドリーンは仲が良さそうだったので、他のチームメンバーと一緒にたくさんの社会活動を行いました。たくさんのパーティー、いくつかのゲームへのバス旅行、そして私たち全員が楽しんだチームのための資金を調達するためのダンス。たまに出かけることもありました日曜日にブライツグローブエリアに行ってピクニックをしたり、最初はワイルドウッドビーチでしたが、その後、幼い子供たちにとって少し静かだったので、ブリグデンサイドロードビーチに行きまし た!!私は今、チームキャプテンであり、おそらく私が必要以上に関与することになりましたが、委員会とうまくやってきて、彼らがチームを運営するために必要なすべての職務に対して少し年をとっていたので、私は関与する「意欲」があったと思います。ああ、ところでドリーンは今zの子供たちを扱っていて、家でとても忙しくて、バイフックや詐欺師によって、私たちは再び妊娠していましたうーん。

　夏の終わりのある日、私は急な通知でダウでの仕事を1週間休むことができました、私たちはテントを借りて、いくつかのものを詰め、いくつかのカナダドルをアメリカドルに交換しました($1.10cは悪くないですね)、アメリカのケンタッキー州

に向かいました。テントを借りてキャンプをしたことがなかったので、雨の中、7時間後にはカーネル・カーター州立公園に到着しました。テントを張ろうとして何時間も過ごした後、楽しくない私は、私たちは食べるためにあまりないひどい夜を持っていたことを付け加えなければならない、ドリーン妊娠し、あまり良くない、男の子は少し不機嫌な私たちはキャンプで翌朝の「地獄へ」決定し、バッグを詰め、オハイオ州サンダスキーに向かい、素敵なモーテルを手に入れ、週の残りのためにシーダーポイントとサンダスキービーチで素晴らしい時間を過ごしました。

1965年は、あまり元気ではなかったジャネットとドリーンが両方とも妊娠し、3月31日にエレインが生まれ、約3週間遅れて「私たちは女の子を手に入れました」が、ドリーンにとっては困難な時期でした、今では3人の子供がいます。ジャネットは3月にわずか7ヶ月で妊娠中に発作を起こし、ロンドン・ビクトリア病院に運ばれ、脳腫瘍と診断されて死にかけました。彼女の赤ちゃんジャンは4月3日に妊娠中に5ポンドしか持っていきませんでしたが、ジャネットは生き残り、まだ発作が続いていた約5、6週間後に家に帰されました。

この頃、アイリーンとロンは結婚して、サーニアに到着し、ドリーンが病院に行って女の子の赤ちゃんを産むまで、私たちと一緒にいました。直前に、パーソンズ・ストリートのアランとマーグの家に引っ越しました。アイリーンとロンの到着は、将来のある段階で、私たちが一緒に素晴らしい時間を過ごしたにもかかわらず、ここサーニアでの私たちの社会生活に大きな悪影響を与えるでしょう。アイリーンは、意志の強い双子(きしむ車輪)であることで物事が起こりましたが、ドリーンは静かに彼女の仕事に取り組み、私の意見では、より思慮深く、他人を思いやる優しい双子でした。ノームは後にアイリーンに、ジャネットが病院から帰宅し、まだ病気が続いているため、ネルソンスタンドのフェアバーンの家に引っ越して家族の世話

を手伝ってくれないか、ドリーンはおそらく新しい赤ちゃんと3人の子供の世話で手一杯になるだろうと尋ねました。

マクファーレン氏は1965年の夏に私たちの家族を訪問し、彼は何年も前にオンタリオ州ハミルトンに定住した彼の家族の一部を追跡するための探求にありましたが、いくつかの小さな成功を収めましたが、彼は結果に少し失望したと思います。ロンとアイリーンは、ロンがDEWラインで仕事を見つけたペタワワに行っていましたが、その時、ノームはドリーンが自分の家族で手一杯だったにもかかわらず、病気の妹のためにもっと多くのことをするべきだったと期待していると感じました。ドリーンは、自分の努力が十分に評価されていないかもしれないと感じていましたが、非常に困難な状況下でも常に100%の力を発揮しました。

ドリーンは、この時期に起こっていたすべてのことに大きな苦労を始めていました、フェアベーンのために最善を尽くし、私たちの3人の子供たちと当時起こっていたすべてのことに対処しようとしました。私は自分ができることをやっていると思っていましたが、またしても私の優先順位は間違った場所にあるように見えました、サッカー、卓球、そして子供のサッカーを発展させようとしているSMAAに参加すること、妻への十分なサポートがありませんでした。

彼女がそれを必要としたときの子供たち?今となっては、ダウ・ケミカルで働くことさえ、私にとっては「趣味」に過ぎず、良い収入を得ることができたように思えます。

その年の残りの期間は、私たちはサバイバルモードにあり、クリスマスと新年は非常に速く来て行くように見えましたが、ドリーンと私は時々「デート」に出かけようとしました、私はいつもノースゲートの「ゴールデンハインド」レストランでの私たちの記念日の夜が好きでした、食べ物は美味しくてリーズナブルな価格でしたが、ベビーシッターにお金を払って

いくつかの飲み物を飲んだ頃には、それは合計され始めましたがそれは私たちの年に一度(当時は)の夜遊びでした。

　ドリーンは、レイクショアのアパートが私たちの成長する家族にとって手狭になりすぎていたため、すぐにおしっこ家を購入することを検討するように勧めてくれました。

　1966年の春、私たちは真剣に家を探し始め、私たちが欲しいと思うものや実際にいくら買えるかについて話し合い、費用がいくらになるかを見積もろうとした後、不動産業者に連絡しました。彼は、私たちが決定し、望んでいたものに基づいて、レンガ造りの家、1階建て、3ベッドルーム、素敵なバスルーム、地下室、そしておそらくサーニアのノースエンドにあるガレージなど、いくつかの家を見せてくれました。「ええと」彼は言った、君は実際にいくらのお金を持っているの?私たちはむしろ誇らしげに　900ドルの頭金で、25年住宅ローンと呼ばれるものを検討すると答えました。彼は私たちが間違った場所を探していると優しく言い、町の周りの小さな階建てのハーフフレームの家に連れて行ってくれ、ローズデールアベニューのすぐそばの794パインビューアベニューに着陸しました(家は戦後何年も前に建てられました)が、私たちの価格帯です。素敵な小さな3ベッドルームの家、美しい庭といくつかの本当に素敵な日陰の木がある大きな地下室は、販売したいと思っていて、すぐに私たらに好意を抱いているように見えた素敵な年配のオランダ人のカップルが所有していました。残念ながら、彼らは後で自動車事故で亡くなり、彼らの息子は私たちのために2番目の住宅ローンを保持しなければなりませんでした。

　私たちはもっと良いものを望んでいましたが、これは余裕があると思ったので、ドリーンは「頑張ろう」と言い、多くの議論と老夫婦が私たちに頭金の休憩を与えた後、私たちはオファーを出すことに同意しました。家は10,700ドルで価格が付けられ、私たちは最初の住宅ローンとしてその75%しか得る

ことができませんでした。これは、私たちが持っていなかった
20%の頭金のすべてを思いつくことができなかったので、素
敵な老夫婦は彼らが小さな第二抵当権を運ぶと言ったので、
私たちは取引をしました、エキサイティングですが、非常に怖
い「私たちは家を所有していました」私たちはスコットランド
で夢見ていた何か。家はたくさんの仕事とたくさんの塗装が
必要でしたが（家はすべて暗い色でした）、私たちはそれで大
丈夫でした。ところで、家を「所有する」ことは、それが本当に
住宅ローン会社のものであったため、かなり正しくはありま
せんでした、私たちは彼らにすべてのお金を返しました。私た
ち　は、それが何を意味するにせよ、17年間＠7％でカナディア
ントラストで住宅ローンを組むことができました。ドリーンと
私が受けた最大のショックは、家に1年住んでいた後、住宅ロー
ンの状況についての声明を受け取ったときだったと思いま
す。私たちは12ヶ月以上にわたって毎月約100ドルを支払って
いましたが、彼らが原則と呼んだものから生まれたのは「なん
てショックなの?」という19ドルだけで、残りのお金は住宅ロー
ンの利息に使われ、私は1年で2度目の泣き声を上げました。
しかし、ドリーンにもう一度称賛を送りたいのは、これがおそ
らく私たちが人生で下した最高の決断の一つであることが判
明したからです。私たちは今、「HOME」を手に入れました。
　　私たちは最初の家を買った後、月を越えるべきだったが、
ここ数年のドリーンの若い生活の多くの変化は、彼女に感情
的、肉体的、精神的に打撃を与えていたグラディ博士による
と、崩壊が差し迫っているように見えた。結婚すること、スコッ
トランドの家と家族を離れ、新しい国に定住すること、家族の
病気、5年間で3人の子供、早期結婚の問題、新しい家を購入
し、新しい家に定住しようとすること、仕事や遊びで多くの活
動を行い、カナダでの生活を楽しんでいたので、一人で多く
の時間を過ごしたことはすべて大きな要因でしたメルトダウ
ン。グラディ博士は、ドリーンが神経衰弱の危機に瀕していた

ため、病院を主張したため、私たち全員が対処しようとしたため、生活は突然非常に複雑になりました。医者は、そろそろ家族のことを真剣に考え、妻が「家」で私からもっとサポートを必要としていたの　で、ドリーンと子供たちの世話にもっと時間を費やすべきだとアドバイスしてくれました。

　この間、私たちが知っている誰もが何らかの形で私たちに助けの手を差し伸べてくれました、私の活動は仕事と子供たちの世話のコミットメントを満たすために厳しく調整されました。ある時、アイリーンとロンの家族がナイアガラの滝への旅行を計画していたので、私は5人の子供たちの世話を数日間行い、なんとか大丈夫でした。ドリーンの母はその夏の5月と6月頃に訪れましたが、ドリーン　は病院にいて、訪問中にEST(電気ショック療法)を受けたため、その旅行のことをあまり覚えていません。私たちは、彼女が午後8時までに病棟に戻されたことを条件に、その時点でマクフィーファミリーの結婚式のために病院からドリーンを迎えに行くことを許可されました。ジェシー・リーはかなり不幸で、カナダでの生活に適応するのに苦労しており、彼女の滞在の終わりに向かってしばらくの間、ドリーンに対して少し冷静に見えました。彼女はスコットランドに戻ることを切望しているように見えたが、その頃にはジョージはついにポリサーで安定した高給の仕事を見つけていた。彼女は7月に子供たちと休暇で家に帰ったが、戻らないことに決めた、ジョージはしぶしぶその年の後半に彼女に加わり、その間、私たちと一緒にいて、いくらかの小遣いを稼ぐことにした。ドリーンは本当に彼女と彼女の家族が去ったとき、彼女は本当にカナダでの生活に落ち着いていなかったようで、もちろんジョージはパイプバンド、ロッジ、ゴルフ、そして「家に帰らない」など、私よりもさらに多くの活動に関与していたので、すぐに非常に良い友人を失うことになると思われました。

　ジョージと私はサーニア卓球チームの不可欠な部分でした、私たちはまた、1960年代初頭の数年間に非常に成功したサーニアサッカークラブの一部でした:まだマイクDevenny、チャーリーMcCracken、ウォルターディオドリコ、ロジャーLethamとフィルターナーを含むいくつかの非常に良い選手が含まれていました。私たちのチームは、ロンドンとディストリクトサッカーリーグで、いくつかのリーグチャンピオンシップ、ルッペカップ、プレーオフ、コスモスカップで優勝しました。このサーニアチームのスコットランド人選手たちも、幸運にも1964年に各シーズンの終わりに開催されたインターナショナルカップで優勝することができました。ジョージは確かに私にとって大きな損失になるだろう。

　その夏の後半、私たちはストラットフォードで「フィッシャーベアリング」とのサッカーの試合をしました、私は金曜日の夜にダウケミカルで夜勤をしていました、そこで私は今エチレンユニットのプロセスオペレーターとして働いていました、朝あまり眠れなかったので、正午頃にジョージを含む5人のプレーヤーと一緒にストラットフォードに向かいました(古いフォードミーティア)。試合に勝って地元のパブに行き、サミー・コックスという元プロサッカー選手に会いました。彼はグラスゴーレンジャーズのスポーツコートを着ていて、左胸に「バッジ」が入っていました。私たちは素晴らしい昔の時間を過ごし、ブラーとビールをたくさん飲みましたが、その夜は夜勤に戻る予定だったので、午後5時30分頃に出発しなければなりませんでした。かなり愚かにも私は運転席に座り、出発しましたが、すぐに私はサミアまで運転するには「疲れている」ことに気づき、ジョージは私が運転すると言いました。私たちはセントメアリー近くの曲がり角を曲がっていたとき、私たちに向かって来る車を横にスワイプして溝に落ちました、幸いなことに誰も重傷を負わなかった、警察が調査を終えた後、2台の車がサーニアから私たちを迎えに来ました、そして私は決して

仕事に間に合いませんでしたが、私の信頼できる古いフォードは大破しました。古い車のペイアウトはほぼゼロだったので、今では新しい家を持っていること、非常に少ない家具を持っていること、支払い小切手から支払い小切手への生活以外に「車がない」ジョージは助ける立場になかったので、私たちはできる限りうまくやっていった。ジョージは私たちと一緒にいて、12月初旬まで働き、その後スコットランドに戻って家族と一緒に過ごし、エジンバラで最初からやり直しました。

その間、ドリーンとシスター・ジャネットはまだ重病でしたが、ノームが働いている間、彼女の年長の子供たちは皆家で掘り起こし、家事を手伝っていました。

ドリーンの回復は、EST治療後のゆっくりと着実に進み、その時点ではかなり攻撃的なものに見えましたが、私たちのライフスタイルにいくつかの「調整」を加え、グラディ博士が提案したように行おうとし、時折精神科医を訪れたことで、彼女は進歩しているように見え、ジェフ、マイク、エレインは彼女の回復段階で非常に行儀が良く、助けになりました。彼女が強くなるにつれて、彼女は「リカバリー」グループに参加し、その後の数年間で非常に役立つことが証明されました。

ドリーンの回復を早めるために、彼女は外出するためにパートタイムの仕事を検討したいかもしれないと提案されたので、彼女はパートタイムの仕事を追求し、ゼラーズで数年間、そして後にファブリックソーイングストアで小さな仕事を確保しました、そしてこれは間違いなく彼女自身の自尊心と自信を回復するのに役立ちました。給料は良くなかったが、彼女は個人的なものや余分な家庭のニーズにもっと「自由に」使うことができましたが、私は少しタイトなウェイドであり、まだ:私たちが毎月利息のために支払ったお金と住宅ローンの原則に反してどれだけ少ないかのショックから回復していなかった:数ヶ月間よく眠れませんでした。まあ、ダウ・ケミカルではまともな仕事をしていました。ジェフは、この冬にアイスホ

ッケーに参加し、夏にはSMAAサッカーをプレーし、両方で非常にうまくいっていたため、マイクは彼が十分に年をとるとすぐに後を継ぐことになりました。ハウスリーグの試合はクリスティーナストリートの古いチルドレンズアリーナで行われ、ジェフが最初から少し才能を持っていることは明らかでした。私たちはすぐに「トラベル」チームのコーチであったウェイン・カズンズからアプローチを受け、ジェフに彼のチームでトライアウトしてほしいと望みました、これがジェフにとって長くやりがいのあるホッケーの経験の始まりでした、私たちは誇りに思い、幸せでした。Travelteamsにとって経費は少し大変でしたが、どうにかしてやり遂げることができました。ジェフは明らかに、私たちが購入することができた安価な機器のいくつかについて少し恥ずかしかった、彼は彼の「キットバッグ」を持って ドレッシングルームに足を踏み入れたときの話をします他のすべてのプレーヤーが素敵な見た目の適切 なホッケーバッグを持っていましたが、それは彼の発達中のホッケースキルに影響を与えていないよう　です。その冬はあっという間に過ぎ、ドリーンは改善を続け、兄のアランと彼の妻ヘレンがカナダに移住し、1967年の春に生後10ヶ月の息子スコットと一緒にオンタリオ州ロンドンに到着したと聞きました。彼らは、アランが仕事を見つけるまで、パインビューアベニュー794番地に滞在し、しばらくして自分たちの居場所を見つけました。彼は私たちのサッカーチームに参加することに興味があるようで、いくつかの練習に来て楽しんでいました。その頃には、私は選手のコーチ、つまりデフォルトでマネージャーのような存在になっていました。ロイ・パウエルがコーチを務めるコレギアンズという若いチームと合併し、現在はドイツ・カナディアン・クラブがスポンサーとなっていたため、サーニア・サッカー・ク　ラブは消滅し、経験豊富で若々しい選手たちを擁するドイツ・カナディアン・サッカー・チームは、ロンドンとディストリクト・ファーストディビジョン・サッカー・リーグで数年間、

かなりの強豪となりました。HelmetHerterとHelmetGrossは、クラブの運営に必要な財政的支援を提供し、クラブビジネスに深く関与していました。ブライアン・ハリスと私は、チームと管理の問題を実行した後、世話をしま　した。これは社会的にもスポーツ的にも素晴らしい取り決めでした、私たちはダンス、50/50の抽選、そして多くの募金活動を行いましたが、最終的には問題になったドイツのサッカー選手が多すぎず、その間に「A」と「B」のチームを持つのに十分な選手がいました兄弟のアランが関与し、すべてのアカウントから本当に友情を楽しんだ、ピート・ショーは「B」チームの成功したコーチでした。

　1967年はカナダの100周年の年であり、サーニアのすべての家は、その機会を祝うために「ツリー」の挿し木を与えられ、私たちは芝生の真ん中にある前庭に私たちの刈り取りを植えました。他の主要な重要なイベント私にとっては、今年のL&Dサッカーリーグの最優秀選手に選ばれ、幸運にもオールスターチームにも選ばれ、ハミルトン、ロンドン、シカゴで非常に優れたチームと対戦したことです。ダウケミカルでの仕事はやりがいがあり、私は自分の仕事を楽しんでおり、タンクローリーと鉄道車両の2シフトシステム(日と午後)で充填することから、エチレンユニットのプロセスオペレーターになることに進歩しました。(24x7連続プロセス作業)しかし、それはより良い給与とシフト手当を持っていました。3交代制の仕事の良い部分は、ドリーンと成長する家族を特定のシフトで公園に連れて行くことができ、比較的静かな時間にサーニアのビーチや食料品の買い物にも行くことができたことです。社会生活はまだかなり良好で、私たちは794パインビューで非常にうまく落ち着いていました。男の子たちはSMAAサッカーをしていて、マイクはすぐにアイスホッケーを始めるようになり、レイニーは世間を気にしない幸せなおしっこ赤ちゃんだったので、今のところ生活は順調に見えました。

その時はあっという間に過ぎ去り、今ではごく普通の活動が行われ、いつの間にか父が初めて旅行をすることについて話していて、私たちは彼の出費を手伝うことができると提案しました。サッカー(サッカー)のワールドカップは1970年にメキシコで開催される予定だったとドイツのカナダのサッカーチームの一部は、"だから"ジムは毎月いくつかの$$を貯め始める計画を思いついたし、その後、彼女は私たちの3人のベアンズと休暇のためにスコットランドに行きたいかもしれないとドリーンに提案し、私はみんなと一緒にワールドカップに行くことを望んでいたので、少し罪悪感を感じて、ドリーンに提案した。私はホーフムドリーンは、長いフライトで3人の子供とそれがどのような挑戦になるかもしれないことを少ししぶしぶ予想して受け入れたと思った大取引、問題ない、エディンバラに着いたときに助けのIlotsを言ううーん。

ドリーンのスコットランドへの旅行は、1969年の春に予定されていたもので、ニール・アームストロングがムーンウォークを行い、私たちは皆、テレビで驚いて見ました。ドリーンの帰宅は別の話だったが、どこから始めればいいのか?まあジムは、サッカーをして彼の左足首を骨折し、メキシ　コはちょうど彼のために起こるつもりではなかった、運転は可能だったが、快適ではなかったが、我々は家族がロンドンのロンドンセルティックバスをキャッチするためにダウンしなければならなかった、バスはトロントに向けて出発し、私は非常に複雑な感情でサーニアに戻ったので、私の素晴らしい計画のために、メキシコとドリーンはスコットランドに出発しません。ドリーンは、3人の子供たちがトロントまでずっと寝ていたその日の後半に私に電話をかけてきました、これは良いニュースでしたが、悪いニュースはフライトが遅れて彼らがホテルに一晩滞在していたことでした。彼女は子供たちを幸せにしようと一生懸命努力しましたが、彼らはトロントまでずっと寝ていたので、早く寝る予定はありませんでした。子供がいなかった乗

客は食事や飲み物を飲みに行きましたが、彼女は航空会社が提供したバウチャーでルームサービスを受けることに決めていました。

翌日のフライトはターボジェットで13時間で、8歳未満の3人の子供と想像できるように悪夢のようなもので、彼女は最終的に疲れて涙を流してプレストウィック空港に到着しました彼女のお父さんが彼の古いベントレー車で彼女を迎えに行き、ブリンクボニーに彼女を家に連れて行きました、本当に彼女が生き残った方法を知りません、別の良いアイデアは失敗しましたが、彼女はオールド・リーキーへの訪問を最大限に活用しました。

ドリーンが祖父母とエジンバラとボーネスの親戚の間で忙しく走っていたスコットランドへの帰省から戻ったとき、彼女はすぐにウールコでフルタイムの仕事に戻りました。彼女は私たちの生活費のすべてを寄付し、彼女が「エキストラ」と呼んだものを私たちの控えめな家具の家のために買うことを決意していました、そして私は彼女の他のすべての家事と責任と一緒にそれを彼女を愛していました。その年の後半、私の雇用主であるダウ・ケミカルが、化学組合ローカル975の給与増額要求に応じることを拒否したとき、そのお金は確かに役に立ちましたそして福利厚生の改善、個人的にはストライキに反対票を投じたたった3人の従業員の1人でした、907人がそれに投票しましたか?3ヶ月間続いたストライキの間、私もピケを拒否しましたが、エド・ヒース・ペイント社で仕事を見つけ、プランク・ロードの貯蔵タンクを塗装し、現在はエンブリッジ・パイプラインズに属しており、それなりに高給取りでしたが、給料の10%をユニオン・ストライキ基金に寄付しなければなりませんでした。私は自分の個人的な誠実さ/原則に従い、喜んで支払ったので、それに問題はありませんでした。また、ロッコD、アンドレア(労働組合の会長)が労働者として働くこと、セントクレア川の海岸保護の仕事、ダンテクラブ

との現在のつながり、そして今やドイツのカナダのクラブとのスポンサーシップからイタリア人に移ったシニアメンズサッカーチームとの仕事を確保することができました。ハミルトンを経由してニューカッスルからトミー・オーグルは、この変化をもたらすのに尽力し、彼は素晴らしいコーチであることが判明しましたが、私はまだ地元のチームの管理とトレーニングの世話をしていました、アラン・ウィリアムズという名前のトム・オーグルと一緒にサーニアに来た別の素敵なイギリス人の男は、クラブの財政を見守っていました。ドリーンはいつもチームのためにストリップの洗濯とアイロンをかけるのを手伝ってくれました、3人の年配の男たち(トム、シド、ジョージ)は基本的に古いサーニアサッカークラブの世話から「疲れ果てた」が、それでも彼らは私たちのチームの素晴らしいサポーターでした。

今では、ジェフはAAAオールスターホッケーをプレーし、非常にうまくやっていたディノチッカレッリは、NHLで600ゴール以上を獲得した、パット・クロンビーン、ビリー・アバハートなど、ジュニア「A」およびジュニア「B」リーグでのキャリアに進んだ人、マイクもうまくやっていましたが、呼吸の問題や喘息によって制限されたもの、地区ホッケーをプレーし、その過程で彼のチームのためにいくつかの興味深いゴールを決めました。マイクは、当時私がコーチをしていた兄と一緒にオールスターホッケーやオールスターサッカーチームでプレーすることにあまり興味がないようでした。もちろん、私たちの家族は初期の頃、ホッケーリンクやサッカー場で多くの時間を過ごし、エレインはフィギュアスケートに興味を示し始めていました。たまたま、794PineviewAveの隣人には、PointEdwardFigureSkatingClubに参加している娘がいたので、何を推測しますか?エレインはスケートのレッスンを始めました。彼女はクラブのためのいくつかのofShowsに参加しましたが、この特定のスポーツの非常に厳しい課題を追求しません

でした、私たちはそれが本当に高価だったので、あまりにもがっかりしました。

　私はこの頃、ダウのエチレンプラントのチーフオペレーターになったので、海外での機会に興味を持っていたので、ドリーンは落胆しました(私の中のちょっとしたエジプト人だと思います)。その頃にはキャタリティックで働いていたロンは、雑誌でいくつかの機会について読んでいましたが、当時の仕事にそれほど満足していなかったため、グローブストリートの控えめな借家に住んでいたため、中東でいくつかの仕事をした後で書くことにしました。私たちがそれを知る前に、彼は反応を持ち、カリフォルニア州ベーカーズフィールドのオクシデンタルからリビアでの仕事を提供しました。いつの間にか、ロン、アイリーン、そして家族はスコットランド経由でリビアに向かった。

　ダウ・ケミカルのストライキは、今では解決されており、誰もが満足するほどではないと付け加えるかもしれませんが、私たちが行った仕事に戻ると、経営陣とダウの町の人々によって運営されていた工場は完璧な状態にあり、非常に効率的かつ安全に運営されていました。彼らが何をしていたのかわからない」と述べている。彼らが何をしているのかを知っていただけでなく、場所がきれいで、すべての機械が最適な速度で動いていたので、本当に印象的でした。私は本当に感銘を受けましたが、私はまともな賃金を得るために3″パーティーが必要だとは信じていなかったので、自分の考えを自分自身に留めておく必要がありましたが、明らかに少数派でした。3ヶ月間の賃金の損失と契約の小さな調整は、当時の私には意味がありませんでした。

　子供たちの活動や家族のことがたくさんあり、ドリーンが働いていることに加えて、かなり忙しい社会生活を送っているドリーンは「良い場所」にいるように見えましたが、彼女は自分の30歳の誕生日をこれまでで最悪と表現し、当時彼女はそ

れを圧倒されました、30歳はお年寄りだけだと彼女は言いました!!その間、アイリーンと彼女の子供たちは、リビアで働いていたロンに加わりましたが、これは悪い経験であることが判明し、彼女は3か月後にスコットランドに戻って生活しました。トリポリの生活環境は劣悪で、子供たちは、自分たちのコミュニティに住む他の文化や宗教的信念を持つ人々にあまり親切にしない地元の人々から嫌がらせを受けていました。

ここカナダでは、1971年にはスコットランドからの訪問者が増え、ジャネットは貧しく、彼女の両親はスコットランドから訪れ、ノームとジャネットが現在住んでいるネルソンストリートの家に滞在していました。ノームと彼の年長の子供たちは、友人や親戚からの多くの助けを得て、この状況下で最善を尽くしていましたが、結局、脳腫瘍による多くのてんかん発作の後、ドリーンは1971年10月4日に妹を亡くしました。

1972,73,74は、私たちは人生を通じて管理したように少しぼやけているように見えました:私たちの3人の子供たちと多くの課題は、それぞれが5歳になったとき、ローズデールパブリックは、私たちの子供たちが行かなければならなかった学校でした私たちはそれが起こったように境界に右にいたので、これは彼らがインディアンロードで混雑した交差点を横断しなければならなかったことを意味したので、本当に残念です。これは問題ではないことが判明しました。私たちの子供たちは、この期間中、旅行サッカー/アイスホッケー/フィギュアスケート、その他あらゆる種類の活動に深く関わっていたため、私たちは非常に忙しく、どのようにしてすべての旅行などを賄うことができたのかはまだ明確ではありませんが、どういうわけか、私たちは管理しました。ロンとアイリーンは、1972年にカナダを訪問し、ロンは、起業家のビットだったとマクスウェル近くのアシニボイン公園に建てられているいくつかの家について私に尋ねた、私は彼を助けることができなかった:彼はすぐに行った$zoo預金のために1つを買うことができると言

う以外に彼を助けることができたし、数年後、彼は彼が持っていた1つにかなりの利益を上げたので、彼は1つ以上を買ったかった海外で購入し、改装し、レンタルし、彼がそれを買ったお金の2倍で売った。時々、あんなに冒険できたらよかったのにと思うこともありますが、私は「夜寝る」必要があり、非常に慎重な人間です。

　同じ頃、私はダウ・ケミカルで良い仕事をしていて、実際、非常に若い年齢で「チーフオペレーター」になったのは、単に私の仲間の何人かがエチレンユニットの運用職に落ち着き、チーフオペレーターの地位に就くことに伴う重い責任を望まないと決めたからだと気づきました。なぜ私がその地位に昇進することにそれほど安心したのかはわかりませんが、あなたが言うなら、私はリーダーであることに問題なかったと結論付けることができます。では、なぜ私はこの厳しい仕事に飽き飽きしているのか、「これが人生のすべてなのか」という疑問でした。答えが何だったのか本当によくわかりませんが、私は海外の機会を探し始めました、私は頭がおかしいのでしょうか?

　ロンとアイリーンの休暇の後、彼らはアシニボインの家を買ったとき、彼らはスコットランドに戻り、1974年にカナダに戻ることを決定しました、排他的なレイクショアロードで高価なロットを購入し、新しい家を建て始めました。この過程で、彼らはサーニアでかなりの数の異なる家を借りました。

　1975年は私たちの生活の重要なポイントであることが証明されました、ロンドンとディストリクトのサッカーリーグでの私の活動的な日々は終わりに近づいていました、卓球の日々は終わりました、SMAAのサッカーのコーチングは雑用になりました、ダウでの仕事はもはやあまり満足のいくものではありませんでした。偶然にもドリーンの生活は劇的に改善され、彼女はジョギングを始め、卓球をし、ランチを楽しみ、多くの友人とブリッジをし、私たちの若い家族が彼らの自然なスキ

ルを開発し、学校でうまくいくのを見るのを本当に楽しんでいました。

　ダウ・ケミカル社では、上司の「ユニットマネージャー」であるピーター・フィンク氏から、ここサーニアに世界規模のエチレンプラントが提案され、建設される予定であると教えてくれました。「確かに、私の答えは」と私は思ったのですが、ダウは、コランナの近くに建設されるSOP(サーニア・オレフィン・アロマティック・プロジェクト)として知られる数百万ドルのエチレンプラントの25%のシェアを持っていて、現在ダウで運営していた小さなエチレンユニットは閉鎖されることになっていました。私の注意を引いたコミュニケーション情報の非常に優れた部分は、それが非組合であり、彼らが参加型および結果指向の管理と呼ばれる新しい方法を使用するということでした。言うまでもなく、私は「夢中になった」、マイナス面としては、ダウケミカルでの15年以上の年功序列をあきらめ、年金を現金化しなければならない「もし」この草の根組織に移った場合、給与と福利厚生は非常に魅力的でした。このピープル・オリエンテッド・フィロソフィーの設立では、昇進が現実的な可能性でした。考慮すべき大きな決断、もしこれが私たちの家族にどのような影響を与えるとしたら?ダウ・ケミカルのプロセス・フォアマンへの昇進の見通しは非常に限られているように見えたので、なぜそうしないのですか?

　言うまでもなく、ドリーンと私は、そのような動きの長所と短所、何を諦め、何を得るべきかについて、多くの長い議論をしました。私はこの機会に非常に興奮し、ドリーンは私がおそらく変化を必要としていると感じていたので、最終的に「私は思う」私たちはこれを追求することに同意しました、Job.My ボスは喜んで、すでに社名をペトロサール(石油化学サーニア)に変更し、募集を開始していた新しい会社のシフトスーパーバイザーのポジションに私の名前を提案しました。それはたまたま私はクリスティーナストリートのRBCの建物で興味深

いインタービューの後に雇われた2番目のスーパーバイザー
だった3つの異なる人々が面接を行い、私は彼らが私を雇うこ
とに同意したことを嬉しく思いました私はすぐにダウによって
解放されることができました、私は何度かインタビュー中に
尋ねられました-なぜあなたはこのポジションを取るつもりで
すか、彼らは私が次のレベルでの仕事の後に行くべきだった
と感じたようですか?私の答えは、スーパーバイザーとして雇
われたことをとても嬉しく思い、それがうまくいけば、将来が
どうなるかを見ることになる、その日はオファーに署名し、ド
リーンと私はその夜その機会を祝い、ジェフ、マイク、エレイン
に私たちの幸運について話しました。ダウとの5週間の休暇を
あきらめるのは楽しいことではありませんでしたが、ペトロサ
ールからの全体的な福利厚生パッケージはこれを補って余り
あると感じました。

　私の面接プロセスがとてもうまくいったので、クリフ・クロ
スランドは、私を面接し、後に私を個人的なプロジェクトとし
て採用した3人のプロセスエンジニアの1人で、私を工場の建
設現場に連れて行き、「早期に」採用された他の何人かを紹
介し、2月25日から建設トレーラーで働くように手配してくれま
した。1976年この移行期間中、私は長年にわたって出会った、
この特定の機会にふさわしいと思われる哲学に魅了されまし
た。紀元前3世紀のパタンジャリ(仏陀の世界のアインシュタイ
ンで『ヨガ・スートラ』の著者)という男が、霊感を受けることに
ついてこれらの言葉を書いていました。

　「あなたが何か大きな目的、何か特別なプロジェクトに触
発されたとき、あなたのすべての思考はそれらの束縛を断ち
切り、あなたの心はその限界を超え、あなたの意識はあらゆ
る方向に広がり、そしてあなたは自分自身が新しい偉大で素
晴らしい世界にいることに気づきます。眠っていた力、能力、
才能が生き生きとしたものになり、あなたは自分自身が夢見
ていたよりもはるかに優れた人間であると考えています。これ

はペトロサールが私のためにしたことであり、この紳士の著作には、ライフバランスや人生の3つのサークル、例えば家族-仕事-自己について語る言及があり、これらのどれもが他のものを支配するべきではありません、これは1976年から1983年までのペトロサールでの私の年月の間に私にとって大きな挑戦でした。この期間中、仕事が私の生活を引き継ぐことになります。私は組織内で非常に良い報酬を得ていましたが、最終的にはドリーン、私の家族、そして親愛なる老母などによって認識された犠牲を払った。

　ドリーンと私は、私たちの生活の中でこのような重要なイベントから必要な調整をしようとしていた、子供たちは皆、スポーツや学校でうまくやっていた:ドリーンのカナダの家族との交流は、カナタラ公園でのピクニックや公園での朝食のようなイベント、イースターエッグを転がすために4月にロックグレンへの毎年恒例の旅行などのイベントを続けていた、焚き火を焚いて湿地のアオイ科の植物を焙煎し、川までハイキングすると、この期間中の生活は良好に見えました。モイラ(ドリーンの一番下の妹)と新しい夫のブライアンが1976年8月にカナダに移住するという知らせが届いたので、みんな楽しみにしていました。モイラとブライアンはしばらく私たちと一緒にいて、その後、自分たちの場所を見つけるまでフィリップスの家に移りました。ブライアンは到着後すぐにプレート溶接工としての仕事を見つけることができ、サーニアで働き始めました。この頃、アラン・マクファーレンは残念ながらかなり病気になり、クリスマスの頃に腸の癌と診断され、予後は良くありませんでした。一方、スコットランドでは、ドリーンの母も病気で亡くなりました1977年9月1日ドリーンとアイリーンは葬儀のためにスコットランドに行き、リビアのロンと一緒にフィリップスの子供たちと私たちの子供たちを管理する　ために私を残しました、すべての家族にとって困難な時期。アランは結局、母のすぐ後に亡くなりました。この時、このマクファーレン

一家が長年にわたって苦しんできたことは、何と残酷な世界に見えたのでしょうが、彼らは何を考慮すると、すべてにおいて回復力があるように見えます。

　ペトロサーでの私のキャリアは、建設段階で「特別な」ものに発展し、トム・ヒューズという名のイギリス人男(ADHのアシスタント・デプト・ヘッドとして雇われた)が、彼がパンチアウト・コーディネーターと呼ぶものになるよう私を雇い、図面や配管・計器図(P&IDS)を使ってチームを立ち上げ、現場内で進行中のすべての建設をチェックすることを含めました。それは私の通りのすぐ上にあり、トムは彼が建設中のすべての「システム」の試運転手順計画と呼んだものを持っていました、そして彼はあなたがこれを処理できると言いました、うまくいきました、素晴らしいチームを持っていました、私はすべての貿易担当者と運用スタッフの間の仕事と相互作用が大好きでした。各システムが打ち抜かれ、試運転されると、次の数か月で次のシステムに移行し、トムは何をする必要があるかを知っていて、それをすべて実現し、1977年にエチレン(オレフィン)ユニットのスタートアップを成功させるために私をコートテールに連れて行きました。

　工場の立ち上げに先立ち、すべての監督者に面接研修とパートナープラント研修が提供されました。インタビュートレーニングは、モントリオールのような場所への旅行の準備をし、西のカルガリー、エドモントン、バンフスプリングス、レイクルイーズに多くのインタビューを実施し、ある程度の成功を収めました。私たちは、エチレン製造プロセスで最低10年の経験を持つプロセスオペレーターを探していました。パートナープラントのトレーニングはタフトニューオーリンズで実施され、いくつかのグループ/チームがそこに派遣され、すべての費用が支払われて、シングルトレインの運用プラントがどのように機能するかを確認することになりました。私のグループは最初に参加したグループで、10人のシフトスーパーバ

イザーと2人の管理労働者が含まれていました。タフト工場でしばらく過ごしましたが、ニューオーリンズのダウンタウンと素晴らしいエンターテイメントの中心地であるファットシティで過ごす時間が増えました。旅行の費用を調整することは、後で困難になります-ペトロサールは非常に寛大でしたが、どういうわけか、私たちはそれを整理しました。トム・ヒューズと私は、町の外で多くのインタビューを行い、サーニアに転勤する意欲のある多くの資格のある経験豊富なプロセスオペレーターを募集したため、素晴らしい関係を築き続けました。

ドリーンのお母さんとお父さんは、私のためにこの忙しい時間に小さな休日のためにカナダに来ていた、そして私はベティがあまりにも私が仕事や他の活動でドリーンと過ごした時間にあまり感銘を受けなかったと思うすべての家事を管理し、すべての子供のスポーツを手配するために、それは私たち全員にとって気まずい時間だった。

トムは最終的に、彼のすべてのハードワークに対してオレフィンユニットの部門長(DH)の仕事で報われ、私はホットサイドシフトスーパーバイザーの仕事、日中のプラムの仕事、そしてさらに給与の増加で報われました。ジョージ・ミルンは同時にコールドサイドシフトスーパーバイザーに任命されました。トム、ジョージ、そして私は、スタートアップ後の数ヶ月間、そしてラン&メンテナンスフェーズの間、オンシフトのスーパーバイザーとそのチームとうまく連携し続け、私たちは皆、仕事でも社会的にも非常に良い友達になりました。どういうわけか、ジョージと私は後に、6つのオペレーティングエリアに割り当てられたプロセスエンジニアと緊密に連携するコミッショニングおよびスタートアッププロジェクトコーディネーターと見なされました。

この素晴らしいプロジェクトに夢中になっていたこの期間中、ジェフはハイレベルなホッケーをしていて、実際、元ジュニアBスターのフレッド・パゴーがコーチを務めるチームで、非

常に重要なAAAミジェットホッケートーナメントにカムループスに西に行きました。チームはうまくやったと実際に決勝戦に進んでいたが、ジェフはスキー中に不幸な事故に遭い、決勝の前日に山で足を骨折し、当然のことながら彼は打ちのめされ、彼らは彼を山から降ろし、彼をサーニアに帰すのに苦労した、この事件はジェフから多くを奪い、ここでは完全に回復することはなく、彼の有望なホッケーのキャリアは少し苦しむことになった。

　エレインは今、ポイントエドワードフィギュアスケートクラブで数年間関与しており、他のスポーツで非常にうまくやっていました、キムジョンソン私たちの隣人の娘は良いスケーターであり、スポーツについてエレインにすべてを教えていました、そして実際にはエレインはこの期間中にいくつかのクリスマススケートショーにいました、私たちは彼女を非常に誇りに思っていましたが、途中で彼女は熱意と興味を失ったように見えました。クロスカントリーランニングやサッカーなどの他のスポーツ。一方、マイクは「機械、芝刈り機」のエンジンとバイクに強い関心を示していました。マイクは喘息を持って生まれ、それが彼のアイスホッケーやサッカーへの関与に影響を与えましたが、彼が非常に優れたアスリートだっただけに、本当に残念でした。

　マイクは、ダートバイクのレース/途中で乗馬をしていたが、ゴドリッチ近くのヴァルガと呼ばれる場所での彼の非常に最初のレースで、彼は最初の危険で彼のバイクから落ち、彼の短いレースキャリアにadamperを置いた彼の肩を損傷し、彼は非常に不幸だった"レース"ドリーンと私はその年の決定をした給与は、毎年継続的に改善されていた、我々は794パインビューで私たちの控えめな"家"に8フィート×12フィートの拡張を建設し、仕事を行うために建築請負業者フレッドヴァンリーナンを雇った、彼は私たちの予算に合ったいくつかの本当に良いアイデアを持っていた、そしてすぐに私たちは

大きな出窓、ディスプレイキャビネットと私たちの成長する家族のためのアップグレードされたキッチンエリアと美しい新しいダイニングルームを持っていた。また、強制ガス炉をアップグレードし、屋根に新しい帯状疱疹を設置することにしました。この仕事は、私たちがそれを購入したときの家の元の価格よりも高価でしたが、ペトロサールでの私の仕事は安全であるように見え、寛大な年間増加で非常にうまくいっていたので、最終結果に満足していました。

1977年初頭、ドリーンの兄アランは本当に病気になり、モイラの最初の子供クレアはその年の1月に生まれたので、ドリーンの母は彼女が死にゆく息子と過ごすために6月頃にカナダに戻ることを決めました、そして彼女が家に帰るために去ったとき、彼女は私たちに「私はアランの前に行くことができる」と言いました。その年の9月1日に彼女が亡くなるとは、私たちはほとんど知りませんでした、別の悲劇。ドリーンとアイリーンは葬儀のために家に帰り、その時リビアから休暇で家にいたロンは、スコットランドに行って葬儀に参加することに決めたので、エレイン、カレンP、そして私はすべての「ベアンズ」の世話をすることになりました。

ペトロサールでは、スタートアップ/コミッショニングの手続きが仕事で行われていたため、子供たちは皆何かしらのことに巻き込まれ、あちこちを行き来する必要がありましたが、主にエレインとKPのおかげでなんとかやりくりできたので、タイミングは私にとってこれ以上悪くはありませんでした。その後まもなく、ドリーンとアイリーンは家に帰ったアラン・マクファーレンは、セントジョセフ病院からパーソンズストリートに移され、彼は10月1日に亡くなり、悲しみに暮れるマクファーレン氏は、息子の葬儀のためにカナダに来るためにあらゆる努力をしなければならなかった彼の妻を失った直後、彼女は息子の前に亡くなりました。もしかしたら、ママ「ベティ」は失恋で亡くなったのかもしれない、彼女の人生で対処しなければ

ならない多くの悲劇があったのかもしれないという考えもありました。

　どういうわけか、あるいは他の人生は続き、「生命の輪」は前進し、残りのマクファーレン家のメンバーは、すべての人生が彼らに投げかけられたにもかかわらず、生き残った兄弟とそのパートナーは、自分自身のために良い生活を送るために続けられました。ドリーンと私も例外ではなく、子供たちはみんなとても元気で、ドリーンは「開花」していて、ペトロサールでの仕事はやりがいがありましたが、私の興味とエネルギーのすべてが必要でした。私は仕事に夢中になっていることをほとんど知らなかったが、ある種のリーダーや「働き者」として台頭し、残念ながら「ライフバランス」を見失い、家族と自己を無視しているようだ。

　1978年2月、私たちは休暇が必要だと判断し、R&Rの1週間のためにナッソー/バハマに行く手配をし、子供たちと話し、ジェフとマイクが家を管理し、エレインがマーグおばさんの家に滞在できることに同意しました。ドリーンによると、この美しい島のリゾートでくつろぎ、「通常」に戻るのに4日かかりました。ビーチでの多くの時間、素敵な食事/飲み物、旧市街とパラダイスアイランドカジノへの訪問。すぐに私たちは家に帰り、とても静かで落ち着いた2人の男の子に到着しました。エレインは私たちが家に帰ってきたことを喜んでいました。

　794パインビューアベニューは、私たちが不在の間、ノーザンハイスクールのパーティーの群衆の一部にとって「パーティーの場所」であったことが判明し、一部の隣人や私たちの家と地下室の「バー」への影響は大きかった。言うまでもなく、私たちは少年たちに非常に失望しました、ジェフは当時のほとんどの責任/責任を取りましたが、しばらくして彼が兄として責任を受け入れたが、いくつかの活動を防ごうとしていたことがわかりました。親として、それは重要な学習経験でした。

また、家に着くと、私たちの素晴らしい裏庭の柳の木の1本が、私たちが留守中に嵐で吹き飛ばされてしまったことを発見しました。

今年の後半、11月12日に794の地下の「バー」で、親しい家族、友人、仕事仲間全員と私の40歳の誕生日パーティーを祝いました、それは素晴らしいパーティーでした、そして皆で楽しい時間を過ごしました、私たちは夜に歌手が一緒に歌ういくつかのテープを作りました。その時、私たち　の親しい友人の一人が「ジムのロースト」を用意していましたが、どういうわけか彼女はそれに全く対応していませんでした:あまりにも良い時間を過ごしていて、気分が良くありませんでした。

1979年は、このワールドスケールC2H4プラントの試運転が数ヶ月にわたって非効率的な専門的方法で実行され、私たちは「実行と保守」と呼ばれるものに落ち着き、運用のすべての領域を最適化するために、それは挑戦的でしたが、素晴らしい経験でしたすべての番狂わせに対応し、私たちが雇った経験豊富なオペレーターは「以前にすべてを見ていた」。スタートアップ後の昇進は、人事異動や組織内でのその他の状況の変化に対応して猛烈な勢いで行われ、私はすぐにオレフィンのデイスーパーバイザーに異動しましたが、3週間以内に1か月続いたプラントシフト監督者になるよう求められ、その後、部門長(DH)としてユーティリティ部門に異動しました。これは早すぎると感じ始めていますが、経営陣から心配しないように言われましたか?ストレスの多いが、3ヶ月後公益事業での成功　私はオレフィンホットサイドDHに任命され、親友のジョージ・ミルンはオレフィンコールドサイドDHに任命されました。これは最初から計画されていたのかもしれませんが、現在プロセスマネージャーの地位に就いているジョージとレイ・アーセノーと一緒に働くことができてうれしかったです。振り返ってみると、ジョージも私も仕事量の負担を感じていましたが、最善を尽くし、夜は地元のパブ「アップ・アンド・ダウン

ズ」で長いおしゃべりをたくさんしましたが、これは妻たちに
はあまり評判が良くありませんでした。

　私たちの家族への影響は成功を示し始めていました、あ
なたがそれを私たちの性格に影響を与えていたと呼んで、私
たちは家族や家庭生活との接触を失っていました、これはあ
なたが喜んで馬であることのために支払う代償ですか?ちょう
どその頃、「TheMiddleEastNewsletter」という雑誌に出会い、
海外での仕事への興味が再び浮かび上がってきました(私は
頭がおかしいのか、それとも何なのか)。とにかく、私は無類の
方法で、ニュースレターで、サウジアラビアでいくつかの主要
な石油化学プロジェクトを抱えているアラムコ(アラビアン・ア
メリカン社)という会社に連絡を取りました。デトロイトへの全
費用の有料旅行、良いインタビュー、後でおいしい食事をし、
彼らは私の履歴書とサーニアのペトロサーエチレンプロジェ
クトへの参加に感銘を受けたようだったので、48時間以内の
応答の約束がありました。いずれにせよ、あなたはそれを知
らないでしょう、私は仕事のオファーを受けましたが、その頃、
イランとイラクが戦争をすることを決めたので、私はこの機会
を潔く断りました。私の義理の兄ロンフィリップスは、ベーカ
ーズフィールドカリフォルニア州のオクシデンタル社へのニ
ューズレターで別のアドレスに送り、リビアでの楽器技術者と
しての仕事を提供し、応募から6週間以内に仕事を始めまし
た。

　ペトロサーは、1980年にエチレン(C_2H_4)を他の副産物と
ともに設計どおりに大量生産していました。株主の満足度、思
い出に残る旅への挑戦。

　今年の後半、11月12日に794の地下の「バー」で、親しい家
族、友人、仕事仲間全員と私の40歳の誕生日パーティーを祝
いました、それは素晴らしいパーティーでした、そして皆で楽
しい時間を過ごしました、私たちは夜に歌手が一緒に歌うい
くつかのテープを作りました。その時、私たち　の親しい友人

の一人が「ジムのロースト」を用意していましたが、どういうわけか彼女はそれに全く対応していませんでした：あまりにも良い時間を過ごしていて、気分が良くありませんでした。

1979年は、このワールドスケールC2H4プラントの試運転が数ヶ月にわたって非効率的な専門的方法で実行され、私たちは「実行と保守」と呼ばれるものに落ち着き、運用のすべての領域を最適化するために、それは挑戦的でしたが、素晴らしい経験でしたすべての番狂わせに対応し、私たちが雇った経験豊富なオペレーターは「以前にすべてを見ていた」。スタートアップ後の昇進は、人事異動や組織内でのその他の状況の変化に対応して猛烈な勢いで行われ、私はすぐにオレフィンのデイスーパーバイザーに異動しましたが、3週間以内に1か月続いたプラントシフト監督者になるよう求められ、その後、部門長(DH)としてユーティリティ部門に異動しました。これは早すぎると感じ始めていますが、経営陣から心配しないように言われましたか?3か月後、ユーティリティでのストレスの多い成功した時間の後、私はオレフィンホットサイドDHに任命され、親友のジョージ・ミルネワスがオレフィンコールドサイドDHに任命されました。これは最初から計画されていたことかもしれませんが、現在プロセスマネージャーの地位に就いているジョージとレイ・アーセノーと一緒に働くことができてうれしかったです。振り返ってみると、ジョージも私も仕事量の負担を感じていましたが、できる限り最善を尽くし、夕方には地元のパブ「アップ・アンド・ダウンズ」で長いおしゃべりをしましたが、これは妻たちにはあまり受け入れられませんでした。

私たちの家族への影響は成功を示し始めていました、あなたがそれを私たちの性格に影響を与えていたと呼んで、私たちは家族や家庭生活との接触を失っていました、これはあなたが喜んで馬であることのために支払う代償ですか?ちょうどその頃、「The Middle East Newsletter」という雑誌に出

会い、海外での仕事への興味が再び浮かび上がってきました(私は頭がおかしいのか、それとも何なのか)。とにかく、私の私はニュースレターで、サウジアラビアでいくつかの主要な石油化学プロジェクトを抱えているアラムコ(アラビアンアメリカン社)という会社に連絡を取りました。デトロイトへの全費用の有料旅行、良いインタビュー、後でおいしい食事をし、彼らは私の履歴書とサーニアのペトロサーエチレンプロジェクトへの参加に感銘を受けたようだったので、48時間以内の応答の約束がありました。いずれにせよ、あなたはそれを知らないでしょう、私は仕事のオファーを受けましたが、その頃、イランとイラクが戦争をすることを決めたので、私はこの機会を潔く断りました。私の義理の兄ロンフィリップスは、ベーカーズフィールドカリフォルニア州のオクシデンタル社へのニュースレターで別のアドレスに送り、リビアでの楽器技術者としての仕事を提供し、応募から6週間以内に仕事を始めました。

ペトロサールは、株主の満足に他の副産物と一緒に設計に従って1980年にエチレン(C2H4)を大量生産していた、課題は多かったが、従業員は常にタスクに等しいように見えた。しかし、多くのハードワークと長時間労働、そして参加型マネジメントのスタイルは、私たち全員に明らかに悪影響を及ぼしていました。部門とコアチームは毎日会議を開き、効率を改善し、より費用対効果を高めるために人員を削減し、私の仕事量はほぼ毎週増加して、運用/管理/保守調整/およびトレーニングの世話をしていました。自分にはやれると思っていたし、ベストを尽くし続けたのに、精神的にも肉体的にも代償を払っていたのだと思います。「意欲的な馬」はゆっくりと膝のところで崩れ落ちていました。

ドリーンのお父さんは今年の5月に70歳の誕生日が近づいていたので、私はスコットランドへの旅行を計画しました、3人の子供たちはサミアの叔母と一緒に寄宿しました、男

の子たちはサッカーキャンプに参加し、エレインは彼女のフィギュアスケートで忙しかったです。本当に素敵な訪問であることが判明し、私たちはすべての通常のstuffinエジンバラを行い、レンタカーを借りて、ドナルドがアフタヌーンティーのためにグレンイーグルスホテルでの停留所で当時働いていたCrieffwhereと呼ばれる素敵なおしっこ町への旅行のためにマとパパを連れて行った、私たちは メインホテルでそれを持っていることを望んでいたが、マはそれが彼女のためにあまりにも豪華だったと判断したとき、彼のドアマンとトップハットと派手なギアは彼女に「車から降りてください、マ、m」と頼みました。「私はそこには行っていない」という言葉。私たちはゴルフコースのクラブハウスでお茶とサンドイッチを食べに行きましたが、マーによれば「家を買うことができた」という「ああ、まあ、それが人生です。クリフ・ドリーンへの道中、私が羊を整理しようとしている話をするのが大好きで、悪魔の肘の近くの景色の素敵な写真を撮ることができました が、羊は協力しなかったので、ジムは怒った、くそったれ羊は聞いていないと思いました。ノックと呼ばれる有名なトレイルを滝まで歩いて行き、ハイドロと呼ばれる別の大きなホテルを過ぎると、オチルヒルズとその周辺地域の南を見渡す壮大な景色を眺めることができました。

　ドナルドとジェニファーのクリフの借家を訪れた後、私たちはメインストリートのaniceレストランでフィッシュアンドチップスのランチを楽しんだ、私たちはスカイ島に北西に向かい、最近建設された新しいプリンスチャールズ橋を渡り、地元のパブの1つで壮大な夜を楽しんだ古いスコットランドの音楽を聴き、いくつかの飲み物を飲んでから夜のB&Bに向かいました。

　その小さな旅行とマックス氏の70歳の誕生日を祝うことは思い出深いものでしたが、いつものように時間が経つのが早すぎて、私たちはサーニアに戻る途中でした。この同じ年の

後半に、私たちはディックとオードリーフレッチャー、もともと
いくつかのカップルでラスベガスへの素敵な4日間の旅行を
持っていました-新年の新年:spartyは、私たち全員が一緒にラ
スベガスに行ってボールを持つべきだと思っていました。私
たちは旅行を企画しましたが、ほとんどの人が酔いが覚めた
後、最終的に脱落したので、行くのは　2組のカップルだけでし
た。私たちは素晴らしい時間を過ごし、ウェイン・ニュートン、
ジークフリード&ロイ、ポインター・シスターズなど、いくつか
の素晴らしいショーを観ました。ディックとオードリーはマシ
ンで遊ぶのが好きで、ある程度の成功を収めましたが、私は
ラスベガスが勝ったと思います、私たちはリラックスして一緒
に時間を楽しんだので家に帰りました。

　　2回の仕事の休憩は素晴らしく、ドリーンと私は両方とも
仕事からストレスがないという利点を感じましたが、残念な
がら仕事量はなくならず、やがてそれは同じことが多くなり、
すぐに私たちの生活は再び挑戦されるようになりました。私
たちは今後数年間で何を楽しみにしていたのか、私たちはこ
れを通して、素晴らしい仕事、素晴らしい給料を見ることがで
きますが、石油化学事業の経済は劇的に変化し、原油原料価
格は屋根を通り抜け、エチレン価格は石のように下落し、ペト
ロサーの借金は上昇していました、この進歩的な草の根企業
の暗い見通し。

　　1981年の春、私の仕事で何が起こっていたにもかかわら
ず、ドリーンと私は別の旅行のためにフロリダに戻ることを
決め、母と父をカナダに招待し、姉妹の娘フィオナを連れてき
て、ドリーンの父がキャシー・マクファーレンの結婚式のため
にサミアに来る予定だったので、私たちは彼ら全員をフロリ
ダに連れて行くことにしました。ジェフとマイクは家にいて、そ
れで大丈夫でした。マクフ氏はキャシーをバージンロードに
連れて行き、私たちは皆、結婚式で素晴らしい時間を過ごしま
した。私たちは、フィオナがアメリカに行くための書類を取得

するという小さな問題を抱えていましたが、これはカナダの大使館/トロントのパスポートオフィスへの迅速な旅行で解決されました。だからオフに私たちは、大きな、エアコン完備のステーションワゴンで私たちを待っているトロントからオーランドに飛んで、私たちはエリックリッチーの友人からフロリダのメキシコ湾側にポートシャーロットの素敵なヴィラを借りていた行きました。私たちは約1時間半運転し、私たちはすべて、私たちが滞在するつもりだったこの美しいヴィラに到着時に唖然としました"しかし、"もう一度"マは"高級"な環境に"非常に不快"でした、お父さんは元気でした彼は台所の流しの下でウイスキーの箱を見つけました、場所は本当に上 層部でした控えめに言っても。私たちはこの素晴らしい家に2日間滞在しましたが、マーはこの高級エリート主義の環境にいることの不快感を楽しんでいないことに気づきました。ドリーンと私は、より地に足の着いた家族向けのクリアウォータービーチまで車で行くことに決め、インディアンロックスと呼ばれる場所のビーチにモーテルを見つけました。私たちは翌日、幸せな人とそうでない人と一緒にビーチのモーテルに移動しました。お父さんは言った、「でも、シンクの下のウイスキーはどうなの?」

　私たちはインディアンロックスで素晴らしい時間を過ごし、その地域のたくさんの素敵なアトラクション、ビーチの朝食場所、そしてもちろん、お父さんが落ち着いてすぐに「ウイスキーの箱」を忘れたいくつかの素敵なパブを見つけました。いくつかの本当に素敵な日帰り旅行とボートに乗って、ビーチで多くの時間を過ごしました、特にボカグランデ半島で思い出に残るものの一つ、暑くて美しく、金色の砂。2人の年老いたおじいちゃんがショートパンツとカウボーイハットをかぶってはしゃぎまわっているのを見るのは素晴らしかったです、私の父はモーテルのプールの深い端にさえ飛び込み

ました、だから何ですか?とおっしゃるのですか?「彼は泳げない」と、グランマが言った。

エディンバラに戻ると、ベティ・ロウの夫アレックスは数ヶ月間非常に病気で、彼の主要な臓器の1つで癌と闘っていました。彼の健康状態は急速に悪化していたので、フロリダからサーニアに戻ったとき、私たちはマクフ氏のために予定よりも早く帰国旅行を手配しなければなりませんでした。残念ながら、アレックスはドリーンのお父さんがエジンバラに帰る前に6月初めに亡くなりました。

ドリーンは今、彼女の家族の輪の中で別の損失に対処しなければならなかったちょうど彼女の人生のちょうど時間に、私は仕事やサッカーで非常に忙しかったにもかかわらず、彼女は彼女が家の周りでやりたいことをするためのいくつかの余分な現金を提供したいくつかの小さな仕事を持っていた、私たちの子供たちは学校、スポーツ、アルバイトなどでうまくやっていたか、うまくやっていましたが、彼女はほぼ毎日運動したり走ったりしていました。ジェフは優れたアイスホッケー選手に成長し、ムーアタウンフラッグスジュニアCでプレーし、その後、喘息に悩まされていたサーニアレジオネラジュニアB.マイクは、彼がそれらの年に呼吸制限に苦しんでいたが、まだ「モーターバイク」を愛していたとして、いくつかのシニアリーグでプレーしました。エレインはいくつかのポイントエドワードフィギュアスケートショーに参加していました今までには非常にうまくいっていましたが、最終的にはクロスカントリーランニング、サッカー、その他多くの運動活動に移りました。

私にとっての仕事は、少し変則的で、エキサイティングで、やりがいがあり、夢見ることしかできなかったポジションでしたが、非常に疲れ果て、終わりのない要求のように見え、それは犠牲を払っていました。

　ドリーンの妹フィリスは、刺激的な若い人生を送り、ロンドンでまともな仕事をしていたように見え、1982年4月に結婚する予定のカナダ滞在中にバスツアーでゲルハルト・クリストという素敵なドイツ人男性に出会いました。エディンバラでの結婚式と披露宴は、4月21日には非常にうまくいったようですが、翌朝、4月22日、哀れなマクフ氏が72歳で彼の部屋で死んでいるのが発見されたとき、家族はショックを受けました、彼は元気そうで、本当に結婚披露宴を楽しんでいましたが、誰もこれを予想していなかった、別の悲劇的な出来事。かわいそうなフィリスとゲルハルト、彼らは何と困難な一週間を過ごしたのでしょう。

　その後の数ヶ月間、私たちは苦労しましたが、私が「失っている」ことは明らかで、不機嫌で、怒り、ドリーンに反動的で、子供たちとの連絡が途絶え、常にユーモアのセンスがあるように見えていたものを失っていました。夏の数ヶ月は、仕事と家庭の両方で生き残るために苦労していたため、794の誰にとっても悲惨なものでしたが、ドリーンは、私たちの生活が崩壊しているように見えたので、仕事を休んで一人でスコットランドに帰って頭の中で物事を整理することを提案しました。難しい決断でしたが、最終的に私は「一人で家に帰り」、マーとパパと時間を過ごし、物事を再び見通しを立てることに同意し、10月24日日曜日にサーニアからトロント、そしてエジンバラへのフライトを予約しました。

ゴーイング・ホーム 1982年10月 (スコットランド支部)

10月24日(日)にサーニアを出発し、トロントへ向かう飛行機が離陸し、その後エジンバラへ向かうと、私はこれまで以上に混乱し、旅行の目的は私の心の中で明確でしたが、私がとても愛する2人の人々を置き去りにしていました(それは私にドリーンと私がカナダに移住した日を思い出させました)。何かが私を人生でまだ明確ではない+「目標」に駆り立てているようですが、これまでの結果は成功を示唆しているようです(測定方法によります)。では、なぜ私は内面の満足感を経験していないのでしょうか?トロント空港に座っていると、私の常に活発な心は、免税品、本、その他のもののような平凡な詳細の世話をしています。ドリーンに電話したのは、彼女とエレインの両方がおそらく私と私の心構えを心配していると感じたからです。カナダの私の周りの素晴らしい人々やスコットランドのマアンド・ダッドに、どうして「幸せにならない」ことができるのでしょうか?本当に人々の最善を探し、積極的になるために努力する必要があります問題を機会として対処しようとして、"他の人を助ける"。

　飛行機に座っていると、車椅子、コート、バッグ、免税品、プレゼントなどと格闘している「オールドフォーク」が見られ、全員が「一体何を心配しているんだ」と非常に心配しているように見えます。別の考え!人生では、あなたは常にどこかに行くべきです、多分あなたは決してそれに到達しない、あなたはそれがあなたが到達しようとしている場所を変えるだけです。これまでに5つの古いカップルが言葉を持っていて、仲違いし

ています、なぜ私たちはお互いにそれをするのか疑問に思います、確かにこれはお互いを理解し、助け合う時であるべきです。たぶんそれはただの人生「しかし?」です。

　10月25日(月)。素晴らしいフライトのボーイング727は、バーで飲み物を飲み、サービスは素晴らしかった、サーニアのいとことランカシャーからの素敵な老婦人が話したかったので、ほとんどまたはまったく眠れませんでした。午前6時45分にグラスゴー空港に到着し、空港を出て15分でオールドリーキーに到着し、午前8時45分にオールドリーキーに到着しました。日が経つにつれて、私は非常に疲れましたが、忍耐強く両親と一緒に、彼らはあなたが信じないほど興奮していました:しかし、私は1時間おしっこをしなければなりませんでした。

　目が覚めると、私は借りた車でペントランドヒルズとヒルエンドスキーエリアまでドライブし、フィリップスに立ち寄りましたが、誰も家にいませんでした。Blinkbonny、CurrieKirk、DolphinGardensをドライブし、RiccartonArmsでドリンクを飲みました。今は午後9時30分で、過去40時間で1時間の睡眠をとり、たくさん「聞いた」が、理解しようとして話したいが、聞かない。レッドカーの私の姪であるフィオナは、後で知ったことで彼らをはるかに理解しています。

　10月26日火曜日、体重は205ポンドで、約10時間素晴らしい睡眠をとり、Saughton　Parkでジョギングに行き、ロール紙と朝刊を手に取り、はるかに気分が良くなりました。家のいくつかの照明を修理し、ジョージストリートまでドライブし、メドウバンク、キングスパーク、そしてジョーとケイト・スポワート(ケイトは入院していました)を訪れましたが、家で息子のジョンに会いました。私たちはブリンキーに戻り、そのエリアが大好きだと判断し、再びカーク、ハイポンズ、マーチバンクス、ケストレルを訪れ、その後、リッカートンアームズでパブランチをしました。午後9時頃に家に帰ったとき、私は「叫ぶ」マアン

ドパパがお互いに話し続けないように注意しなければなりませんでした、ラジオと私の脆弱な状態でテレビは非常にイライラします。リラックスできず、注意力が高すぎて、本当に読書をしてリラックスする機会がありませんでした。ママは聞かないし、あまり聞かない、お父さんは永遠のおしゃべり人で、二人とも思い出したい、驚くことではないと思うけど、敵意の色合いを感じるけど、彼らには自分のやり方があるみたいだ。

　失業率はスコットランドで17〜18%、アイルランドで21%、テレビでの暴力や破壊行為が多発しており、ブルームハウス(公営住宅)は被災地です。ジムをリラックスさせようと、私は自分に言い聞かせますが、できません、世界は混乱しているようです、いくつかの地域は他の地域よりも混乱が少ないようです。

　10月27日(水)(203ポンド)。ぐっすり眠り、お父さんとお母さんが文句を言ったり、不平を言ったりするのを聞きました。私は公園でジョギングをしていたとかなり良い感じで、ちょうどJoeSpowartから2つのジョークを覚えている、バーで1番目のジョーク2人の男は、失業者である男は、私はあなたができるビールを買うと言っています:あなたが働いている余裕はありません、2番目のジョーク、私は朝に起きる最初の子供たちが服の最高の選択を得た日を覚えています、ジョーはただジョークを言うのが大好きでした。

　マパと私は午前8時30分にドライブに出発し、フォースロードブリッジを渡ってファイフエリアに向かい、ダンファームリン/グレンイーグルス(コーヒー各50p)/コムリー/クリフを通り、ロッチャーンヘッドでパブランチを食べました。キリクランキー峠を上ってキリン/西のバルキダー(若い頃に思い出に残る休暇を何度か過ごした場所)/カランダー/スターリング/に向かい、リンリスゴーに立ち寄っていとこのモイラと彼女の夫のジョンを数時間訪ね、エジンバラに帰る前に少し飲んで笑

いました。今は午後11時30分、ママとパパは私たちの一日の外出に興奮しすぎて寝ることを拒否しています。

　私たちは11月4日にお父さんの誕生日パーティーを手配しようとしていますが、モイラとジョンは「notsure」、リズとサンディはベビーシッターが必要になります、まだジーンおばさんのことはわかりませんが、ドリーン:妹のベティがそこにいることは確かです。ママとパパは、なぜ彼らがただ来て「不平を言う」のをやめられないのかについて、たくさんの「不平」を言っています、慎重なジム???それを失う。マーは「誰も私たちを訪ねてこない、なぜ私たちはいつも彼らに行かなければならないのか、誰も私たちに何も残さなかったのか???,議会は私たちのことを気にしない、モイラとジョンは時々来る、などなど」と言いますが、これは高齢者にとって普通のことですか?

　11月28日(木)は、午前8時までにレンタカーを返却し、午前8時30分までに家に帰って、3時間のリスニングと忍耐が必要です。幸い、ぐっすり眠れて時間が経つのです。お父さんは何でも知っているよう　で、マーは彼をブザリングバガーと呼んで彼の邪魔を続けます。私たちはファインフェア食料品店でお父さんに買い物に行き、価格、バス運賃、失業状況について不平を言いました。マとパパと一緒にクロックインでパイントを飲み、プリンセスストリートに沿って橋を上ってハイストリートへ、そしてローンマーケットへの長い散歩のために彼らを残しました。私が家に帰ったとき、母は素敵な夕食の準備ができていましたが、残念ながら父は今では少し影響下にあり、議論を探していました。私は、スコットランドの人々は一般的に本当に「うめき声を楽しんでいる」が、彼らがうめき続けることができるように物事を改善するために何かをする準備ができているようには見えないという結論に達しました。

　マーとパパが話し続けるニュースを読んだり聞いたりすることができません。11月4日頃にリズに電話することに決め、彼らはお父さんの誕生日に来ても大丈夫です」「頑張ってくだ

さい、ジム」。今日マイク・マクレナガンに会い、彼はパイント
のために一緒になることを嬉しく思うだろうという印象を受
けましたが、自分自身を出したくないようで、昨日のジョン・ロ
イと同じ気持ちになりました。

　10月29日(金)、午前7時30分まで2マイルのランニングと
運動、家で2時間ぶらぶら、マアンド私はその後、おしっこ散歩
に行き、ステンハウスクロス近くの道路に住んでいた叔母ベラ
を訪れました。父と私はその夜、"Luckie:sBar"に飲みに出
かけ、そこからローズストリートに行ってナイトライフをキャッ
チし、午後11時までに少し漬けたアボッツフォードパブで終
わりました父と一緒に夜を過ごしました。言うまでもなく、フィ
オナと一緒に家にいたマーは、私たちが家に帰ってきたとき
あまり嬉しくなかった。

　10月30日(土)午前8:00に起きてジョギングとエクササイズ
をしているフィオナは、今日レッドカーに戻ると、私の親友の
一人であるジョニー・クレイグが訪ねてきて、駅まで私たちを
運転することを申し出ました。ウェイバリー駅でパイントを飲
みました(朝の10時30分)。アボッツフォードパブでパイン　ト
のためにマとパパを連れて行き、ハギスとカブは素晴らしか
ったです。残念ながら、マーとパパは湿っていて寒かったの
で、バスで家に帰ったので、私自身もイースターロードでハイ
バーニアンフット　トボールの試合を見に行きました。ゲームで
の言葉遣いと暴力はひどく、彼らは何と動物の群れのように
見えました。私は本当に同じ文化や遺産から来たのか、それ
とも時代が変わっただけなのか?午後5時30分頃に帰宅し、ビ
ールを飲みながら夜を過ごしました。「サタデーナイト」はま
さにこれです。

　今は10月31日(日)ですが、信じられますか:午前9時45分
で、目が覚めたばかりで、またもやぐっすり眠れました。マハ
はもう20分も私の部屋に出入りして、コーヒーを買ってくれ

て、朝刊を買って、どんな服を洗う必要があるの?彼女はただ息子の一人が家にいるのが大好きです。

　本当にドリーンが恋しくなり始めている、彼女は最近私の人生の重要な部分である、私は同じテーマでいくつかの夢を見ました、彼女は他の誰かを見つけました、私は考えて胃に病気で目が覚めました。一般的には、自分自身について少しは良く感じていますが、内心はまだ自分の自尊心に疑問を持ち、自信の喪失に対処しています。あっという間に時間が過ぎていき、ジョギングやエクササイズを本当に楽しんでおり、柔らかい地面は膝に優しく、体調も良いです。ジョニー・クレイグは12時30分に家に来て、父と私をマーキストンハーツサポーターズクラブに連れて行き、いくつかの飲み物を飲んだ後、彼は私たちをキャリックノーの彼の家に連れて行き、そこで彼の妻マーゴと彼らの子供たちに会いました。お茶とスコーンは素晴らしかったですが、その後、Johnnyは14年物のスコッチウイスキーのボトルを開けました、父はそれを愛していました、私はそれほどではなく、ウイスキーファンでもありませんでし た。後で電話したドリーン、そしてそれが私の一日を作りました、彼女と話すのは本当に興奮しましたが、それは言葉で表現するのは難しいです。私たちはお互いをひどく恋しく思っていることに同意し、それは驚くことではありませんでした。家に帰ると、ジーンおばさんとデイビーおじさんが来ていて、二人ともとても元気そうで、明らかに私に会えてうれしそうでした。私は今日早くコニーマッキーンに電話し、彼女は彼女の母ベティが月曜日遅くに家にいるだろうと言った.テレビを見て、お父さんが私たちが見たすべてのショーを説明するのを聞いて、家で素敵な静かな夜を過ごした(怒りと欲求不満は、私の胃の中にゆっくりと消えているが、私は彼らの習慣のための余裕を作るこ とに順応する)。マーは立ち止まっていますが、寝ようとはしないので、午後11時に私がそうすることに決めました。

　11月1日(月)、午前8:00に公園でジョギングを始めて、ゆっくりとしたペースの生活を楽しみ始めますが、マとパパは私を喜ばせるために一生懸命努力しているので、ほとんど耐えられないので、私は何を言っているのか、何をしているのかを見なければなりません。午前10:00頃に家を出て、リースに買い物をしてから、11:30にローワット夫人を訪ねました。彼女の娘のエフィーが遊びに立ち寄り、私たちは1:00頃に出発しました。マとパパを「ThePersevere」パブにランチに連れて行ったとき、ウェイト　レスは金曜日の常連客であるベティとアレックス・ローを知っていました。

　昼食後、お父さんとお母さんをバスに乗せてから、イースターロードからリースストリート、ブリッジス、ハイストリート、ローンマーケットまでマウンドを下ってプリンセスストリートまで長い散歩をしました。本当に静かな時間が必要だったので、スティーブンソンドライブまで歩いて帰りました。

　落ち着くと、マーは本当に変わってしまい、一緒にいるのがとても難しい人で、常にパパを訂正したり、矛盾させたり、命令を出したり、永遠に私たちの時間を計画したり、ほとんどすべてに自分自身を巻き込んだりしていることに気づきました。私たちはちょうどバリーManilowTVスペシャルを見て、聞いて、マーとパパは4つの異なる議論を持っていた、時折彼らは敬意を持っていないように見える最近はお互いに、もしかしたら一人で大丈夫なのかもしれません。午後7時にベティ・ローに電話し、彼女はドイツから帰宅していましたが、非常に疲れていたので、ロン・フィリップスの両親が私たちの訪問先を見つけようとしていると言いました。

　哲学的な考えは「人生は絶え間ない障害物コースである」そして、人は他人、人々、そして自分自身に配慮してそれを乗り越えなければならない、私はかつて何年も前に言ったドリーンの妹ベティを思い出します「あなたは皆を喜ばせることはできませんが、あなたが自分自身を喜ばせることができれば、

あなたはそこに半分います」(ジムは再び非常にイライラし始めていました、なぜあなたがここにいるのかを思い出してみてください)。忍耐、理解、優しさ。今は午後11時30分で、母と父が立って寝ていたので、私はただ寝なければなりませんでしたが、諦めませんでした。今夜、私は彼ら二人を非常に近くで見ていました、彼らがテレビを見ているとき、たまにつかの間の幸せを奪う二人の古い孤独な人々、彼らは自分のやり方を持っていますが、「ただ時間をかけているだけ」に見えます。それは彼らが多くの友人を持っていない少し悲しいですが、それから彼らはそれを望んでいないようです、すぐに彼らは外に出ることができなくなるでしょう、それからどうしますか?彼らは、自分の子供や孫が彼らを訪問することができる短い瞬間だけ生きています、私たちは皆、彼らの祝福で巣を飛ばしましたが、彼らにとって何という代償でしょう。グランマ・ローは、彼女はとても幸運な老婆だと言っていますが、今では本当に理由がわかりました、ベティと彼女の子供たちは週に数回訪れ、エフィー(アレックスの妹)と彼女の子供たちは異なる日に訪れます(非常に重要)。

82年11月2日火曜日、早起きして本当によく眠り、良い休息をとった後、公園でジョギングした後、マと私はバスでベティーズに行き、午前10時30分に到着し、お茶とビスケットを飲みました。ベティと仲良くしていた、と彼女は大丈夫にやっていると夫アレックスを癌で失った後、再び主流に戻っているようです。彼女は、フィリスは、現時点ではかなり重いと彼女の生活のすべての変化で、少し種類から聞こえる、結婚し、ドイツに住んでいて、赤ちゃんを持っていることを愛しているが、彼女のサラジェーンの世話をしているすべての時間を費やしていると述べた夫ゲルハルト:sdismay。その後、ベティを去った後、私たちは家に帰る途中、63 StenhouseAveにある私の叔父ジョン・バーンズの家に立ち寄りました、彼はまだ82歳で強

く進んでいます、素敵な老紳士元パイプメジャーのロイヤルスコッツパイプバンド。

エディンバラの破壊行為とフーリガン行為のレベルの詳細証拠は、ベティ・ローの隣人が先週休憩し、これは過去3ヶ月で4番目になります。新聞は、失業と政府の浪費でいっぱいで、人々が仕事を見つけるインセンティブはないようです、2人の子供を持つ既婚男性は、働くよりも失業して稼ぎます。

ツイードサイドのICIは、何千人もの労働者に週141英ポンドを支払っているが、それは時代が良かったときに結ばれた雇用保障協定のために彼らを余剰人にするのではなく、むしろそうしている。

男性は「仕事」に出勤し、家に帰る時間までテレビを見たり、トランプをしたりします。デイリーエクスプレスの記事は、それをすべて「働くか働かないか?」、失業と社会保障が賃金を上回っていると述べました。2人の子供を持つ既婚男性は、より良い生活を送るために働くために週に132英国ポンド以上を稼ぐ必要があります。経済問題研究所は、政府が人々を仕事に戻すために、給付金を抑制し、減税すべきだと言っています。現在の社会政策は、労働へのインセンティブを減少させることにより、逆の経済効果をもたらしてきた。明らかな結果は、それ自体が増税の増加原因である社会的利益への依存を奨励し、払大し、払大することです。仕事からの生活水準は、「怠惰」からの生活水準よりも常に高くなるべきであり、これにより仕事のインセンティブが維持されます。

11月3日(水)に、昨夜の午後8時45分から今朝の午前11時30分まで寝ていたなんて、信じられますか?私の体重はまだ14st9lbs(205ポンド)の周りにぶら下がっていますが、ここで私の食生活を制御することはますます難しくなっています、マとパパはたくさん食べませんが、彼らは頻繁に食べるようです。

　朝はいつものようにジョギングをし、運動と自由に走ることを楽しみましたが、膝はまだ少し動いています。その後、父と私はキャリックノー経由でコーストフィンに散歩に行き、ドリーンが働いていたフィッシートンプの息子たちを彼に見せました(彼女のことが頭から離れないようです、彼女を見逃しているに違いないと思います)。父と数時間スヌーカーをした彼は、私が彼と冗談を言った「青春を過ごしたアニルの兆候」を本当に楽しんでおり、彼がバスで家に帰る前にオークインでスープとロールを食べ、私はグラスゴーロードとバルグリーンを経由して家に帰りました。お父さんのためのいくつかのオッズと終わりを拾った:supcoming　誕生日パーティー、例えば、プレイボーイ誌、葉巻、教師のハイランドクリームウイスキー、テナントラガーのいくつかの缶とおしっこゴルファーがお誕生日おめでとうと言っているバースデーケーキ。

　家に帰りながら歩き続けながら、エディンバラ(オールド・リーキー)は、湿った風の強い寒さ、住民、そして怠惰とほとんどが否定的な態度を助長しているように見える社会によって主に作り出された憂鬱な雰囲気の美しい都市についての私の認識を振り返りました。しかし、その先を見通すことができれば、自分自身に満足のいく生活を提供するために努力する本当に良い人々がいるはずです。私の両親は、変化せず、時代の流れに遅れずについて触れることを選んだようですが、家に帰るときにはドリーンと話し合わなければなりません。私もそう感じますし、ド　リーンと彼女の進化し続ける社会で時代の変化とともに変化し発展する可能性を抑え込みたくありません。私は新しいアイデアや、絶えず変化する社会的および国内のシーンをもっと受け入れる必要があります。また、人々に「自分のことをする」ことを任せ、「邪魔をしない」、または「求められない限り」アドバイスを提供しない方がやりがいがあることもわかっています。

　金曜の夜にエルトン・ジョンのコンサートを見に行くつもりなんだけど、ママとパパは「でも」をコントロールしようとしないでいるんだ。

　明日はお父さんの誕生日があり、金曜日はフィリップスを見ることができる唯一の日であり、妹のベティは金曜日に来ています、日曜日にベティLowを訪問する必要があります、私たちはポートベローにあなたを連れて行きたい、火曜日の「無料」の日、水曜日にタインキャッスルでハーツ対レンジャーズの試合、木曜日に「私たち」は誰ともあなたを共有していません、「それ以外はやりたいことをやればいい」とランチに出かけています。

　今、あなたの旅行の目的を思い出してみてくださいジムと:彼らが年をとっていることを忘れないでください、そして彼らにとってあなたは非常に特別です。

　11月4日(木)、午前中はジョギングをし、その後、父と母と私はダルリーロードのファインフェアストアで買い物をし、その後、クロックインにビールを飲み、一杯飲んで家に戻り、父が午後に眠れるようにしました(父の70歳の誕生日パーティーのために休息)。カナダではアランと呼ばれ、マとパパが挨拶をし、パーティーの前に午後遅くにビールを飲むために「ラッキーズ」に行きました。パーティーはうまくいき、ベティ・ロー、ジョニー・クレイグ、アンティ・ジーンとアンクル・デイビー、モイラとジョン・ロイ、リズとサンディ・マスタートンなど、誰もが現れて楽しい時間を過ごしているように見えました。素晴らしい時間にもかかわらず、私たちは父が翌朝話していた「昨夜、ジーンとデイビーがウイスキーのボトルを持って帰ったなんて信じられるか」と彼らはおそらく思った、なぜなら私たちは手元にたくさんの飲み物を持っていたからだと思った、それは本当に必要なかった。「まあまあ」そんな人生です。

　11月5日(金)午前9時頃に目が覚め、気分が良くなり、公園でジョギングをしたり、運動したり、家でコーヒーを飲んだり、

お父さんはあまり気分が良くなく、ただ飲みに行く「必要があった」のです（彼今ではそれの味があり、少し不快になり始めています）、マーは彼がこのポイントに達すると少し心配になります、彼女が主張する多くのことが起こります。ヘイマーケット・バーでビールを飲み、その後、エルトン・ジョン・コンサートのチケットを買うためにプレイハウスまで歩いて行き、歩いて家に帰りました。ベティ・ローは私と一緒にショーを見に行きました、そしてそれは素晴らしかったです、本当に彼女の会社を楽しんだ、そして彼女は明らかに彼女の夫アレックスを失うことについて「話す」必要がありました、そして私は聞きました、彼女は本当に彼を恋しく思っていますが、適応しようとしています。午後11時30分頃に61スティーブンソンに帰宅し、マーとブレーターを　し、その頃には父は寝ていて、それから「ベッドバイ」（ドリーンはどこにいるの?)に行きました。

　11月6日(土)、その土曜日の夜、私たちは非常に楽しい一日を過ごしました、私の膝が痛かったので朝のジョギングはありませんでした、マと私は食料品のためにゴージーロードに行きました、そしてそれからお父さんと私は妹のベティと彼女の子供たちを迎えにウェイバリーステーションに行きました。私たちはプリンセスストリートでいとこのアレックスフェルにぶつかり、パイントを飲みに行き、ニューカッスルからの電車からベティに会う前に、良いブレイザーと「数」のパイントを飲みました。コーヒーを飲みに行き、「オールド」の日々を思い出しながら大笑いしました。ベティ、アニタ、ポールと良い一日を過ごし、父はポールを連れてコーストフィンでスヌーカーをし、マ、ベティ、アニタ、そして私はソートンパークのローズガーデンに散歩に行きました。その日の遅く、父がスコッチに浸かっていたので、ベティとファミリーオフを駅に降ろしたが、一緒に行きたくなかったし、母も彼を一人で家に残すわけにはいかなかった!!ベティと家族が電車に乗っていたとき、アニタとポールは静かでしたが、私たちの感情を非常に

尊重してくれました。ローズストリートに沿って散歩に行き、いくつかのパブ(ディスコ)を訪れ、音楽は素晴らしく、午後8時頃にバスに乗り、午後9時までに家に帰ってテレビでスコットスポーツを見ました。

　11月7日(日)午前8時に起きて、公園でジョギングをし、サンデーポストとモーニングロールを拾いました。お父さんは今日本当に揺れています、私が彼に会った中で最悪のものです。マーは、彼が家で昨日のウイスキーのボトル全体を飲んでいたと主張し、おそらく土曜日の試合でさらにいくつかの飲み物を持っていた、彼女は彼に怒っている:彼はベティLow:sに行くことができない、彼女は彼を心配しているので、私は彼がベッドに戻って休むことを提案した　　(彼女は私が余分な飲酒への彼のパスポートだと思っているようだ、私の会社が大好きです)。マと私はベティに行った:彼はまだ彼をmadat、彼女は誰も彼女が"酒"のために長年にわたって経験したことを理解することはありませんが、彼は本当に良いこれらの10年間は、彼らが休暇中または私たちが彼を訪問するときを除いて、すぐに追加されます。いつ止まるべきかわからない、そして彼はトップを超えています。私たちはベティ・ローと彼女の家族と素敵な訪問をしました、彼女は素晴らしいホステス、スープとロールパン、そしてフィリスとゲルハルトが彼女と一緒にドイツから家に送ったフェルバッハからのバイキングランチとワインです。

　また、コニーのボーイフレンドのコリン、リズのボーイフレンドのポール、アランのガールフレンドのスーザン、グラニー・ロー、フィリップス、ドナルド、ジェニファーとその子供たち、さらにダグ・ストランと彼の娘にも会いました。ご想像の通り、満員御礼で、なぜ「ジョーディ」が一緒にいないのかを説明するのに苦労していたマーにとっては、少し圧倒されました。アランの自家製ビールのいくつかを試し、その後、ハリーフィリップスは、彼らが私たちの家を過ぎて行っていたので、

彼とベティの両方がまた、エジンバラでの私の時間の彼らの車の使用を提供したが、私は断った、これらの人々は確かに1つを特別な感じにする。家のための小包と贈り物は積み重なり始めています。

11月8日(月)、午前8時にアップ、14st8ポンド204ポンドは大丈夫、公園でジョギングし、その後午前10時に町に出て、午後1時にフレデリックストリートのビクトリアとアルバートでマとパパに会い、別々に買い物をした後。素敵なランチを食べて、午後2時30分頃に帰宅しました。クレイグ夫人を訪問し、息子のロバートと一緒に彼女の有名なジンジャーブレッドを食べた後、家に帰った、彼女は素晴らしい女性です。マアンド・ダッドは、来たる50周年について話し、また、彼らが何年も持っていたいくつかの保険をチェックしたいと思っていました。彼らは15の別々のポリシーを持っており、15の英国の費用がかかりますすべての保険契約の月の合計額は約1700ポンドで、現金化を提案しましたが、彼らはむしろそれらを保持すると感じました。ジョージとジェシー・リーは、私たちのチャットと約3時間滞在した後、後で訪問のために立ち寄った、私たちは良いbletherを持っていた、そしてジョージは私にウイスキーの12年前のボトルをくれた"グランツロイヤル"は、私の父の失望に私と一緒にカナダに持ち帰るために。

11月9日(火)、マとパパは人生の全体的な見通しにいくらかの改善を示しており、現時点では、彼らはよりリラックスして、お互いに少し良くなっているように見えます。昨夜11,30からガムまで眠　り、チャンピオンを感じて、クラモンドへのバスに飛び乗って散歩をし、アーモンド川に沿って滝まで歩き、さらに40分歩いてフェリーロードとクラモンドブリッグインで昼食をとりました。ベティ・ローに電話して、彼女は私たちに飲み物を飲みましたが、昼食を欲しがらなかったので、彼女はお茶のためにいくつかの魚を持ってきて、午後3時頃にスティーブンソンドライブに私たちを家に連れて行きました。ベティ

は、ドリーンのためにいくつかのクリスマスカードとカップ&ソーサーを持ってきていた、神のみぞ知る、私がカナダに家にこれらのすべてのものを持って行くつもりだ。他のナイトホームを持ち、おしゃべりとよりリラックスした雰囲気を楽しんでいますが、今では食事と酒を最小限に抑えようとしています。それは:今真夜中、私は素晴らしい気分で、頭がすっきりしていて、両親は幸せそうで、素晴らしい本を読んでベッドにオフですが、私の考えはドリーンとサーニアに帰ることです。実はワクワクしていて、何かが楽しみなんです。今、ある程度の楽観主義で未来に立ち向かう準備ができていると感じ、どんな状況でも対応できて、大丈夫です。

11月10日(水)、朝8時頃に目が覚め、気分が良く、夜中あまり起きていなかったので、居心地が良かったに違いありません。ジョギングをしたり、いつもの2倍の距離を走り、運動回数が2倍になったりしました。マーと私はゴージーの買い物に行きました-ポーラへの贈り物を手に入れるのを忘れていたので、運がなかったので、プリンセスストリートに行って何を見つけることができるかを見ることにしました。買い物をして、マアンドと一緒にホワイト・ケーケードでハーフパイントを飲み、午後1時までに帰宅しました。私たちは大笑いして、プレゼントを包もうとしました。マーは、サーニアに行くすべての贈り物のために別のバッグが必要かもしれないと決めました。

夕食をとった後、父と私はタインキャッスルでハーツVレンジャーズの試合を見に行き、バルグリーンに住んでいるハリー・バント(ドリーンの叔父)にぶつかり、その後、ストラットフォードバーにパイントを飲みに行きました。その日のうちにジミー・ホッグが予期せぬ訪問をしたのですが、残念ながらベラおばさんが今日の正午に亡くなっていたので、マーはとても動揺していました。彼女が落ち着きを取り戻した後、彼女は何年も会っていなかったので、先週の金曜日に私たちが彼女を訪ねることができてうれしかったです。葬式は土曜日に

行われる予定で、マーとパパは葬儀の手配がどうあるべきか
について健全な話し合いをしましたが、何が起こるべきかに
ついて意見が合わず、「まあ、そんな人生だ」と言いました。

　11月11日(木)、私はドリーンと弟アランからの郵便物で郵
便配達員の音に今日の午前9時に目を覚まし、私はドリーン
の手紙を読んだときにおしっこ挨拶を持っていた:それは明
らかであるように、彼女は私が彼女を恋しく思うのと同じくら
い私を恋しく思っています、私はなんて幸運な男です。挨拶の
後、私は公園でジョギングをしに行き、それから私は叔父のジ
ョン・バーンズに行き、ベラおばさんが亡くなったというニュ
ースを持って、私たちは大きなナポレオン・ブランディを持っ
ていて、過ぎ去った年月についておしゃべりしました。その後、
ママとパパと私はファインフェアの買い物に行き、ラッキーズ
バーに立ち寄ってバースデードリンクとランチをしました。彼
らはハンガリーのグーラッシュを持っていて、もちろんいくつ
かの「ニップ」があり、ジャンおばさんとデイビーおじさんが少
し遅れて私たちと一緒に飲み物を飲みに来ました。私たちは
素敵な訪問をし、物事についておしゃべりをしました、そして
彼らは将来、隔週火曜日にマーを訪ねることに決めました、私
はいくつかの進歩を思います。両親は今　頃、半分「チャウチ」
され、午後4時30分までに昼寝をする準備ができており、今夜
はジムを独り占めしたいので、訪問者がいないことを願って
いました。

　私はドリーンと子供たち(特にドリーン)に家に帰ることを
期待して自分の中の興奮を信じることができません私は再び
ママとパパを去ることについて残念に思うことを知っています
が、私たちは本当に良い3週間をお互いに過ごし、それから恩
恵を受けました(ドリーンは心理学者であるべきです)そして
私は今、全体的にずっと良く感じています。ティータイムに、ジ
ミー・ホッグから電話があり、来週の土曜日の葬儀の手配に
ついて連絡がありました。ママとパパは「休暇の終わり症候

群」の兆候を示していますが、ベラおばさんが亡くなり、私が家に帰ると、彼らは少し感傷的で感情的になっています。マーは今日、一日を楽しんでいて、ランチや飲み物を買うのはいい気分でしたが、とても疲れていて寝る準備ができています。ベティ・ローは、午後8時頃に数分間到着し、カナダ向けのギフトやカードも用意しました。

　父は、テレビを見て政治について「彼らがみんな間違っていることを知っている」(政治家たち)と言って、私を口論に巻き込みそうになりました。私は彼の狼狽にあまり反応しませんでした、いい感じに行くジムのグッドコントロール、私は家に帰る準備ができている必要があります。興味深い旅行で、私はそれに対してより良い気分になり、家に帰ったときには明確な心を持ち、私たちの将来に関するすべてのオプションを検討します。

　スコットランドから戻ったとき、私はより良い場所にいると感じ、愛する母と父と少し挑戦的ではあるが充実した時間を過ごし、人生の愛であるドリーンと私の家族に戻りました私の心の中で未来がより明確になったように見えました。基本的に、私が受け入れたこの主要なプロジェクトにこれ以上自分自身を捧げることができるものは何もないと感じました。私たちは、エチレン部門の監督者とその妻やパートナーと一緒に、チャタム・ウィールズ・インで3日間のセミナーをチャタム・ウィールズ・インで支援し、予算を組んで、ペトロサー工場で崩壊しつつある結婚生活を救おうと試みました(離婚率は70%、この規模のプロジェクトでは25%が普通で予想されているように見えました)。我々は、H.F.O.U(重油アップグレード)と呼ばれる今後の主要なプロジェクトのために、事前に雇用し、スタッフに私たちの経営陣を説得していた、その後、それはほぼ5000万ドルのカナダのドルをエンジニアリングに費やした後にキャンセルされた、未来は今、政府が私たちの現在の財政難の一部からペトロサールを救済しないだろうとして、暗い

見えていた。私と私の将来にとって決定的な要因となったのは、HFOUプロジェクトがキャンセルされたとき、私たち(ペトロサ ール社)が人員を「解雇」しなければならないと決定しなければならなかったときでした。

　私たちは「非組合」組織であり、他のサイトでの長期的な仕事をあきらめて参加した元の従業員の一部は、年功序列ではなく業績評価に基づいて解放されなければならない可能性があるため、この決定は容易ではありませんでした。私の直属の上司は、私が「誰を手放すか」の意思決定に関与する「必要があった」と私に言いました、私はただこれを行うことができないと言いました、そして私に与えられた選択肢は、あなたができないなら、私たちはあなたの現在のポジションに誰かを移動させなければならないということでした。私が考えることができたのは、最初にキャリアを放棄して入社した従業員とその家族が妥協する可能性があることでした。

　彼らがペトロサールの経営陣に提供した多くの素晴らしい「ツール」の1つは、Kepnor Tregoと呼ばれる Decision Analysis/Potential Problem Analysis/Problem Analysisメソッドでした。スコットランドから戻ったとき、近い将来「私たち」が何をすべきかについて決定を下すために、このツールを使うことに決めていました。ドリーンと私はこのプロセスを経て、驚いたことに、簡単な答えは、ペトロサールの別のポジション(要求が厳しくない)に応募するか、別の仕事を探すことでした。私はこれに飛びつき、再び中東の考えが頭に浮かびました、時が来たのでしょうか?ドリーンはこの時期に「快適な生活」を迎えていたのに、なぜ私たちは引っ越すのでしょうか?本当はサウジアラビアに行きたかったのですが、またしても「自分は頭がおかしいのか、それとも何なのか」と思いました。移動する種は植えられたように見えましたが、どこに?ドリーンは明らかにイライラしていました、彼女は本当に彼女の人生の良い場所にいたからです。

　私の父の言葉を引用すると、「そもそも、妻がすでにカナダに来ることをあきらめているのに、なぜあなたはサウジアラビアに行くことを考えるのですか。そもそも、あなたは妻に大きな借りがあります」。その後の数年間で、彼女はサウジアラビア、オーストラリア、韓国、そしてジプシーの夫と一緒に日本に移り住み、さらに多くの犠牲を払った。

　ペトロサールは、1982年後半にレイオフを進めることを決定したが、ほとんどの従業員にかなり寛大な出口パッケージを提供した、明らかに私はこのアプローチに同意しませんでした"優秀な労働者"がパッケージを取り、実行するように奨励していたので、私の完全性と原則は危険にさらされており、妥協していなかったので、私は使用されていた権威主義的アプローチを拒否し、出口パッケージを取るために「しない」と決定しましたが、で進むでしょう最も早い機会。(非常に高価な決定は、多くのドリーンの失望に。

　私が生活に秩序を取り戻すためには「変化」が必要だと判断したため、私たちの家族は少し混乱していましたが、これがドリーン、ジェフ、マイク、エレインにどのような影響を与えるのでしょうか。私たちはキッチンテーブルを囲んで数ヶ月を過ごし、いくつかのオプションの長所と短所について話し合いましたが、私はサウジが最善の選択肢であると決意し、子供たちはそれで人丈夫そうでした、そしてドリーンは私をリポートする準備ができていました-決定が何であれ。

　私は1983年の初めにオレフィン部門の生産監督として最善を尽くし続け、この役職に非常に誇りに思っていましたが、ドリーン、そして私は自分の頭を水面上に保つのに苦労していることを認識していましたが、工場はうまく運営されており、最高品質の製品を作っていました。私たちの社会生活は、厳しい仕事量を伴う家族生活とともに、今や影響を受けていました。

そこで私は、1983年初春の中東ニュースレターで特定された機会に応えることに決めました。83年5月15日頃、テキサス州ヒューストンで人事コンサルタントをしていたエド・エヴォラから、サウジアラビアのアル・ジュバイルでSADAF(シェルのアラビア語名)という石油化学会社を設立したことについて電話がありました。アル・ジュバイルはサウジアラビアのアラビア湾側にある小さな漁村だった「興味があったのか?」

プロジェクト

シェル石油/サウジコンビナート509%/50%
工場を建設するフロー株式会社
コミュニティを構築するベクテルプラントコンプレックス/エチレン他4基寛大な給与/福利厚生/住宅の提供
高成長エリア、多くの機会
30日間の年次休暇/サーニアまたはその他に支払われた運賃
4週間以内にオファーをご連絡いたします
監督職、昇進の可能性あり

ドリーンとの話し合いの後、私は応答し、私たちは興味を持っていたと言いました、"サウジアドベンチャー"が現実になろうとしていた、今、私は元引用され、再び未来を楽しみにしています、ドリーンはまだこのすべてについて確信が持てません。

バルキモア10

サウジアラビアの冒険、1983-1988

4週間以内にエボラ出血熱から、7月上旬にイン・オン・ザ・ブリッジ(ポートヒューロン)で開催されるプロジェクトとインタビューの日程に関する詳細情報が届きました。私たちは7月6日に、すでにSADAFに雇われていたアミン・アル・シュバール氏と他のエンジニアによる面接を受けることになっていました。ドリーンと私は別のケプノール・トレゴのエクササイズを行い、これは素晴らしい機会になる可能性があると結論付け、さらに追求することにしました。目標、早期退職、一緒に時間を過ごす余裕があり、楽しむことができるだけでなく、現在の高い生活水準で自分自身の利益を維持することもできる。基本的には「人生を楽しむ」一方で、「今」はできる。

面接はうまくいき、83年7月26日にサウジ石油化学会社とエンジニアリング組織(SADAF)のオペレーション・スーパーバイザーのオファーを受けました。

給与は非常に寛大でしたアメリカの$sと車の手当、良いベネフィット、輸送/梱包/保管および移転手当のための寛大

な手当。住居が提供され、彼は年に2回、家に帰る、または目的地を選んだ有給旅行で30日間の年次休暇を確認しました。

このオファーは、エイズ検査、ビザの取得、サウジアラビアの居住許可証の取得など、健康診断の成功を条件としていました。

83年7月31日頃、ドリーンと私はなぜ?そして、なぜそうしないのですか?それでも少し不安ですが、ゆっくりと、さまざまな理由で私たち二人にとって「変化」が必要になるかもしれないという事実を受け入れる立場に到達しています。また、財務分析を行い、この機会を真剣に検討することが非常に有益であると結論付けましたが、長期的な影響についてはまだあまり明確ではありませんでした。

金銭的なインセンティブは、より高い収入、カナダで2年間の非居住を宣言した場合の所得税なし、米ドルの給与(当時のカナダドルに対して+ 20%)、無料の住宅、すべての公共料金の支払い、車の手当、配送および保管の手当、(非常に魅力的)。

デトロイト1-713-241-04508月9日にドリスシューメーカーと呼ばれる彼女は口頭でOKを与え、より多くの情報と契約を喜ばせるために。私たちは、家、車、ジェフのステータス、マイクのステータス、エレインがブロック大学まで私たちの家に滞在すること、私たちの将来などに関し て、この同じ日に別の家族の話し合いを手配しました。そして、海外進出を真剣に考えるべきだという結論に至りました。キッチンテーブルを回った投票は5対0で終了しました。子供たちの 一部:応答は、良い挑戦、冒険、世界を見る、おそらく早期に引退する、それのために行く、ママについての懸念、あなたが恋しくなる、それがあなたの決定である手がかりを持っていない。

8月12日、私たちは旧友のジョージ・ダシーに連絡を取りました。彼はたまたまここサーニアの別荘にいて、アル・ジュバイル近くのダーランにあるアラムコで働いていました。

　彼のコメントは、その地域の生活と労働条件について非常に好意的であり、福利厚生と報酬は素晴らしく、彼と彼の妻の両方が旅行して世界を見る機会を本当に楽しんでいました。彼の別れの言葉は、彼らの経験に基づいて、「カルチャーショックの後、君はそれを気に入るはずだ」というもので、「カルチャーショック」についての注意喚起は、今後数ヶ月で明らかになるので、かなり深遠なものでした。

　その頃には、エド・エヴォラから手紙が届いていて、口頭で雇用のオファーが確定していて、できるだけ早く受け入れるかどうかを聞きたいと書かれていました。私たちは、ハウスステータス、所得税、非居住問題についてのアドバイスを求めて、公認会計士に会いに行きました。私たちは彼が処理する非居住のためのフォームに記入し、所得税の目的で承認書に署名し、彼は私たちの1982年の納税申告書のコピーに加えて、1983年の収益と私たちの銀行口座で稼いだ利息のためのペトロサールの給与計算からの手紙が必要になると言いました。

　物事は今、本当に速く起こり始めていて、私は実際にデトロイトのニック・リーブスから電話を受けました、ドリーンと10月2日から7日までの1週間のオリエンテーションセッションのために設定されました、ワシントンのBCIU研究所で、その後10月8日にサウジアラビアに向けて出発します、そして私はまだ見ていませんでした：まだ契約に署名していませんでした。

　ドリス・シューメーカーと呼ばれていましたが、彼女は8月29日まで休暇中でした。彼女のオフィスは、契約とサウジアラビアへの転送に関する情報を含むパッケージを心配しないと述べた。

　8月24日にようやく契約書を受け取り、署名して承認とすべての医療情報を返送する必要がありますが、書類作成の遅れについて少し緊張していました。すぐにペトロサールの辞表を起草する必要がありますすごい。

8月30日にサダフから、労働許可証/居住チェックリスト、経歴書、ビザ申請書、Alジュベイルでの生活に関するパンフレットを含む情報パッケージを受け取りました。

8月31日、まだ私たちが下した「最終」決定ではありませんが、私はドリス・シューメーカーに電話して、私が医療を受け、ドリーンが9月に彼女のために来る予定であることを彼女に伝えました。また、ワシントンの BCIU (Business Council for International Understanding) Instituteでの10月7日と10月7日まで、まだやるべきことすべてに厳しく対処し、BCIUでの10月16日1日の開始日を再要求することを彼女に伝えました。また、可能であれば、ドリーンと私は、BCIUの後に家族や友人に会うためにスコットランドに1週間立ち寄り、ダーランに進むように要求しましたが、プラントがまだ建設中であるため、1週間や2週間遅れて到着しても大きな違いがあるとは思えませんでした。彼女はロジャー・スルリバン(シェル・アンド・サダフ・プロジェクトのプラント・マネージャー)に連絡して承認を得る必要がありましたが、それを行いました。そして、私たちはOKを得ました。この感情的なプロセスの間にドリーンが経験していた混乱を想像してみてください、私が今振り返ったとき、彼女はこの動きを考えただけでトールメダルを得るべきです。

私たちはSadafから、サーニアで30枚のパスポート写真が必要だと言われました(エリオット・クロケットに連絡し、3oの写真を撮るように手配しました)、私のカナダのパスポートは現在処理されていました、ドリーンは申請し、辛抱強く英国のパスポートを待っていました(最終的に9月28日にそれを受け取りました)私たちはまた、すぐにディクソンヴァンラインに連絡する必要があります私たちの配送手配について。私たちは風に吹かれた木の葉のように運ばれていったようでした。まだ決定に苦労している、私たち二人はイエスと言ったが、それ

にもかかわらず「腸が痛む」にもかかわらず、:まだ紙にペンを置いていません。主な懸念事項は?すべてがそう見えます。

　ドリーンは今、カナダで素晴らしい生活をしており、ジムは彼が夢見ていただけの地位を放棄しました。ヒューストンから届いた情報パッケージを精査し始めたところ、控えめに言っても「圧倒される」ように見えました。

- ✿ 　オリエンテーションとウェリントンホテルのBCIUへの日付への手紙
- ✿ 　アルジュバイル情報への転送
- ✿ 　黄色の労働許可/居住チェックリスト
- ✿ 　外国人従業員の経歴データ
- ✿ 　テキサス州ヒューストンの写真住所
- ✿ 　アル・ジュバイルで利用可能な車のリスト
- ✿ 　個人の自動車ローン情報
- ✿ 　国際運転免許証に関する情報
- ✿ 　オフィスの出荷情報
- ✿ 　提供された住宅で利用可能だった家具
- ✿ 　アルジュバイルの本での生活。
- ✿ 　役立つアドバイスが記載された手紙

　私たちにはまだ考慮すべきことがたくさんありましたが、特に「オファー」にすぐに署名し、ペトロサールに辞表を送ることでした。

　83年9月3日(日)までに、すべての情報は今や私たちの手の中にありましたが、まだ悪夢にうなされ、何が正しいのかを理解しようとしていますか?私は本当に行きたかった、ドリーンは私を支えてくれるでしょう、しかし私はなぜか怖いです。なぜでしょうか。神経質なのかもしれません。とにかく、私たちは次の週に「必要だった」すべての暫定的なスケジュールを設定し、z契約に署名し、必要なすべての書類を83年9月7日木

曜日までにヒューストンに返送しました。しかし、いくつかの小さな問題はまだ解決しなければなりませんでした。

9月8日にドリス・シューメーカーから電話があり、提案された旅行日とアル・ジュバイルでの予定日 (11月6日)についての説明を受けました。私たちは暫定的に、10月10日木曜日にテキサス州ヒューストンを出発し、ワシントンに向けて10月23日から10月28日までBCIUインスティテュートオリエンテーションに出席し、ウェリントンホテルに滞在し、10月29日から11月5日までスコットランドに向けて出発し、アムステルダム経由でサウジアラビアのダーラン空港に出発し、そこでサダフの職員に会い、非常に豪華なダーランホテルにエスコートする予定でした。ドリスはまた、医療および歯科保険の未婚の扶養家族としてのエレインの地位を追求していましたが、どうやら私たちのジェフとマイクは、サダフ(現在のようにサウジアラビアの石油化学製品)による給付保険を受けるには年を取りすぎていました。

9月14日に辞表の草案を準備し始め、ペトロサールに1ヶ月の通知を与えるつもりですが、まだ私の手には「契約」がありませんでした。完成した手紙は、数日後に当時の上司であるレイ・アルセノーに届けられましたが、ペトロサールや他の組織の両方で私の将来の選択肢について多くの長い議論をしていたので、彼にとっては驚くことではありませんでした。ディクソンヴァンラインズは、最終的に私たちに航空、海上輸送、保管コストの大まかな見積もりを連絡し、これらの費用がSadafによってカバーされていたことに感謝し、我々は出荷する"もの"のポンドについて持っていた。すでにアル・ジュバに到着した友人から何通かの手紙を受け取り、彼らはコミュニティについて、到着後の気持ちや建設現場で現在何に関わっているかなど、非常に興味深いコメントをもらっていました。

一方、サーニアでの生活は続いており、やや混沌としているにもかかわらず、多くの友人はまだ信じられませんでした。

ペギーとフィル・タマーは、私たちの小さなゴルフグループの
ために持ち寄りの夕食を手配してくれましたが、ほとんどが古
いサッカーグループの人々や仲間たちで、それが数人になる
とは知らなかったのです出発の数週間前、私たちはとにかく
素晴らしい夜を過ごしました、私が付け加えるかもしれない
かなり感情的な夜。なぜ私たちは去るのか、彼らの口にはた
くさん出ていた。

　このドリーンが航空便と海上輸送の項目別リストを含む
パッケージとボックスを準備し始めた直後、私たちは「貴重で
必要なもの」を空路で送り、それ以外はすべて海路で送るこ
とにしました。アブドゥラ・アル・アンウェイ(サダフの清算代理
店)とアブドゥル・カリム・アル・デルウェシュ(サダフの購買代
理店)からの再発送の電話がたくさんかかってきます。私たち
の「もの」が運ばれてきたときに彼らに知らせるべきです、信
じられますか?

　何人かの人々が、当時の最先端であった比較的新しい
K-Carに興味を示し、小さいながらも効率的で、評価を受け、
サーニアを去ったときには2人が買いたいと言っていました。
ジェシーとアレックス・マッケイの2人は、その時最も興味を示
しました。

　9月21日水曜日、ヒューストンのメアリー・アン・ロジャース
から電話があり、彼らが手配の最終決定に取り組んでおり、10
月20日にヒューストンから誰かを派遣することを検討してい
るというものでした。彼らの意図は、可能であればドリーンと
私をサーニアからワシントンまで一緒に飛ばし、10月22日土
曜日にワシントンに滞在し、10月23日のBCIUオリエンテーシ
ョンセッションに参加することだと彼女は言いました。これに
加えて、ナシュワ氏?オリエンテーションの後、エジンバラ/プレ
ストウィックへの旅行を確保し、その後11月6日のサウジアラ
ビアへの旅行が中止されたことを確認しようとしていました。

今では、私たちは両方とも基本的にバスケットケースでしたが、できる限り物事を移動させ、ドリーンは彼女の効率的な方法でアイテムを梱包し、リストアップし続けました、言うまでもなく、私たちの地下室はどこにでも物が揃った水田の市場のように見えました。配送許容量内に収まることを願っていますか?

私たちの提案を聞いた多くの人々が「冒険」から電話があり、「海外で働くこと」に興味があることを話してくれるかどうか尋ねられました。私たちは彼らに書類仕事に埋もれていて、将来いつか彼らに戻ることを伝えなければなりませんでしたが、リストを保持し、もしそこにたどり着くことがあれば、彼らに連絡して、現在接していた私たちの経験を共有するべきだと思いました。」悪夢」。

9月27日火曜日/83、ディクソンヴァンラインズは794パインビューの私たちの家に代表者を送りました、彼らはまだ私たちのために出荷の手配を最終決定しようとしていました。予想以上にコストがかかりそうですね(驚き、驚き)。私たちは彼らに、価格に関係なく私たちが行くので、合意された取り決めを進めるように言いました、そしてサダフは彼らが発生した追加費用を拾うと言いました。

ペトロサーのオレフィン部門の部門アソシエイト(秘書)であるドナ・バークレーは、27日にドリーンと私を同僚との夕食に招待し、レディースブリッジグループは翌日の昼食にドリーンを連れて行き、彼女に美しいロイヤルドルトンの置物をプレゼントしました。

私たちは座って、社交イベントのスケジュールを準備する必要がありました。誰もが私たちをスタイリッシュに見送りたいと思っていたようです。

- ✿　9月22日モイラとブライアンのディナー
- ✿　9月24日 ゴルフ&ディナー
- ✿　9月27日 ドナの夕食

- ✿ 10月1日ロンとアイリーンのディナー10月4日シフトリーダーズパーティー
- ✿ 10月7日 Marg:sレセプション
- ✿ 10月8日アランとヘレンの夕食
- ✿ 10月9日感謝祭/クリスマス前のディナー(家族)
- ✿ 10月14日、ジムとガスホートンのパーティー/ロースト(オペレーターはサダフに行く)
- ✿ 10月15日 SGCCにて懇親会

これらすべてに加えて、ドリーンと彼女の個人的な友人のための他のランチとディナーのリスト。

9月28日(木)、パニックステーションが始まり、「もしも」、私たちの家の使用が悪用され、私たちが留守中に794パインビューの家にいる家族、例えばマイク、エレイン、そしておそらくジェフに影響を与えていると考えています。ドリーンは今ストレスを感じており、煙道、深夜、恐怖、興奮、その他すべてのために少し落ち込んでいます、「ジムとドリーン頑張ってください」。

ワシントンでのBCIUオリエンテーションコースの最終的な詳細を受け取り、非常に忙しく長く厳しい6日間のように見えますが、10月28日金曜日に予定通りスコットランドに向けて出発できることを願っています。

パッキングは続きます、"良い神様"私たちは本当にサウジアラビアで日々の生活にどれくらい必要ですか。ドリーンは彼女の「最後の」女性の月例会議にしばらくの間彼女の妹アイリーンの家で出席しました、明らかにその夜はたくさんの感情がありました。

10月6日(木)ディクソン・ヴァン・ラインズが家に来て、私たちの航空便と海上貨物の保管のために梱包し、再移動しました。私たちは、サウジ石油化学株式会社から約5,000米ドルの

小切手を受け取りました。これは、移転と配送手当をカバーするためです。

　私たちの新しい住所は、c/oSaudi　Petrochemicals,　PO Box 363, Madinat, AlJubail, Al Sinaiyah, Kingdom of Saudi Arabia になる予定でした。

　10月中旬の「最後の」家族会議に出席するように子供たちに頼みました私たちが不在のときの手配/問題、私たちが話し合ったいくつかの項目について。

- ✿　食品、週$zo人を想定しています。
- ✿　請求書、私たちのアカウントから支払われる(会計士になるエレイン)・メンテナンス、ジェフ/マイクまたは呼び出しアランおじさんまたはロンおじさん・ハウス、$zoo毎月会計に取り組んでいる場合。
- ✿　WASH、責任の共有
- ✿　訪問者、裁量と制御を使用し、必要に応じてアランおじさんに電話してください
- ✿　輸送、お互いを助けます。
- ✿　料理、責任の共有
- ✿　緊急時には電話1本で対応可能です:033415490。

　ペトロサーでの移行は、これらすべての活動の間も続き、非常に有能なイギリス人であるボブ・ハーウッドが私のオレフィン生産監督官の地位を引き継ぐために選ばれました。

　10月14日にフロントストリートのリージョンホールでガスホートンとジムカリーの送別会/ローストを発表するポスターが職場に掲示され、楽しい夜になることを約束しました。

　10月11日に、カナダ歳入庁から非居住資格の確認を受け取りました、これは重要なマイルストーンでした。これは、海外での収益に対してカナダ所得税を支払う必要がなくなりましたが、一時的にカナダへのすべての関係を厳しくする必要が

あります。10月17日に公認会計士のボ ブ・ハッシーに会い、非居住問題、銀行勘定、RRSP:の固定資産税、その他の事業を含む他の重要な事業を締結する手配をしました。

ヒューストンのサダフオフィスのメアリー・アン・ロジャースから電話があり、10月19日と20日にヒューストンに飛ぶための日付を確認し、ついに「サインオン」しました。宿泊施設はダウンタウンシェラトンで手配され、20日の午前7時15分までにシェルプラザサダフオフィスに報告するように手配されていました。復路のフライトは、20日の16:00にヒューストンを出発し、23:30にサーニアに到着し、ピッツバーグとトロントに停車し、忙しい2日間になることが約束されています。

物事が本当に起こり始めていたとき、同じくヒューストンオフィスのナシュワ氏からの電話で、サーニアからワシントン(トロント経由)、ワシントンからエジンバラ(ヒースロー経由)、そしてエジンバラからロンドンに戻り、ダーランへのフライトの手配がすべて予約され、確認されたことになりました。ナシュワ氏は、超過手荷物は110ポンドを超えてはならないと述べ、私たちは2つの手荷物を許可され、すべての領収書を保管することが許されました。

ペトロサールでの最後の仕事の日は10月14日で、私にとっては素晴らしい人生経験だったので、非常に感情的な経験でしたが、他の課題に進む準備ができていたのだと思います。工場管理チームは、サーニアゴルフアンドカーリングクラブ(SGCC)での昼食に私を連れて行き、そこでの私の組織への貢献に対していくつかの素晴らしい瞬間と賛辞を受け取りました。

その後、その日の午後7時頃、従業員はSar-nia Legion Hallでガスと私のための Fabulous Farewellパーティー/ローストであることが判明したものを手配しました、私たちは両方ともいくつかの素敵な贈り物と私たちの成功と失敗の完全な「トロフィー」を受け取りました。私は、建設段階の初期に関わっ

た事件の1つを記念して、炉#2からのレフラバルブのレプリカを大切にします。ドリーンと私、そしてペトロサールの友人たち全員にとって、素晴らしく思い出に残る夜となりました。

10月18日火曜日、私たちはK-Carをジェシーとアレックス・マッケイに売り、いくつかの小さな問題を抱えていましたが、それが解決し、彼らが私たちが出発する日まで車を保管すること を許可してくれました。兄のアラン、ブライアン・スポワート、そしてヒューロン・オークスでもう一人の友人とゴルフをした後、ロンドン・ロードのザ・スノーバーズというパブでお別れのドリンクを飲み、そこでアランの他の友人たちに会い、本当に楽しい時間を過ごしました。

10月19日(水)は、ヒューストン、サミア、トロント、シカゴ、そしてヒューストンへの旅行、現地時間午後13時40分に到着し、ビールを飲みながら買い物をしました。夕食は午後18時30分に手配され、おいしい食事をしてから、朝6時30分に早起きするために寝ます。

10月20日木曜日の午前6時30分に起きてシェルプラザサダフオフィスに向かい、「サインオン」DorisShoemakerは新入社員の包括的なリストを通過しました。

- ✿　会社の福利厚生、給与管理
- ✿　勤務時間(金曜と土曜の週末?貯蓄プラン
- ✿　医療および健康プランの病気手当
- ✿　不自由
- ✿　退職金賞
- ✿　経費手当、移転手当
- ✿　実践と前提条件

その後、彼女は私たちにワシントンのための1137ドルの米国ドルの経費手当小切手と、アルジュベイルへの到着のための1000ドルの米国別の小切手を渡しました、寛大または何

ですが、再びあなたが領収書を取得することを確認してください。

　ジョー・カーシオラという名の男が、シェル・オイル(サダフ)のオリエンテーション・セッションを、主にベクテル・コンストラクションと行う短いオリエンテーション・セッションを行いました。ベクテル・コンストラクションは、主要な石油化学コンビナートの建設を主な契約とし、下請け業者のフルー・コンストラクションからのサポートも受けていました。その後、彼は「富は神のものだから、各人が共有すべきだ」というコメントをし、次に「同一労働同一賃金」(女性?)と言ったが、私たちがどこに向かっているのかを考えると奇妙なコメントだった。それから彼は「家族の混乱を許さないでください」と言い、続いて「変化は避けられません」、そして最後に「写真を撮ることに注意してください。この文化では非常に制限的です」と言いました。

　その後、彼は安全と健康の問題に触れ、建設現場で入手可能な機器について議論しました。その後まもなく、私たちは短い休憩を取り、契約書に署名し、すぐにワシントンDCに向けて「多分」出発する予定だったので、サーニアに帰る時間になりました。

　翌日すべてがうまくいけば、私たちはすぐにワシントンDCのアメリカン大学の一部であるBCIUインスティテュート(3301, New Mexico,Ave NW)に出発することになっていたが、それはパスポート、ビザ、その他すべての書類がサーニアに到着した場合に限られることだった。

　10月21日(金)、ドリーンの誕生日です!パニックステーション、ビザもパスポートもなく、ただぶらぶらしているのではなく、いくつかの請求書や銀行の世話をし、私たちは皆、行く準備ができていましたが、時間が足りないという感じがしました。私たちは、23歳の誕生日を祝う妹のモイラ、エレイン、カレンと一緒に出かけていた双子の「ドリーンとアイリーン」と一

緒に家で飲みました。私たちはまだ午後4時までにビザやパスポートを持っていなかったので、ヒューストンのミッキー・リーブスに連絡し、彼女はTNTスカイパックス社が今日遅くに荷物を配達し、私に彼らの電話#を与えたと主張しています。「Inshallah」または「Godwilling」は英語で見つけました。

　その夜はエレイン、ジェフ、ポーラが用意した美しい夕食をとり、夕方にはたくさんの電話や訪問者がいて、その夜の午後11時30分にすべての書類が入った「パッケージ」を受け取り、すべての旅行の手配が確認され、「行く準備ができた」と言いました。

　サーニアからのフライトは10月22日(土)の午前6時50分に出発し、トロントに飛び、次にバッファローに飛び、午後13時50分にワシントンDCに到着しました。それは最も美しい、日、晴れて暖かい、私たちはエレインの別れの手紙を読んだ後、私たちはおしっこを泣いていた：昨夜は私たち全員にとって非常に感情的な経験だった、今、私たちは誰が何を知っているかに私たちの道にあった。この3ヶ月は、午後遅くにようやく私たちと釣り合ったので、ホテルで夕食をとる前に昼寝をし、テレビで映画を見て、またクラッシュしました。

　10月23日(日)。ぐっすり眠った後、ガムについて目が覚めたところ、外は土砂降りの雨が降っていました、うーん、不吉！今日は、BCIUインスティテュートでアラビア語の指導、1日4時間の基本言語、カルチャーショック、中東の伝統、到着時に何を期待するか、そして「ローマ人がするようにローマで行動するとき」の哲学のようなもので行動する方法から始めます。

　今夜遅くにエレインに電話する予定で、彼女はフライトと私たちの一日がどうだったか心配し、心配しているでしょう。彼女はまもなくブロック大学に向かいます。彼女はどのように変化を管理するのでしょうか？

　BCIUでの平日は非常に忙しく厳しいスケジュールで、非常にエキゾチックなレストランで素敵な食事をしましたが、私

たちの日は非常に長くて疲れました、毎日4時間のアラビア語とさらに6～8時間の「伝統と文化オリエンテーション」は、仕事中に多くの休憩があったにもかかわらず、私たち全員にとって少し多かったです。10月28日(金)までにBCIUでかなり全滅し、インストラクターや参加者とお別れをした後、ダレス国際空港に向かい、午後9時45分にロンドンのヒースロー空港に向かい、その後、エジンバラのターンハウス空港に乗り換えて10月29日の午前10時40分に到着しましたベティ・ロー・ドリーンの妹がターンハウス空港で私たちを迎えに行き、61スティーブンソンドライブのマとパパの家で私を降ろし、ドリーンをバーントンの彼女の家に連れて帰りました。良いblether父と私はタインキャッスルに行って、ハーツがセントジョンストンをプレーするのを見に行きました(マーはあまり幸せではありません)、フットボールの試合でパイとパイントを飲み、その後家に帰って真夜中までおしゃべりをして夜を過ごしました、今私は本当にナツツしています。日曜日には、私たちは皆、ベティ・ローの家に招待され、豪華なディナーをし、全員の家族に会いましたドリーンの家族、午後9時30分までに家に帰り、疲れながらも幸せで、BCIUの週からゆっくりと回復していました。マとパパ、そしてマクファーレン家の何人かと一緒に見ることができて、とても良かったです。

　スコットランドのエジンバラで過ごした数日間は短くて甘かったのですが、すぐに再び空港に向かっていました、涙を流す感情的な歓声、ただあなたの心を引き裂くだけです、そしてすぐに私たちは11月5日土曜日にロンドンへ向かい、その後ダーラン空港に向かいました。そこで22時10分に到着しました。サウジ航空のフライトは非常に良かった(しかし、明らかに酒を飲んでいた)し、私たちは比較的速く税関を通過しました。スコットランドでは非常に忙しい一週間を過ごしましたが、今朝出発したとき、母と父が挨拶をしたにもかかわらず、彼らは私たちのこ　とを喜んでくれました。そして、私たちがサ

ウジアラビアから休暇で帰国したときには、年に2回も会える
かもしれないという事実を。私たちの荷物はたまたまロンド
ンで太りすぎで、余分な荷物のために281英国ポンドを支払
わなければなりませんでした、ありがたいことにサダフがタブ
を拾ってくれました。ダーランに到着したときの気温は23℃
で蒸し暑かったです。

　空港はとても忙しく、すぐに暖かく湿度の高い雰囲気の影
響を感じ、少し疲れて不機嫌になり、同じサイズのライフルを
持ったたくさんのサウジアラビア兵に牛のように税関とセキ
ュリティに　　向かって群れをなしていました。私たちのほとん
どは、かなり集中的な精査のために荷物を開けなければなら
ず、彼らが自分たちの文化に疑問を持っていると感じたもの
はすべてすぐに没収され、二度と見られないように、議論の
余地はありませんでした。私たちは、長いカウンター全体に散
らばった不完全な乱れのままになっているすべてのケースを
再梱包しなければなりませんでした。

　空港の外には、空港から非常にエキゾチックなダーラン・
インターナショナル・ホテルまで私たちを送迎するために、メ
ルセデス・ベンツのタクシーが列をなしていました。まさに雄
大な美しさで、私たちは一晩滞在し、朝にアル・ジュバイルに
移動することになっていました。私たちは、サーニアのペトロ
サールで働いていた数人を含む、何人かのニューサダフのス
タッフ従業員に会い、私たちは誰が数日間私たちの面倒を見
てくれるかをよく知っていました。

　ホテルで素晴らしい夜を過ごし、素晴らしい部屋、素晴ら
しい食事、素敵な朝食、そしてたくさんの「ソフト」ドリンクを
飲みました!(何ヶ月もアルコールを飲まないでください)そし
て、朝に目的地に向かって北に向かう前に、ぐっすり眠るため
にベッドに入ります、これは何をもたらしますか?

　11月6日(日)、私たちはホテルでぐっすり眠り(基本的に疲
れ果てた)、本当に素敵な朝食をとった、そしてあなたがそれ

を知る前に、古い黄色のスクールバスが現れ、すべての荷物と荷物を積み込み始めたいくつかのだらしない地元の人々のための2つの古い探しのトラック、私のすぐに思ったのは「私たちは二度と私たちの荷物を見ることができるのだろうか」でした。それで、午前11:00過ぎに出発し、約90km先のアルジュバイルに向かいました。それは暑いでこぼこの乗り物といくつかの興味深い光景で、道路上の　malessquattingが自分自身を緩和し(慣習的)、車の残骸は道路のほとんどすべてのマイルを横に押し上げられ(慣習的)、そしてほとんどがメルセデスベンツの車が彼らが時速120kmで高速道路と呼んだものを飛んでいきました。私たちは本当に「私たちは何をしてしまったのだろう」と再び疑問に思い始めました。

　アル・ジュバイル・ホテルで、ウォルター・ハーバック(シェル石油の監督)と、ペトロサーで数年間私の上司だったトム・ヒューズが出迎えてくれました。ドリーンはホテルで午後を過ごし、私は工場に連れて行かれてすぐに訪問しました。アル・ジュバイル・ホテルは小さいながらも快適で、私たちの家はまだ準備ができていなかったので、かつて漁村だった場所の市場(スーク)近くのダウンタウンのホテルで、彼らが思っているよりも長く過ごすことになりました。車が毎日ホテルまで迎えに来て、工場現場まで連れて行ってくれて、数週間夜に私たちを連れ戻す計画でしたが、工場はまだ建設段階にありました。

　私たちは、ヒューストンのシェルオイルから、試運転とスタートアップの間に新しいプラントでエチレン(オレフィン)マネージャーになるロジャー・サリバンに会い、彼は私たちが会社の福利厚生手当で自分の車を購入するように手配できるまで、1ヶ月間会社の車を提供すると言いました。基本的に、サダフは、すべての道路/公共施設/ショッピング施設とレクリエーション施設を備えた村を建設しました。アル・ジュバイルは古い漁村でしたが、石油化学プロジェクトに関連する非常に

大きな原油タンカーやその他の船舶を収容するために近代的な商業港に改装されていました。ロジャーは私たちに、翌朝7時までに働くサウジアラビア石油化学工場（サダフ）に出頭し、従業員関係部の「サウド」という名前の紳士に会いに行くように頼みました。

　ドリーンはアルジュバイルホテルで「大丈夫」を管理していましたが、おそらくまだ彼女を襲ったのか疑問に思っている、彼女は到着した他の女性の一部に会い、Hotel.Allでの最大滞在を最大限に活用していました私たちの費用はホテルでカバーされていました、すべての領収書を追跡してください。私たちは、外国人は通常「私たちは滞在しない」複合施設に滞在するが、私たちはすべてのサウジアラビアの従業員と一緒に建てられた村に住むことになった、これは明らかにこの地域では初めてのことだった、私たちが住む村はアル・ファナティールと呼ばれ、美しい分譲地で、西洋と地元の文化デザインの奇妙な組み合わせだった。

　11月8日(火)です。サダフが私たちに5000リヤル（約1700米ドル）をくれたと信じますか、私たちの最初の給料日まで、問答無用で「私たちを助けてください」と。職場では、従業員関係、政府関係、住宅、配送、安全、医療など、必要なすべての手順を踏んでいましたが、すべてが非常にゆっくりとしたペースで進んでいたところ、どこからともなく、私たちの家が予想よりも早く利用可能になるという電話がかかってきました。木曜日の早朝、ホテルからAlFanateer分譲地まで約10kmを運転し、割り当てられたアパートメント#11001-1Aまで行き、美しい3ベッドルーム、3バスルーム、3バルコニー、広いリビングルーム、設備の整ったファミリールーム、そして「ファンタスティック」を想像できる最もモダンなキッチンと電化製品に到着したとき、「絶対に驚いた」。

　私たちは、エアコン、家庭用電化製品を含むすべてのガジェットをチェックし、すべての家具、カーテン、フローリングの品質に感心しました。

　配送代理店に電話すると、彼は木曜日の午前11:00から正午12:00の間に航空貨物を配達できると言いました。ドリーンは、水泳、コーヒー、ランチ、そして新しい友達と情報を共有し、すべての女性と関わっています。個人的には、私たちは本当に何をしたのか気づいていない、ほぼ毎日いくつかの大きな気分の変動を経験していましたか？

　私たちが彼らの宿泊施設に非常に不満を持っていたのとほぼ同じ時期に到着したばかりの独身の男たち、8人のオペレータートレーラー！彼らが「私たちの家」を見たとき、彼らはどう思うでしょうか、明らかにステータスここは巨大です。明日の夜は、トム・ヒューズ(マネージャー)、グラント・ドーソン、デイブ・コッパード、ガス・ホートン(ペトロサーのプロセス・オペレーター)をアル・ジュベイル・ホテルで開催されるバーベキューに招待しました。

　今から33年前の11月11日、私の家族がエディンバラのローンマーケットエリアからサイトヒル近くのブルームハウスに引っ越した日、そして結局、そこでドリーンと出会ったのは5年ほど後のことです。今、私たちはサウジアラビアのアル・ジュバイルのすぐ北にあるアル・ファナティールの新しい家(アパート)にいますが、本当に信じられませんか？

　私たちは、そこにいる時間のために3301リヤル(約1000米ドル)を支払った後、この午前中にホテルを出ました、再び私たちが費用にかかっているのはありがたいことです。アル・ファナティールへ向かう途中、アル・フワイラットという別の住宅地に立ち寄り、コミッショナリーで買い物をしたり、食料品に500リヤル(180米ドル)を費やしたりしました。その日の早い時間　に、地元の人と市場(スーク)でaRadioの交渉をしているときに興味深い経験をしました、彼は　300リヤルを要求し、

私は彼に260リヤルを提供しました、そして、突然祈りの時間になった ときに取引にほぼ達したので、私たちは店を閉めなければなりませんでした。

　それは今午後9時であり、私たちはすべての食料品を片付けています、ドリーンは洗濯と開梱いくつかのものを行いました、私たちは美しい夜にジョギング(ここでは適切ではありません)に出かけたので、すべてのものは私たちの「冒険」の次のステップへの合理的なスタートと見なされました、今午前中に仕事に行き、この異なるライフスタイルに適応しようとしてください

　やる事:

- ✿　車を探して経費を記入し、海上輸送を確認し、期日は12月16日です。
- ✿　銀行口座を開設します。
- ✿　予算を準備し、財政を見てください
- ✿　次の3、6、9、12か月を計画します
- ✿　電話/テレビ
- ✿　新しい仕事や友人や家族への手紙に興味を持ってください。

　11月18日(金)、ドリーンは私たちのアパートで数日間過ごし、危うくバナナを食べそうになりましたが、火曜日には新しい友達とアル・ジュバイルに買い物に行きました。水曜日に彼女はニューカマーズツアーに参加し、女性グループとコーヒーを飲み、木曜日にはキャンプ9Aビーチ(後でそれが一人の男性のビーチだったことがわかりました)、5kmのビーチで4人だけで過ごしましたか?その夜、私たちはガス・ホートンの家に行き、トムヒューズと知り合ったシェル石油のチャーリー・キャラダインと共演した「アンドレとのディナー」という映画を見まし た。金曜日に私は男性のためのスイミングプール

に行ったのは、男性と数時間だけ、これは特に女性のために慣れるために少し時間がかかるでしょう。

　仕事では、オリエンテーション、労使関係、安全、健康、環境、政策、労働許可証、消防など、1週間の講義を受けましたが、彼らは「資格がある」と言いました。すぐに彼らは私たちに仕事に行きたがると思います。車を売りに出していたサウジアラビア人と連絡を取ったところ、もし私がそれを買うことに決めたら、複雑な事務処理をすべて行い、今すぐ保険会社を見つけようとしなければなりませんでした。

　11月20日(日)に、1982年のマツダスポーツカーを販売していたアブドゥル・ナセルに会い、それについて保険会社の人に話すように手配しましたが、歴史があるため、車を買わないようにアドバイスされました。この日の後半、カナダの子供たちの私のコーチングについて聞いた2人のサッカー愛好家と連絡を取り、地元の子供たち、つまりサッカーに参加することにしました。

　11月24日(木)、仕事とスポーツの合間にまた一週間が過ぎ、私たちはゆっくりと落ち着いていたようです。私たちは21日にアルジュバイルホテルで24回目の結婚記念日を祝うために美しいディナーを楽しんだ「サウジシャンパンとすべて」(ノンアルコール)それでも、それでも素敵な夜でした。22日の夜、私たちは何人かの友人を夕食に招き、ジョーンとジェラユのアメリカ人の隣人を夜に招待しました、私たちのペトロサーの仲間の一人であるグラント・ドーソンは素晴らしいギタリストであり、彼は私たちのためにいくつかの曲を演奏しました、本当に良い夜でした。

　木曜日はサウジアラビアの習慣である週末の初日だったので、アブアリビーチ(週末にはすべてのEx Pat Britsがたむろする場所)に車で行くことにしました。この人里離れたビーチでは、警備員(ムタワ宗教警察)はあまりいません。私たちは地元のチェックポイントを通過しましたが、砂漠のトレイルに約

2マイル入ったところで、非常に柔らかい砂で立ち往生し、「あ、やれ」ボックの温度、灼熱の太陽はまだビーチエリアから2マイル、高速道路へのアクセス道路に少なくとも2マイル戻ってきました。

　ここでは、砂の車軸までです。暑い日差しの中、1時間ほど掘り続けた後、諦めて高速道路に戻り始めましたが、少なくともビーチに出入りする交通があるかもしれないと思っていましたが、この日はそうではなく、高速道路のアクセス道路が見えてきたちょうどそのとき、ビーチエリアから車が私たちの後ろに来ました。韓国人女性が運転していましたが（これは絶対にダメです）、とにかく彼女は携帯電話を持っていたので、アルファナティールの友人に連絡することができました。彼らは私たちを救助し、シャベルと冷たい水のボトルを持ってきてくれました。

　砂漠でのこの事件の直後、私たちは到着以来使用していた社用車を返さなければならなかったので、新しいマツダ626を19,000リヤルで購入することにしました。私たちは今、自分たちの交通手段を持っていて、家に落ち着き、ドリーンはゆっくりと私たちの新しい生活様式に順応していましたか？そして、私の仕事は非常に順調に進んでおり、工場はまだ建設段階にあったため、5年以内に自分で工場を運営するための訓練を受けることが期待されていた若いサウジアラビアの技術者との広範なトレーニング、フィールド、教室で忙しかったです。完成すると、プラントは「試運転フェーズ」の前に「パンチアウト」と呼ばれるものを持ち、最終的には、エチレンプラントの広範な経験を持つ世界中のExPatsで開始されます（それぞれにサウジアラビアの技術者がシフトで一緒に働いています）。

　11月25日(金)、ドリーンと私は、この期間を通じて私たちを助けるために、今後12ヶ月間の具体的な目標について話し合いました、仕事/社会、控えめ、あまり関与しない、スタートアッ

プ中に12時間シフトで働く、アクティブになる。財政、銀行で楽観的に$25K米国をターゲットにします。旅行計画、ドリーンからカナダ7月から9月、ジムからカナダへ9月頃、エレインのスコットランドとサウジアラビアへの旅行を検討してください(男の子はサウジアラビアに興味がありませんでした)。個人的、少なくとも10ポンドを失うことは、簡単に「酒を飲まない」、リラックスして、ギターを弾くことを学び、適度にアクティブになり、朝と夜にたくさん歩くべきです。日帰り旅行をして、観光スポットを楽しんでください。

12月2日(木)、私は現在、ジェームズ・ミッチェナーによって書かれたドリフターズと呼ばれる素晴らしい本を読んでおり、今日買い物をした後、アブアリビーチでそのほとんどを読んでいます。今回は砂にはまりませんでした。この本は非常に興味深く、中東の歴史と第二次世界大戦後の問題の一部を提供しています。また、最近は「アラビア開発書」を読み、近々「アラブの心」という別の本を始める予定です。

私はここでの生活の基本原則、宗教、犯罪、家族生活全般についての単純な法律と態度に感銘を受け続けていますが、おそらくイスラム教とコーランについて何かがあるのでしょうか?

ドリフターズブックからの素晴らしい一言

- ☼　ライオンの娘もライオンです。
- ☼　神のために、自分を馬鹿にするのに十分な頭脳を持つ若者を私にください。
- ☼　あなたの老人は夢を見るでしょう。あなたの若者たちはビジョンを見るでしょう。•老年期の
- ☼　成功よりも、若者の失敗の方が好ましい。
- ☼　国を変える人は、吠える犬のようなもので、信用されるべきではない。

- ✿ 私はガールフレンドを家に連れて帰って両親に会いました、彼らは彼女が好きでしたが、私に耐えられませんでした。
- ✿ 社会を変える最善の方法は、一度に一人ずつ社会を置き換えることです
- ✿ 私たちの国は、私たちが裕福なところならどこでもです。
- ✿ まだ愛国者になったことはないが、愚か者だった。
- ✿ どこにも行かず、行くために旅行する、旅行のために旅行する、移動するのが大事なこと。
- ✿ 愚か者はさまよい、賢者は旅をします。
- ✿ 今日できることを明日まで先延ばしにしないでください、あなたがそれを楽しんでいる場合は、明日再びそれをしてください。
- ✿ 不器用な老年と若者は一緒に生きることができません(シェイクスピアの引用ミッチェナーによる)。

12月9日(金)、またリラックスした一週間、ペトロサルからの移行、このペースに慣れることができ、再びはっきりと考え始め、頭の中でいくつかの考えが結晶化しています。今年の4月に私たち(ドリーンと私)が掲げた目標の一つは、「今のうちに人生を楽しむ」ことであり、皮肉なことに思えますが、それはまさに今日の若者がしていることであり、そこにたどり着くのにずっと時間がかかっただけだと信じています。「私たちは本当に社会から切り出している」というドリフターズブックからのもう一つの宝石は、私たちの価値観が異なり、モチベーションは誰か他の人に示す必要はないようです。私たちは教育のために私たちの人生経験を使用することができます、そして私は良い仕事をすることができ、社会構造のはしごを登ることなく何かをする仕事を得ることができるという自信を持っています。私はゆっくりと気分が良くなり、非常に要求の厳し

いペトロサールの仕事から離れるという決定について良くなっています。私は、その組織で持っていたすべてのポジションに私ができるすべての能力を与え、その過程でいくつかの非常に良い結果を達成したことを知っています。

ドリーンと私は両方とも非常に有能な人々であり、ラットレースの一部になりたくない、私たちは自分自身の「満足」を見つけたようで、人生を通じて戦う必要や肘打ちをする必要はなく、攻撃的な「特性」を持っていません。もしかしたら、私たちの子供たちは、私たちが持っていたよりもはるかに良い生活を社会に求めているように思えるかもしれません。

また、本能的にキャリアの満足感をなくすことに決めたようです(これは可能ですか?私の考えでは、これはいつまで続くのでしょうか?私たちはもはや、昇進、多額の収入、または大きな高級住宅を真剣に受け止めるべきではなく、一種の「覚醒」です。

12月21日(水)、この3週間はどこに行ったのだろうか?私たちはきれいに落ち着き、リラックスし、毎日運動し、たくさんの読書をしたり音楽を聴いたりしています。プラントの状況は、契約、休暇手当、生活条件、そしてもちろん全能のドルが常に問題であると考える多くの不幸な人々に再び精通するようになりました。私たちは4つまたは5つの異なるタイプの契約を持っているようですが、それらはあなたが雇われた国の市場価値に応じて解釈の対象となります。大きな問題は、他の国に移住した私たちイギリス人の一部、例えば、アメリカやカナダは、私たちの仲間のイギリス人よりもはるかに高い割合で雇われていた、本当にアメリカ人、カナダ人、イギリス人、インド人、スリランカ人、そしてもちろんサウジアラビア人を監督するのは楽しいでしょう。すべて異なる契約を結んでいます。「すべての」従業員が、給与や福利厚生について誰とも話し合うように「しない」と言われていたという興味深いジレンマ。

　私は、他の多くの責任とともに、英国、カナダ、そして3人の高い可能性を秘めたサウジアラビア人の研修生の監督者を指導する任務を負っていましたが、全員が異なる契約を結び、文句を言うことがたくさんありましたが、それ以外は良い人々でした。サウジアラビア人の一人が、彼がこっそり通り過ぎていると私に教えてくれました。

　数百万ドルのプロジェクトである「工場に入る」ためにゲートにいた警備員/警備員は、彼がIDカードを持っていなかったと主張しました。建設中、私たちはサウジ消防隊を訓練していたとき、エチレン(C2H4)スプリッターの上部で火災が発生しました残念ながら、それはちょうど祈りの時間でした(すべてが停止します)さらに、消防水システムが火に到達するのに十分な水力を持っていなかったことがわかりました、幸いなことにそれはただの木製の足場であり、それは燃え尽きました、明らかに、この事件からいくつかの重要な学びを得ました。

　その夜、私はサッカーのコーチの仕事をしていて、アル・ジュバイルに新しく設立されたマイナーサッカーリーグで5歳、6歳、7歳の子供がプレーしているという電話を受けましたが、その興味深いニュースに驚いたのは、この文化ではあまり予想外の男の子と女の子が一緒にプレーすることになったということです。

　12月23日(金)、ドリーンはここ数日あまり体調が良くない、喉の痛みが起こっているかもしれないし、クリスマスの時期で家族や友人と離れているかもしれない。私は4日間仕事を休むので、今朝は組織的な工場見学に行きました。ドリーンがトータルプロジェクトの範囲を認識したのは初めてのことでした。この瞬間、それは世界最大級の単一列車エチレン(C2H4)建設プロジェクトであり、映画では非常に印象的です。モジュール式のプラントのエンジニアリング、計画、建設、管理、および実行は、本当に注目に値するものです。バスでアル・ファナ

ティールに帰宅すると、私たちは今、2つの主要なプロジェクトに関わっていることに気づきました。

　PETROSARカナダの最初の世界規模のエチレンプラントと現在のSAUDI　PETROCHEMICALSCO(SADAF)世界最大の単一列車エチレンコンプレックス。

　人間関係の面では、私たちは今、お互いに少し苦しんでいたと思います、私たちはたくさんの休息を取り、食事を楽しみ、静かな時間を楽しみ、社会的に関与しようとしています「しかし」何かが欠けているのですか?(クリスマス)　LIKUL MUSHKILLA LA HA HALL (アラビア語ですべての問題には解決策があります)ので、 1984年のバケーションを計画し始め、それが物事を明るくしました。エレインは6月に私たちを訪ね、その後、エレインとドリーンはカナダに帰り、私は数週間後に続きます。11月には、ドリーンと私は結婚25周年に向けて素敵な旅行を計画します。

　1983年のクリスマスは12月29日、今や私たちの最大の課題でした、それはおそらくこれまでで最大の課題でした、あなたはどのようにあなたの家族や友人から離れて見知らぬ国でクリスマスを楽しむことができるか?クリスマスイブはドリーンにとってこれまでで最も低いポイントでしたが、どういうわけか、私たちは生き残り、途中で少しの涙を流しながらそれを乗り越えました。24日に隣人のジョーンとジェリーの家で行われたパーティーで、クリスマスの日のディナーにガスとスーホートンを招いたことが本当に役に立ちましたし、その後、エレインがクリスマスの　日に見事に電話をかけてきて、私たちに連絡を取ってくれました。

　私たちは幸運にもいくつかの新しい友人と一緒に道に沿っていくつかの社交イベントに含まれていることができ、昨夜はジョナサンとキャロラインロジャース(英国から)にいました、今夜はスーとガスを訪れ、土曜日にはスーとアンディハートの家で大晦日のパーティーに行きます。私たちは本当に私

たちの新しい車、シルバーマツダGLX 626、4ギアスティックシフト(あなたが見るので私が選んだドリーンは、この国で運転することはできません、tは私が選んだ)を楽しんでいました、保険と資金調達にいくつかの問題を抱えていましたが、それは解決しました。あなたは私たちが12ヶ月でこの車を所有すると信じることができますか"素晴らしいもの"。

　仕事に関連する事務処理や官僚主義のほとんどが今は過去のものとなり、クリスマスは終わり、仕事は順調に進んでおり、ドリーンはゆっくりとこの異なる生活様式に落ち着き始めており、今ではかなりの数が揃っています「ボブ」は、ここサウジアラビアと故郷の両方の銀行にあります。ロールオン1984(シャアラ　kwayyisで)。「神がお望みなら、それは良いこととなる」。

　私が任され、シフト監督者として育てられた3人の有望なサウジ人オペレーターは、バザム・アル・ルワイリー、アブドゥラ・アルオマーニ、アフメド・アル・ガタニーで、彼らは皆、いい若者で、学ぶことに熱心なように見えました。それは「ShwayyaBas」、またはスコットランドで言うところの「一度に少しずつ」でなければなりません。

　12月30日(木)、私たちはアル・ジュバイルの南にあるアル・コバールへのサダフバスで素敵な旅行をしました、市場/スークはTCN:s(第三国国民)でいっぱいでした。ほとんどがフィリピンからの契約で、夫と一緒にそこにいたすべての女性に非常に興味を持っていました。店は祈りの時間のために午後の早い時間に閉まったので、バスは真鍮、金、銀の「もの」を売ったレディースライデン、アル・ファナティールに戻りました。その夜、ドリーンをチェスに紹介し た、彼女はとても退屈だと言ったが、時間が経つにつれてわかるだろう。

　1984年1月4日(月)、私たちの海上輸送はついに到着しましたが、私たちは588リヤルの関税と関税を支払わなければなりませんでした。今では、ここで必要なものをすべて購入で

き、移転アルローアンスからまだお金が残っていたことに気づきました。

今日、私はサウジアラビアの従業員や友人のグループとキャンプHuwaylotで人工芝で初めてのサッカーの試合をしました、そして今夜、私は子供リーグを設定するための私の最初のマイナーサッカー会議を持っています。ドリーンは今日、アル・ファナティールの南にある別の小さな町で、スー・ホートンと彼女の幼い息子スコットを含むバスで過ごし、より多くの真鍮、金、銀、そして「もの」を見つけましたが、今日は購入しませんでした。

2月8日(水)は、私たちのメールは、今定期的に来るようになり始め、天気はビーチや夜の散歩に良いです、経費請求が監査され、調査されている職場でのいくつかの懸念は、明らかにいくつかの不一致が現れていたとすべての従業員は、実際に適格なものの解釈について少し不安でした。何人かの駐在員がすでに調査/解雇され、多額の手当費用請求に対する不正行為の疑いで帰宅させられていたことが判明しました。その後の数週間は悪夢のようで、一人一人が自分たちが何を主張できたと思っていたのかを推測しました。去らなければならなかった人々の数は驚異的でしたが、サウジの経営陣は迅速かつ効率的に問題に対処し、メッセージは大声で明確でした:私たちは寛大に支払い、優れた福利厚生を提供します「しかし」私たちと台無しにしないでください。2月15日水曜日、職場の士気はゼロに低下し、多くの経験豊富で熟練した人々が経費違反のために荷造りに送られました。今日、すべての英国人とアメリカ人が監査を受け、彼らは今、私たちの仲間のカナダ人をチェックしていると言われました。もちろん、私の守護天使が私を見守ってくれることを願っています。それはあなたが決して知らないことです。とにかく、「万が一に備えて」、私たちは緊急時対応計画を立てました。さて、ここで数ヶ月過ごした後、本当に滞在したいかどうかはわかりませんが、スコ

ットランドで1ヶ月か2ヶ月過ごすのは良さそうで、その後カナ
ダに戻って「シャア・アラー?」の仕事を探します。

2月23日(木)、職場の雰囲気はまだ非常に憂鬱で、不確実
性があなたを蝕みます。私の仕事のキャリアの中で、このよう
な脆弱な状況にあったことを覚えていませんが、その話の教
訓は明確ですが、その後、私の良心もそうでした。

2月25日(土)。SADAFの会長であるカーペンター氏は、監
査は今完了したと言いました、ドリーンと私が経験した感情
を信じることはできません、私たちは大丈夫でした、そこに
驚きはありませんが、あなたはただ決して知りませんか?20
〜40の家族が経費違反で家に送られましたが、そもそもここ
に来るために世界中のあらゆる種類のキャリアをあきらめた
後、どれほど悲しいことでしょう。

私たちは目標のステータスを見直し、再びリラックスして
正気を取り戻し(最後の数週間を除く)、私は今14ポンドを失
い、それに対して気分が良くなり、4か月で貯蓄口座を2倍に
し、ギターのレッスンを順調に進めています。

3月1日(木)、私たちはテレビ、アンテナ、ブースター、ロータ
ー、ケーブル、およびすべての接続を備えたzo-inchSharp7シ
ステムリモコンを2000リヤルのグランドプライスで購入する
ことを決めました。その日の後半に、ダーラン近郊のアブクア
グにあるペトロサ出身の旧友であるアルフ・ライトフットを訪
ね、そこで働いていた他の古い友人にも会いました。彼らは
皆、アラムコ・ペトロケミカルズで働いていて、まるでアメリカ
にいるような敷地内に住んでいて、確かにもっとリラックスし
た雰囲気で、敷地内の外では絶対に禁止されている自家製ジ
ュースを作っていたなんて、信じられないでしょう。言うまでも
なく、私たちは何杯か飲んで、その後ひどい気分になり、ひど
い味がしました。

私たちは3月8日木曜日にアルカタフへのバス旅行をしま
した、それはアルジュバイルの北約60キロにあり、バスの旅と

景色を楽しみ、多くのスークを歩き回りましたが、別の砂浜の町です。大きなアトラクションは、魚市場とフェンスで囲まれた敷地内で、男性が買い物をしている間、すべてのサウジアラビアの女性が滞在することが期待されていました。奇妙なことに、ここはかなり制限的な社会であるにもかかわらず、若い女性の一部が野外で赤ちゃんに授乳しているように見えました。

　仕事では、研修生から仕事がなかったことに対する言い訳のリストをまとめ始めていましたが、政府関係は、地元の人々からの要求に対応する必要があると言いました。

- ☼　疲れすぎて働けない
- ☼　私の妹の結婚式
- ☼　家族の問題
- ☼　個人的な問題
- ☼　障害があるため
- ☼　結婚の交渉
- ☼　今日は暑すぎて働けない
- ☼　婚約
- ☼　母親が病気です
- ☼　父が病気です
- ☼　義母が病気
- ☼　妻から病院へ
- ☼　頭痛がする
- ☼　町の外にある私の村に帰らなければなりません
- ☼　パスポートの問題
- ☼　住宅問題
- ☼　給与の問題、私の安全ブーツやカバーオールを見つけることができません。

私たちは3月14日にアル・ハフーフ、アル・ダーランの近くの村への週末のグループ旅行を計画しました、その日付の生産と他の商品で有名で、週末のパッケージにはアル・ガザル・ホテルでの一晩の滞在が含まれていました。私たちは、私たちの基準ではかなり控えめな施設のツアーをしました、部屋は大丈夫でした、そしてホテルのプールで泳ぐ前に日付処理エリアを旅行し、そしてあなたが想像できる最も素晴らしいディナー/バーベキューをしました。食べ物は素晴らしく、5コースのアラビア料理は、音楽に合わせて踊る「または」私たちが食事エリアの周りにしゃがんだときに、本当に私たちの夕食を共有したかった何百ものハエをたたくことによって強調されました。私たちが尊重するように求められたもう一つの伝統は、ここでは受け入れられなかったので、食事中に左手を使わないことでした、もちろん、右手だけで食事をするための道具はありませんでした。本当に楽しい時間を過ごしました、驚くべきことに、今ではアルコールはただの楽しい思い出であり、楽しい時間を過ごす必要はありませんでした。

サウダイゼーションは、サウジアラビアがどこに到達しようとしているのかを説明するためによく使われる言葉でした。天然資源が非常に豊富な国は、彼らに何が期待されているかを理解していないように見える責任ある人々を製造しようとしていました。地元の男性は、私の意見では、フラストレーションと混乱を引き起こしている彼らの周りの抜本的な変化の間に賞賛に値する彼らの基本的な価値観、文化、伝統を維持しようとしています。例えば、ここにいる女性の役割は、駐在員の妻たちが自分たちの社会に影響を与えるのを見るとき、非常に難しいに違いありません、その変化は興味深く、特にこのコミュニティの長老たちにとっては明らかに挑戦的です。

4月2日、プラント建設が完成間近の5月1日から全社員がシフト勤務を開始するというメモを受け取りました。その頃からパンチアウトと試運転の作業が始まります。私はエレイン

の6月の訪問のためのビザの処理を開始し、4月25日から4月27日までのバーレーンの週末の計画を最終決定することに決めました。また、数千ドルが蓄積され始めていたジャージー諸島の駐在員銀行口座にも申請しました。4月7日土曜日、ドリーンはまだ少し「落ち込んで」おり、彼女の活動を楽しんでいますが、彼女のために何かが欠けています、彼女は数週間あまり健康ではないので、私は仕事で非常に忙しいので、彼女から目を離さないようにする必要があります。私は私の良い日とあまり良くない日を持っています、:まだ多くのエネルギーを持っていませんが、確かにもっとリラックスしていますが、何かが欠けている、子供、友人、行動の自由?

　ジェームズ・ミッチェナーの「スペース」という良い本を読んでいると、注目に値する2つの引用があります。

　多くの成功した男性と同様に、彼はその瞬間に彼に求められていたことが彼の人生の「最も幸せな経験」を表していると信じていました。

　アブレーション不屈の精神、アブレーションアブソリュートは、言葉を無駄にしたくない行動の男性によって使用されます(それを解決し、それを続けてください-誰がそれを行うか、またはそれがいくらかかるかに関係なく)。「PonteFactoCaesarTransit」 ジュリアス・シーザーは、かつてナンセンスなエンジニアであり、「橋を建設し、私がそれを渡る」と言いました。

　4月14日、私たちはエレインのビザ許可#M/D/Z/5178を受け取りました、これは私たちのたるんだ精神を明るくしました、グラント・ドーソン(ペトロサールのオペレーター)は辞職し、ビザを彼と一緒にカナダに持ち帰りました、グラントはこの生活様式(シングルステータス)は彼にとって適切ではないと決定しましたわずか6ヶ月後に。

　私たちは今、この冒険で7ヶ月目の4月30日に入り、サウジアラビアから最近完成した橋(約　15km)を渡り、シェラトンホ

テル、ファーストクラスに滞在し、バーレーンで3日間の素晴らしい日を過ごしました。以前に一度バーレーンに行ったことがありましたが、飛行機で15分しかかからず、今回はかなり違いました。バーレーンの最大の違いは、文化と態度、そして西洋の習慣の受け入れであり、バーレーンの人々はまだイスラム教を信じていますが、彼らはいくつかの進歩と習慣が変化したという事実を受け入れ、これを可能にしました、ナイトクラブのエンターテイメントは大丈夫なようです。

　私たちは島の北部をツアーし、地元の産業の多く(釣り、バスケット織り、ダウ船作り、洋服織り、パン屋など)を見ました。紀元前1000年以前に建てられた古いポルトガルの砦と宮殿を訪れました。素晴らしい週末、素晴らしい料理、そしていくつかのパーティーを過ごし、私たちはホテルで行われたレオセイヤーのコンサートに行き、確かにサウジアラビアで禁止されていることをたくさん持っていました。また、マナーマの旧市街に行って、オスマン帝国の遺物や有名なディルムンの採掘現場を見に行きました。

　数日後、私たちは6月12日にサーニアを離れるサウジアラビアへの彼女の旅行のためのエレインのチケットを拾った、ドリーンは彼の誕生日4月27日にマイクに電話をかけていた私の"休日"は、ライン#4で5月1日にシフトの仕事を開始するとすぐに終わるようです。ああ、まあ、今は文句を言うことはできません、6ヶ月以上も何日も続いています。しかし、エレインは6週間後にここに到着し、ドリーンとエレインは4週間後に出発し、私は8月9日に最初の休暇のために家に帰ります。それでも、5月6日のエレインの電話の後、サウジアラビア領事館に参照とFlightInformation#の手紙を送る必要があります。事務処理は非現実的ですが、やらなければなりません。

　5月26日、私たちはサウジでの最初の年の財政目標を早期に達成したように見え、私たちは健康で状況を最大限に活用しています。私は本当に自分の仕事を楽しんでおり、100%

良く感じており、今では約15ポンドの体重を減らし、社会的にも仕事的にも忙しくしています。

「湾岸」の状況は、8隻の船が攻撃され、イラクとイランの間の戦争が激化したため、悪化しています。エレインは2週間後に到着し、彼女とドリーンは7月に出発する予定なので、その時点で私たちの立場を再評価する必要があると思います。

何が私たちを去らせるのか、私たちは何をするのか?

湾岸の状況が悪化し続け、ドリーンが心配するようになったら、私は彼女を早めに帰国させることを躊躇しません。急いで旅行するための緊急時対応計画を作成し、身軽に旅行する場合に何を取るか、またいつ行うかを決定する必要がありますか?行動を起こすために。

- ✿ いつ、サウジアラビア領土への攻撃
- ✿ サウジアラビアが戦争に巻き込まれる
- ✿ 要求されていない西洋の関与
- ✿ 国連が状況に対処できない
- ✿ 荷造りの時間、ほとんどの所有物の場合、何を
- ✿ 少しの時間、貴重品、お金と私はそれぞれ袋に入れます
- ✿ パスポート、ビザ、交通手段が必要
- ✿ 方法、可能であればダーランまで車で行き、車を降りてください
- ✿ バスでダーランまで行く
- ✿ リヤドまで西に向かうか、北西に行きます(パスポート/ビザ/イカマが必要)と物資

5月31日、SADAFで働くカナダ人は、ジェッダのカナダ大使館(02-643-4900)に連絡し、避難しなければならなかった場合に備えて、登録してアドバイスを送るように頼むべきだと知らされました。

　ラマダンの聖なる月はジューンストから始まりますが、私の仲間のサウジアラビアの労働者のおかげで、預言者ムハンマドが最初に定めた断食、食べ物、飲み物、セックスの禁欲について、この点について少し異なる視点と理解が深まりました。それは、貧しい人々、恵まれない人々、恵まれない人々の一人を思い出させ、自己規律を奨励し、断食期間中に個人的な犠牲を払うことを意図していましたが、「一部の」信者は実際には体重が増え、聖なる月に非常に疲れるようです。断食する必要はありません。言うまでもなく、サウジアラビアの従業員の中には、仕事で日勤をこなすのに苦労した人もいましたが、この伝統のために手当が作られることになっており、すべての外国人はラマダン中にサウジアラビア人の生活を困難にすることを控えることが求められていました。経営陣は、彼らが現れた場合、思いやりがあり、思いやりがあり、日中の長い休憩時間を許可する権限を私たちに与えました。

　エレインは6月14日午後7時15分早くダーランに到着し、見た目も素晴らしく、興奮で泡立っていましたが、彼女は適切な服装をしていなかったため、地元のムタワ(宗教警察)によってすぐに連れ去られました、私たちは彼女に確認し、彼女が到着したときに袖付きの長いドレス(アバ ヤ)ですべての女性のビットを「覆う」ように頼んでいましたが、着用してください。彼女は私たちを信じていたとは思わない。いずれにせよ、多くの議論とSADAF政府関係への数回の電話の後、私たちは状況を片付け、エレインが信じられない思いで「冗談ですか」とアルジュバイルに向かっていました。彼女は本当に素晴らしく、とても「元気」そうで、私たちがカナダを離れてから約9ヶ月後に彼女に会えたのは素晴らしかったです。

　彼女が到着したとき、天気は平均約105°Cで、暑くて風が強かったのですが、多くの制限のために素敵なビーチに行くのは難しいかもしれないと彼女が信じるには数日かかるでしょうが、私は3日間仕事を休んでいたので、私たちはファミリ

ービーチの1つに行き、たくさんおしゃべりをしたり、追いついたりします「しかし」ビキニはありません。ある金曜日、私たちはアピクニックとエレインがアバヤに覆われて泳がないことを決め、それをオフにホイップし、彼女はビキニを着て行った、私たちは約1時間、危険ですが、楽しい時間を過ごしました、私は非常にムッタワが現れた場合に備えて心配していましたが、彼らはしませんでした:何が起こったのか、誰にもわからない。

　6月22日、エレインは私たちとの時間を楽しんでいましたが、彼女の両親が今住んでいるこの国のすべての規則や規制にまだ苦労していました。エレインと私は古い釣りダウ船で出かける機会がありましたが、約10時間暑い太陽の下に出かけることになったので、ドリーンは行かないことにしました。私たちはアルジュバイルの北東約27kmにあるジュレイド島に旅行し、最も美しいサンゴ礁とエキゾチックな魚がいて、シュノーケリングは2時間素晴らしかったです。小さな島でピクニックランチをしてから戻る前に、素晴らしい一日を過ごしました。

　エレインが私たちと一緒にいた時間はちょうど飛んできて、私たちはスークやショッピングモールで地元の市場のさまざまなレストランでエキゾチックな食事をしながらたくさんの興味深い時間を過ごしました。彼女は完全に文化の違いに驚いていて、ある夜、アブドゥラ・アロマニの家に夕食に招待されたときは本当に驚きました。アブドゥラは仕事を通じて私の非常に良い友人になり、私と非常に個人的なものを共有し、彼の花嫁は彼の両親によって彼のために選ばれ、彼はあまり喜んでいませんでした。彼はその件について私にアドバイスを求めていましたが、私は彼に関わることはできないと言ったので、彼は結局結婚することになりました、あなたはそれを知らないでしょう、しかし数ヶ月　後、彼は若い花嫁と恋に落ち、彼らはすぐに美しい若い娘をもうけました。彼は数ヶ月

後、仕事で再び私に近づき、「大きなムシュカラ」(問題)がある
と言いました。彼の両親は、今は彼の妻を認めず、彼女を追い
出すべきだと決めたようですか?「どうすればいいの?」と彼は
尋ねました。もう一度、私は彼に「関わることはできない」と言い
ました。私は、彼には自分の家族がいるので、自分がどれだ
け両親を愛しているか、そして妻と赤ん坊の女の子も愛して
いることを両親に伝え、彼らがどのように反応するかを見るべ
きだという考えを提供しました。時が経つにつれて、彼の仲間
たちはアブドゥラと彼の家族を受け入れ始め、彼らは最終的
に彼らと一緒に引っ越し、彼らは皆、今では「一緒に暮らす」こ
とに満足しているように見えました。

　アブドゥラと彼の家族の家で夕食をとった夜、私たちは早
く到着して玄関に入りました、廊下の右側と左側にドアがあり
ました、ドリーンとエレインと他の女性たちは左に行き、私と
他の男性は右側に行きました私たちは2つの異なる部屋に落
ち着きました。素晴らしい食事をし、出発の時間になるまで女
性たちに再び会うことはありませんでした。エレインは自分が
経験したことが信じられず、母と父と一緒に夕食に出かけまし
たが、3時間も父に会えませんでした。確かに奇妙な習慣です
が、彼女が周りに男性がいないサウジアラビアの女性が自分
たちの視点を説明 しているのを聞いて理解しようとする機会
があったので、別の素晴らしい学習経験でした。

　7月4日土曜日、エレインの休暇は終わり、振り返ってみる
と、4週間は彼女にとって長すぎ、少しカルチャーショックだっ
たかもしれませんが、彼女は両親との時間を楽しんでいまし
た。私たちはいつも彼女と素晴らしい関係を築いており、彼女
は私たちの時間を最大限に活用していたので、娘に会えたの
は素晴らしかったです。ドリーンは長い間離れていた後、家に
帰る準備ができていました、エレインと一緒に旅行できて本
当に幸せでした、彼女が楽しんでいることを願っていますが、

私は彼女がとても恋しいです、私たちはお互いを必要としているようです。

「サウジアラビアについてどう思いますか?」という質問にどう答えるか、少し考えていました。それは非常に複雑な質問であり、それは本当に非常に単純に聞こえ、簡単な答えがあるはずです。ここに来るという決断に後悔はなく、悔いなく前進していきます。

それは私が見逃すことのできない興味深い人生経験でした。これまでのところ、私たちは目標のほとんどを達成しています、私たちはよりリラックスして人生を楽しんでいます、私たちは永遠に家に帰るとき、私たちは私たちの人生に感謝します、それは確かに「何が重要か」に異なる視点を置いています私たちは経済的に恩恵を受けてきました、私たちは確かに世界の多くを見るでしょう。「でも」私たちは人生を楽しんでいるのでしょうか?

ドリーンがサーニアに戻った数週間、仕事は非常に忙しかったが、私のための時間は非常にゆっくりと進むように見えた最初は、私はシングルステータスの駐在員の生活を経験した、特に週末には、彼らがそれをどのように行うかわからない:数週間後、私は「家に帰る」ことを切望していたので、時間が始まりました-eddragingしかし、プラントが試運転されていたので、解決すべき問題がたくさんありました実際、彼らと接するのは楽しかったです。

8月1日にダーランを出発し、スキポール空港/アムステルダムに向かい、その後カナダに帰るという素晴らしい気分でした、最初に家を出たので、サウジアラビアの空域を離れた後、ハイネケンビール2本と小さなブランデー2本でした。家に帰ったときのご想像の通り、たくさんの興奮でしたが、

「とても忙しかった」、うわーいつもこんな感じだったのかな?あっという間に時間が過ぎ、家に帰るのは良かったのですが、アル・ジュバイルで見つけた「座りがちな」生活、散歩の時

間、読書の時間、音楽を聴く時間、実際に会話をしたり聞いたりする時間が恋しくなりました。しかし、ドリーンが家族や友人と一緒に慣れ親しんだ領土の「家」に戻ったことを喜んでいたことはほぼ間違いありませんが、すぐに私たちの休暇は終わり、私たちは非常に複雑な気持ちで「中東」に戻りました。

　私たちはすぐにアル・ジュバイルに戻り、「家」ではありませんが、私たちは両方とも永遠にここにいないことに同意していました。結婚式記念日。工場は、数ヶ月にわたる困難な問題、長時間労働、睡眠不足の後、いわゆるラン＆メンテナンスモードで稼働していましたが、すべてがうまくいき、記録的な数のエチレン製品を生産するようになったため、サウジの経営陣や、プロジェクトに巨額の投資を行ったシェル石油を含む全員が喜んでいました。その結果、特別な日のための休暇を取得することが許されていたので、私たちの記念日のためにキプロスに行くことは、私たちの毎年恒例の家に帰る直後に問題なく許可されました。この旅行ではスリランカが第一候補でしたが、そこで市民戦争が勃発したため、それは缶詰になりました。

キプロス25周年記念旅行、1984年11月

私たちは結局、アフロディーテ島(愛の女神)の島であるキプロスを選びました。それは飛行機でわずか3時間の距離にあり、地中海にあり、太陽、ビーチ、歴史、山など、私たちが楽しむすべての食材を持っていて、多くの友人から強く推奨されていました。

11月16日(金)19時30分にCY408便でダーランを出発し、サウジアラビアの空域から移動して1時間以内に初めての飲み物を楽しんだのですが、嵐に見舞われたため、非常に荒れたフライトであることが判明したため、追加の無料の飲み物が提供され、約2時間後にキプロスのラルナカ空港に到着したときには、すぐに非常に不機嫌になり、さらに悪化しました。リマソールの町にあるミラマーホテルまでタクシー(メルセデスベンツ)で45分を楽しみました。ホテルのルームサービスは、私たちの荒れたフライトのために私たちをよく扱うようにアドバイスされていたので、すぐにビーチと地中海を見下ろすサンドイッチ、ビール、ワイン、コーヒーを楽しんでチェックインされました。

11月17日(土)、私たちは素敵な英国スタイルの朝食をとった後、徒歩で周辺地域を探索し、地元のタベルナの1つでビールを飲みました。

パンフレットを見直し、興味のあるアイテムをすべてチェックして、実際に見たいものややりたいものを決めようとしました。その後、この日は「パリオスピタタベルナ」で地元のワインとブランデーを飲みながら素晴らしいギリシャ料理のディ

ナーを過ごすことになり、楽しい時間を過ごすことができました。

　日曜日には朝食を部屋に届けてもらい、朝日を浴びながらバルコニーで食事をした後、半日のバスツアーに出発し、1210年に建てられたコロッシ城、素晴らしいグレコローマン円形劇場、そしてアポロスタジアム、キプロスツリートンネル、そしてこの地域のモザイクを見るためにコウリウンエリアを訪れました。

　バスツアーの後、私たちは実際にここキプロスに住んでいたドリーンの友人であるジャンホープを訪問するように手配していました、そして夕方には私たち全員が地元のワインと素敵なキャンドルライトディナーのためにホテルに戻りました。

　17日(月)、私たちはレンタカーを借りてツーリングをすることに決め、「間抜けになった」とスズキジープを選びました(私の中の子供だと思います)私たちの子供たちはこれを決して信じません。リマソールをガムで出発し、ニコシアに向かって絵のように美しい海岸道路に沿って東に向かい、途中で山を通ってレフカラまで6マイルの旅をし、世界的に有名な「レース」が作られている趣のある村を訪れました。山を登る途中で、車が故障したアンドレオスまで乗せて、彼は私たちを友人の家に連れて行き、そこでコーヒーを飲みながら「レース」を売っていると言いました。ドリーンはいくつかの美しいレースといくつかのナイフとフォークも購入しました、私たちはこれがすべて「詐欺」の一部であることをその日の後半に発見しました、そして私たちは彼らが顧客が物を買うために彼らの親戚に行くようにするために彼らがプレイするゲームの対象であったかもしれません、ああまあ私たちはとにかく楽しい時間を過ごしました、そしていくつかのお土産を持っていました。

　私たちはいくつかの小さな村を通ってニコシアにドライブし、その後、ジープの選択が正当化されているように見えるトロードス山脈を登り、上り下りする非常に怖いが美しい山道で、景色は壮観でした。

　火曜日18日、素敵な朝食をとった後、私たちはホテルを出発し、今回はアフロディーテ(愛の女神)の生誕地と報告された場所を過ぎて幻想的な風光明媚な海岸道路に沿って西に向かいました　途中でイギリス軍基地を通過するパフォスへ。パフォスは趣のある古い漁村で、港湾エリアに立ち寄る前に訪れた史跡がたくさんあります。ホテルに戻る途中で、私たちはアポロ神殿に立ち寄り、たくさんの写真を撮りました、途中でワインのボトルを拾い、パンとチーズをアフロディーテのビーチの人里離れた「ロマンチックなスポット」で子供の頃のファンタジーを実現するためでした　が、それは起こりませんでした:あまりにも多くの人々が、チーズとワインは素晴らしかったです。

　11月21日(水)、25回目の結婚記念日、結婚25周年の朝食前のお祝いにカーネーションとワインを手に取り、日光浴をしながら、途中でいくつかのドリンクを飲みながらリラックスした時間を過ごしました。夜はナイトフィエスタとブズーキフォークショーに出かけていました。残念ながら、物事がうまくいかなくなり始め、小テルが予約を間違え、9時まで知りませんでした。

　夜30時、私たちは不敵にパリオスピタに向かいましたタベルナ私たちのもう一つのお気に入りのスポットしかし、それは閉鎖されていたと信じますか。

　私たちは3番目の選択肢のレストランであるKlimaTavernaに行き着きましたが、ギリシャの女の子が踊ったり、「眼鏡の踊り」を行ったりして、ここでとても人気のある本当に良いBouzaka音楽に素晴らしい料理と非常に良いエンターテイメントがありました。ドリーンはホタテ貝の子牛のカツ

レツを注文し、私はアルフェリア(豚肉のようなキプロス料理)と素晴らしい地元のミディアムドライ赤ワインと地元のブランデーを含む無料のアフターディナードリンクを持っていました。残念ながら、本当に楽しい時間を過ごした後、家に帰る途中、突然非常に気分が悪くなり(食中毒だと思います)、犬として4時間激しく体調を崩しました(嘔吐、下痢、悪寒)。私は体温を失い、約2時間　高体温症になりましたが、幸いなことに、そのようなことを知っているドリーンは、彼女の暖かく抱きしめる体を私の周りに包み込み、今日まで彼女は実際に「私の命を救った」と思います。

　　木曜日は、言うまでもなく、かなり静かな日だったが、午前中に買い物に行き、その後、パリオスピートでジーン・ホープと彼女の息子のデビッドと昼食をとった。夕方、私はまだ少し壊れていましたが、最後の夜になるはずだったので、ホテルで夕食をとり、踊りました。

　　11月23日(金)に素晴らしい朝食をとった後、土壇場で買い物をした後、メルセデスベンツのタクシーが私たちを迎えに来て、午後3時のダーランに戻るフライトのためにラルナカの空港に連れて行ってくれました。私たちはアル・ジュバイル(自宅?午後10時頃、疲れて疲れていたけど、幸せだったと思う。サーニアに「本当に帰る」ことで、私たちの素晴らしい記念日の旅行を家族や友人と共有できたらよかったのにと思います!

　　その後の数ヶ月は仕事でかなり忙しく、ドリーンは運動、油絵、キルティング、ブリッジ、ショッピング、他の外国人の妻たちとの交流など、彼女の時間を最大限に活用しようとしていました。私は仕事や遊びでかなり忙しかった、子供のサッカーチームのコーチングは楽しかった、地元の産業リーグでSADAFのサッカーやソフトボールをするのは楽しかったので、これらすべてとピクニックのための砂漠への旅行奇妙な週末は、時間がかなり速く過ぎていました。私たちはすでに、

休暇の合間に時間を入れているように見える外国人の「罠」に進化していた、ここで私が思うメッセージでなければなりませんか?

　私たちの次の旅行は主要なプロジェクトになる予定で、多くの計画が必要で、計画は1985年6月/7月にヨーロッパのいくつかの国をツアーし、この時点でサーニアの家にいるエレインとドリーンがアムステルダムのスキポール空港で私に会い、レンタカーでヨーロッパの一部をツアーし、その後イギリスのロンドンに飛び、コッツウォルズを経由して北に向かうというものでした。エイボンのストラトフォード、ヨークではドリーンと私が新婚旅行をし、ソーナビー北東イングランドの姉と家族を訪問し、その後スコットランドに向かいますそこで、エディンバラで私の母と父の50回目の結婚記念日を祝う予定でした。エレインを迎えに行った後、車でツアーした素晴らしい国の中には、オランダ、スイス、オーストリア、ベルギー、ドイツ(ロンメルハウゼンのフィリスとゲルハルトの家族を訪れた場所)、フランス、パリなどがあり、どこを向いても壮観な景色を眺めることができ、この間、天気は私たちにとって非常に有利でした。

　この旅行の最も困難な部分は、7月12日にエジンバラの50周年記念パーティーを手配し、ダルリーロードの「チェッサーイン」で、すべてのマとパパの家族と友人が世話をすることができることを確認しました、彼らはウェストロージアンとエジンバラ中に散らばっていましたが、彼らはすべて出席し、私たちは最も素晴らしい夜を過ごしました、たくさんの楽しみ、食べ物、酒、音楽、そして一緒に歌う。マーは、お父さんに今晩「気をつけて」と言い張って、9時30分頃まで待っていた。

　エレインとのヨーロッパツアーは本当に楽しかったし、イギリスを巡る旅はずっとファーストクラスで、エディンバラでマーとパパの結婚50周年記念を終えるのは、ケーキの上のアイシンガムに過ぎませんでした。しかし、すぐに出発する時

間になり、エレインはサーニアに向かい、ドリーンと私はサウジアラビアに戻る途中で、別れを告げるときにたくさんの涙と感情を抱きながら、SADAFでの私の仕事のスケジュールが進化していた方法(工場はうまく運営されていました)私たちはカナダに帰る途中でエジンバラを通過する多くの訪問をしました私の両親に。喜び。この外国人タイプの生活は、結局のところそれほど悪くないのでしょうか?ドリーンと私は、1985年のクリスマスと新年12月にサーニアへの帰省を手配することができました。Thekidsは、私たちの家族がコリングウッド近くのブルーマウンテンロッジでスキーに行くために数日間の休日をまとめるように求められ、彼らは12人を収容できた素敵なロッジと素敵なパッケージを選びました。ジェフとポーラ、エレインにはボーイフレンドがいましたが、彼を招待しないことを選び、マイクもその時一人で飛んでいたので、私たち6人だけでした。2台の車でコリングウッドまでの旅は、悪夢、風、雪、道路の氷、基本的に吹雪であることが判明しました。私たちが半分ほど進んだとき、私はこれ以上見ることができないと決めたので、実際に吹雪の中　で外にいて、私たちを道路に留めようと車をリードしていたマイクが運転を引き継ぎ、私たちはゆっくりと進行しましたが、ついに無事にそこにたどり着き、すぐに非常に長い「ハッピーアワー」の時間になりました。次の日はスキーの日だった、私は子供たちにダウンヒルランで注意して安全を保つように思い出させた、母と私はクロスカントリースキーのトレイルに行くつもりだった、あなたはそれを知らないだろう、私はつまずいて転んで、右手の親指を傷つけ、「注意しない」ためにたくさんの高射砲を浴びた。スキーだけでなく、スパ、ホットタブ、水泳、そしてそうそう、バーでの生活を楽しむ素晴らしい数日間を過ごしました。食事もそれほど粗末ではなく、家族との楽しい時間でした。

　私たちは794パインビューでクリスマスディナーを楽しんだ後、12月315に出席し、エリックとジャンリッチーの新年パーティーで本当に楽しい時間を過ごしました。

　仕事に戻ると、サウジのトレーニングプログラムで順調に進んでおり、原油を処理しようとした後に残った何トンもの軽質炭化水素である豊富な原料が豊富であったため、仕事の習慣に「効率」を導入していました。サウジの研修生は、実際に働かなければならないという現実に適応しており、高い潜在能力を持つ従業員の一部は非常によく働いており、サウジのマネージャーを喜ばせていました。

　社会生活は今やかなり日常的で、買い物、砂漠でのピクニック、毎週末のホームパーティーが当たり前になり、どういうわけか常に何かしらの自家製ジュースや飲み物が用意されており、リスクが引っかかった場合の解雇の脅威があっても、リスクに対処するか「控える」必要があることがわかった。実際に捕まり、その代償を払った人もいて、看守は一方的に家に帰りました。

　ドリーンと私は、1986年の夏に次の休暇のために「世界一周」旅行を真剣に検討することに決めていました、私たちの財政は非常に順調で、私たちが考えていたすべてのエキゾチックな旅行でさえ、物事は将来に向けて明るく見えました。

　1986年6月に作成した次の旅程表では、具体的な詳細にあまり触れずに、私たちが何を考えることができたかについて、私たちが何を考えるかを知ることができます。ダーランを出発し、バンコク、タイ、香港、台湾、大阪、東京、日本、オアフ島、ハワイ、サンフランシスコ、アメリカ、サーニア、カナダ、ボストン、イギリス、イギリス、フランクフルト、ドイツ、そしてダーランに戻ります。ハイライト「どこでも」私たちは明らかに行きましたが、バンコクのチャオパヤ川の水上マーケット、すべての水上レストランがあるアバディーン港、香港のカイタック空

港は、最も記憶に残る光景、驚異的な旅行ですぐそこにありました。

　その後、どういうわけか、同じ年の8月にスコットランドに行くことができ、家族を訪ねながら、エディンバラミリタリータトゥー、エディンバラフェスティバル、マキューアンズジャズフェスティバルを観ることができました。また、この訪問では、少し野心的なスコットランドのカーツアーに乗り出し、レンタカーに飛び乗って北に向かい、ロイヤルディーサイド、バルモラル城、ブレーマール、グレンシーのスピタール(父は死ぬほど怖がって山の頂上までスキーリフトで上がった)、ピトロッホリー、シーハリオン(何年も前にサイクリングしたピトロッホリー近くの山)。クイーンズビューは、ラノッホ湖とタムメル湖の壮大な景色を眺めながら、クリアンララック、キリンフォールズ、ローモンド湖、ヘレンズバラ城、ロスシー、ウィームスベイへの道と呼ばれています。忙しい日々でしたが、みんな楽しい時間を過ごすことができました。

　私たちがサウジアラビアにいる間、休暇を計画して行っただけのように思えるかもしれませんが、実際には「仕事で生産する」必要があったにもかかわらず、私たちの心は常に家族と一緒に家にいるか、次の旅行を計画して健全な速度でお金を貯めていましたが、これは一時的なものにすぎず、私たち(駐在員)全員がそれを最大限に活用していることに気づきました。この環境にいる間、あなたはそれに対処しなければならないようです、たとえこれがすべて外部の人々には素晴らしく聞こえるにもかかわらず、「常に何かが欠けている」。

　この頃、私は職場で、部門のトレーニングマネージャーになることに興味があるかどうかを確認し、電子データ記録情報を使用してエチレン運用要員向けの「正式な」トレーニングプログラムを開発しようと試みるよう求められました。私は、数年前にフランク・ヴァン・デルフトがペトロサー・モジュラー・トレーニング・プログラムの開発に携わったことがあり、幸運

にも自分自身がファストトラックのコンピューター・トレーニングを受けないことを条件に、そのポジションを受け入れました。任務を本当に楽しんだし、時間は非常に速く過ぎ、何らかの理由でプラントがダウンしない限り、運用責任はなくなりました。

1987年は、別の"良い"忙しい仕事の期間を約束したので、私たちは旅行が無視されていないことを確認しなければならなかった、4月1-3日の週末は、かなり新しい"バーレーンコーズウェイ"サウジとバーレーンを結ぶ素晴らしい旅行を運転していた(5億4600万ドルの費用で建てられた)いくつかの非常に良い友人、ジョンとシーラヴィンセント、ニールとメアリーバーク、ディックとドロシー・トラヴィス。この小さな島は急速に私たちのものになりつつありましたお気に入りの週末は、混合文化やナイトクラブの多くと私たちが飲んでいたものから逃げる:飲むはずだった、レストランはヒルトンホテル、シェラトンホテル、そしてホリデイインマナーマで壮観だったいくつかを挙げると、時にはあなたは自分自身をつまむだけで、私たちの部屋の小さな冷蔵庫の「バー」は確かに週末にも大きな舐めを得ました。

ジェフと彼の長年のガールフレンドであるポーラ・ジラーは、1987年7月8日に結婚することを決め、最初は大きな壮大なイベントを望んでいたが、時間が経つにつれて、彼らは再考し、今ではそれはあまり良い考えではないと判断したので、結婚式はポーラで行われることになった。両親:サーニアのロンバルディアアベニューにある家で、素敵な大きな庭園とスイミングプールがありました。それで、招待状が送られ、7月に計画し、楽しみにしているイベントがありました。スコットランドの私の両親はすぐに孫の結婚式のためにサーニアに行く計画を立て、偶然にもエレインは同じ時期にブロック大学の卒業式に出席しなければなりませんでした。ドリーンは、私の休暇に先立ってサウジアラビアから帰国する予定で、彼女が

今住んでいるトロントでエレインに会い、式典のためにセントキャサリンのブロック大学に車で行きました。急いでいると、エレインは彼女の靴を忘れて、い　くつかのサイズが小さすぎるが仕事をしたママのペアを借りなければならなかったようです。

　すべての計画はうまくいき、家に帰ると、たくさんの社交イベント、バーベキュー、パーティーなどがあり、もちろん、ジェフと彼の男性の友人や家族全員のためにスタッグナイトを手配しなければなりませんでした。残念ながら、poorMikeは最近、彼がイグニッションのキーで縁石で彼のピックアップトラックで寝ていて、スタッグを作ることができなかった理由について地元の警察とわずかな意見の相違を持っていましたが、私たちはなんとか彼の一時的な「家」から彼の一時的な「家」から、結婚式の日に特定の条件で彼のために思いやりのある「休暇」を得ることができました。私たちはサミアのフロントストリートにあるアップアンドダウンズパブでスタッグナイトを過ごしました、そして男の子は私たちが素晴らしい夜を過ごしました、どうやって家に帰ることができたのか「誰も知らない」。

　結婚式はZillerの家で大成功だった:簡単な式典の後、新郎新婦にいくつかの乾杯、いくつかの食べ物、良い音楽と飲み物のほとんどのゲストを含むゲストのほとんど、私の両親と出席の「ほぼ」他の誰もが完全にプールで服を着ることになった、誰もが本当に良い時間を過ごした、短い式典の後、新郎新婦、私の両親、そして出席者の他の誰もが完全に濡れているかどうかにかかわらず、完全に服を着て終わった、Zillerの家で大成功だった、確かに思い出に残る結婚式です。

　イベントの直後、ドリーンはフィリスを訪ねるためにドイツに向かい、サウジに戻る途中、マアンド・パパはスコットランドに戻り、私はかなり不本意ながら砂漠に戻ったことを思い出します。仕事は素晴らしく、家は素晴らしく、車は素晴らしく、生活は静かでリラックスしていましたが、私たちは少し

疲れていました。しかし、私たちがそこにいた数年間で感謝すべきことがたくさんあり、私たちの目的のほとんどを達成し、SADAFはドリーン(彼女の胸のしこりについての恐怖)ジム(損傷した軟骨でサッカーをしている)の手術を含む優れたヘルスケアを提供していました。本当に寛大な給料と経費手当ですが、どういうわけか、私たちが長い間ここにいるようには感じられませんでした。

　トレーニングマネージャーの仕事は仕事で順調に進んでおり、私はすべての従業員の電子記録管理の作成に関与することを本当に楽しんでいました、24/7運用からはかなり変更され、いつでも発生する可能性のあるインシデントに対応しました。週末は引き続き最も楽しいものでした10月には、トムとエイドリアンヒューズと一緒に再びバーレーンに向かい、ディプロマットホテルで人気の英語バンドとフレンチキャバレーのディナーショー、カフェロワイヤルでのドーランショー、シェラトンでのナイトキャップの仕上げなど、別の週末パッケージ契約を行いました。

　成功裏に試運転し、工場を立ち上げた私たちの駐在員プロセスオペレーターのスタッフからのわずかな消耗のために、SADAFの経営陣は、1987年12月にロンドンイングランドに採用チームを送ることが賢明であると決定しました。私は行くように頼まれ、エジンバラの家族への訪問を組み込むことができるかどうかを受け入れました。私たちの喜びに、彼らは受け入れ、ドリーンと私は再び行きました、ドリーンはエジンバラに滞在し、私はロンドンで数日間インタビュープロセスに参加しました。スコットランドへ向かう途中、パリに立ち寄り、エッフェル塔、ライン川、そして非常に興味深いカフェなどの観光をしました。途中で。スティーブンソンドライブにあるマーとパパの家に滞在し、27年ぶりのクリスマスを彼らと共有し、窓に小さなクリスマスツリー(お父さんはこれにかなり興奮していました)と素敵なディナーを過ごしました。イー

スターロードでハイバーニアンとレンジャーズのフットボールの試合を見ることができ、さらに地元のパブで、彼が20年前に彼らのためにプレーしたアレックス・リンウッドという古いヒブスの選手に会いました。また、キングスシアターで毎年恒例のクリスマスパントマイムショー「ジャックとビーンストック」のチケットを4枚手に入れることができて、ママとパパは短い時間でも私たちがそばにいることを本当に楽しんで夜を過ごすことができました。

　すぐに私はロンドンに向かい、サリーATSリクルート会社が調整した3日間にわたって面接が予定されていたリッチモンドヒルホテルでリクルートを行いました。最初の面接は、中東で働くことに興味があり、エチレン処理の経験が豊富にある主要な候補者とうまくいきました。面接する予定だった多くの候補者の一人は、カナダのペトロサールで私と一緒に働いていたイギリス人の男で、ホームシックの妻と家族と一緒にイギリスに戻る前に。これは「当然のこと」だったので、私たちは一日が終わる前にホテルのパブに数パイントと良いブラーに行くことになりました、そしてSADAFは彼らがした2年間の契約を提供する別の優れた候補者を持っていました。私たちは幸運にも、すべての書類が整ったら仕事に報告する準備ができていて、喜んで、仕事に報告できる他の4人の非常に優れた候補者に仕事を提供するのに十分でした。

　ロンドンにいる間、SADAFの私たちカップルがピカデリー劇場でキャロル・ウッド主演の「ブルース・イン・ザ・ナイト」というショーに行ったとき、その夜、いくつかの思い出に残る瞬間が起こりました、私は劇場に向かう途中で乞食に近づき、それを拒否して移動しましたが、彼は私の後に来て、私は少額のお金を提供しました、そして彼は私を殴ると脅しました。地獄のように走り、無傷で脱出することができました。さて、私たちは今、ショーの前に劇場のバーに安全に立っていますが、

見よ、誰が私の隣に立っているのでしょうか?映画監督のダスティン・ホフマン、信じられますか?

　私たちはロンドンのダウンタウンにあるカンバーランドホテルに滞在しましたが、インタビューはリッチモンドヒルホテルで行われましたが、その時点で個々の部屋の1泊あたりの価格は77英国ポンドでした。

　インタビューの後、エジンバラに戻り、数日間のR&Rを行った後、ドリーンと私はアルジュバイルに戻り、パリのシャン・ド・リセス近くのセントラルパークホテルに一晩滞在しました。

　アル・ジュバイルに戻って少し落ち着いたとき、私たちは自分たちの将来について長い議論をし、駐在員の生活はもう十分だと判断し、そろそろ「家に帰る」時が来たかもしれないと判断し、脱出プロセスを開始し、サーニアへの帰宅途中にエキゾチックな旅行を計画しました。

　1988年3月13日に初めてサウジを離れ、サウジに戻り(1989-1992)、二度目にサウジを退ットし、その後、「アラウンド・ザ・ワールド」契約の仕事。

　私たちは、辞任の書類を処理し、ビザのみの出口を申請し、すべての「もの」を売却する手配をし、3月1日の出口を計画していました。それはエキサイティングな冒険でしたが、今、私たちは将来に向けて財政的に良い位置にあるという知識を持って前進していました。言うまでもなく、海外駐在員が定期的に出入りしているような送別会がたくさんありました。

　帰路は、それ自体が素晴らしい冒険であり、詳細が多すぎて入り込むことができませんでしたが、予定通り3月1日にダーランを出発し、それ以降はフライトの旋風が吹き荒れ、エキゾチックな停留所が途中でいくつか挙げられ、バンコク、動物園や寺院、シンガポール(シンガポールのスリングドリンクで有名なラッフルズホテル、第二次世界大戦の捕虜収容所であるサントザ島)、オーストラリア、パースでは、Helen-Currieの妹クリスティンと彼女のパートナーエルシー、シドニ

一、Opera Cenre、ゴールボーン、Breadalbaneなど、すべての美しい観光スポットで、ドリーンのいとこのヘレン・リーと彼女の夫ロバートと一緒に滞在しました。この地域にいる間にTidbinbillaSpaceCentreを訪れました。ドリーンにはもう一人のいとこ、パット・バズビーがいて、グレートバリアリーフの近くのどこかからバスでヘレンズの家まで来て、12時間かかりました。しかし、彼女は私たちを見るのを楽しみにしていました、どうやらカナダやイギリスからオーストラリアを訪れる人はそれほど多くないようです。ニュージーランド、オークランドでは、4時間の市内観光をし、北に向かい、ドリーンの他のいとこハリーバントが住んでいたファンガレイと呼ばれる場所でアビーコーブスロードを訪れる前に、彼は私たちが到着するのを待っていたことが判明しましたジャッキー、彼の長年のガールフレンドとの結婚式で、近くの山の頂上で祝うために彼の結婚式でベストマンとベストメイドになることができました。短い教会の儀式の後、私たちは大きな高級車、運転手、音楽、椅子、折りたたみ式テーブル、大きなバスケットで山を登り、シャンパン、ビール、酒、そしてトランクにキャビアを含むあらゆる種類の高級料理を詰めました。この「壮大なレセプション」の後、ハリーとジャッキーが小さな農場に住んでいた壮大な景色を眺めながら山を下り、3日間彼らと一緒に過ごしました。その後、北島を南下し、ロトルアホットスプリングスで一泊し、その後、ニュープリマスのペトロサール出身の旧友に会い、その後、フィジーのナダ、ハワイオアフ島、ロサンゼルス、ハリウッド、サンフランシスコで一晩過ごしました。セントルイス、デトロイトに向かい、3月27日までにポートヒューロン経由でサーニアに帰る途中で私はオーストラリアのパースにあるPetro chemicals Industry Company Limited (PICL)という新しい会社のオフィスで履歴書を落としていました。それは、パースのすぐ南にあるフリーマントルに新しいエチレンプラントを建設するための資金を得ようとしている投資家のグ

ループがあったと聞いていたからです。彼らから話を聞くでしょう。オーストラリア政府は、民間部門が残りの50%の投資家を見つけることができれば、このプロジェクトの推定5億ドルのオーストラリアポンドの費用の50%を合弁事業に投入する用意があったようです。アラン・ボンドという名のイギリス人が、何年も前に移住し、ここオーストラリアで財を成した人物で、このプロジェクトに興味を示していたようです。

私たちは、約5年間世界を旅した後、古い友人や家族と再び親しくなり、サーニアでのリラックスした夏を楽しみました。砂漠で本当に見逃していたオープンエリアや木々、花などがある公園でピクニックをするだけでも素晴らしかったです。バーベキューをしたり、社交したり、ここカナダ、特にビーチで「自由」を本当に楽しんでいます。しかし、私はまだ別の考え方で仕事の選択肢を追求しており、退職するには若すぎました。

1988年の夏、私たちは中東と西半球の間の多くの文化の違いについて考え、長所と短所を検討し、両方の良い組み合わせが理想的であると結論付けましたが、残念ながらそれは不可能であるように思われます。家族は主要な共通項の一つであるように思われ、私たちがサウジで生きていたような座りがちな生活が目的かもしれませんが、ここ西洋では、座りがちな生活はほとんど不可能で、非常にペースの速い生活で物質主義的であるように思われます。

それで、夏が過ぎ去り、ここサーニアでの仕事を追求しましたが、何も進んでいませんでした、ヒューストンのMWケロッグから電話があり、千葉日本で働き、韓国のプロセスオペレーター研修生を教える小さな契約の仕事に興味があるかどうか尋ねられました。昔のペトロサー・コレグのジョージ・ミルンが、私が空いているかもしれないと聞いていたので、電話をかけてきたので、彼らと話をすることにした。

彼らは私にテクニカルアドバイザー/コンサルタントとして短期契約を提供し、彼らはすぐに利用できる人を必要とし、

アメリカのエンジニアリング株式会社に雇われるカナダに住んでいるスコットランド人の書類は、"トリッキーかもしれない"と言われたすべての官僚主義を通じて私を取得する空想的な名前を提供し、8月8日にヒューストンMWケロッグプラントサービスに報告した、1988.ドリーンは私が土地のレイアウトを得るまで家にいました、本当に:再び海外に行きたくありませんでした「でも?」しばらくレジデンスインに滞在し、ドリーンが数日間訪れましたが、それは私がすぐに日本に向かうように見えました、私たちはヒューストンで一緒に楽しい時間を過ごしました、ガルベストン、アストロドーム、政治集会でジョージブッシュシニアにばったり会ったガレリア、そして私たちのお気に入りのスポット「アンジェロ:sフィッシャーマンワーフ」レストラン。

　楽しみが終わってドリーンがサーニアに戻った直後、私は9月16日に東京に出発し、ニューオータニホテルで一泊した後、出見津石油化学工場のある千葉県行きの電車に向かいました。五井グランドホテルにチェックインし、韓国のオペレーターのトレーニングに携わりながら滞在しました。私が思った面白いはずだと思った、スコットランド人、韓国人、日本人、そして一部のアメリカ人エンジニア、はい、できるだけ早く翻訳者が必要になるでしょう、ヒューストンと呼ばれ、彼らは「まあ、1つを手に入れる」と言ったので、私たちはそうしました、そしてそれはいくつかの困難な瞬間の後に合理的にうまくいきました。

　数日後、私たちは皆うまくやっていくことは明らかで、毎晩地元のバーに行って何か食べたり、飲み物を飲んだり、カラオケマシンで歌ったり、私たち全員が出身国の歌を歌わなければなりませんでした。オペレータートレーニングは非常に順調に進んでおり、ベン・ジョンソンが100ヤードスプリントで金メダルを獲得したため、私たちカナダ市民にとってこの時期に行われていたオリンピックの試合に一緒に働いているほど

んどが興味を持っているように見えました。私たちの二日酔いは急に悪化し、世界中で非常に大きなニュースになりました。

　9月29日の午後3時に工場の教室で興味深い議論をしている最中に、本社に行くように呼ばれ、秘書はカナダのドリーンから父が亡くなったという電話を受け、彼女はすぐにメッセージを受け取った工場長に連絡しました。もちろん、私は唖然としましたが、すぐに日本からどうやって帰るのかを考え始めました。ヒューストンは、荷物をまとめて、出頭旅行部に指示して、できるだけ早くスコットランドへのフライトをできるだけ早く手配し、MWKelloggを請求書を送るように指示しました。

　ヒューストンは、できるだけ早く私の仕事を引き継ぐために、誰かが飛行機で出かけてくれるように手配してくれました。私はタクシーでホテルをチェックアウトし、電話から3時間以内に成田空港に向かい、その夜の午後9時30分にアラスカとアムステルダムを経由してエジンバラに飛ぶKLM便を予約しました。今、私たちは私たちの道にいます、私は2つのブランデーと2つのビールを注文しました、それが私に襲ったとき、リラックスして自分自身におしっこ挨拶をしようとします"なぜ私はアラスカに行くのですか?"パニックステーション、彼らは私を間違ったフライトに予約しましたか?スチュワーデスに電話し、彼女は私が動揺しているのを見ることができました。それは大丈夫です、彼女は私の肩を叩いて、アラスカを経由してアムステルダムに行くのは、エジンバラへの接続を得るための最速のルートです。電話を受けてから29時間後にエジンバラに到着したと信じられますか、彼女はできる限りのサポー　トを必要としていたので、母は大いに喜びました。姉のベティはすでにエディンバラに到着しており、兄のアランがすでにカナダからスコットランドに向かっていることを知っていました。

その後の数日間は、葬儀の手配をしたり、すべての事務処理をしたりと、マーが父さんの希望を火葬し、葬儀はウォリストン火葬場で行われることになっていると、とても忙しく、感情的でした。1988年10月3日月曜日、私たちはスティーブンソンドライブのマとパパの家で礼拝を行い、レセプションに戻りました。招待された親戚のほとんどは、多くの古い友人や隣人と一緒に現れました、私たちは本当に素晴らしい「通夜」を持っていました、あなたがそれを呼ぶことができるなら、素晴らしいアウェイパーティー/お父さんのために一緒に歌う何時間も続いた、彼はそれを愛していたでしょうが、多くのアティア小屋がありました。

私は10月16日にヒューストンに戻り、日本の仕事の状況報告をすることになっていたので、10月10日までマーと一緒に過ごすことができましたが、お父さんがいないとマーを一人で残すのは非常に難しかったので、すぐにカナダに来てしばらくサーニアに滞在することを検討してみてはどうかと提案しました。ヒューストンに戻った数日後、本当は日本に帰りたくないと気づいたのですが、サミアで別の仕事のオファーがあったので、通知書を提出して家に帰りました。

１０月２１日、ドリーンの４８歳の誕生日に、私はPartekInsulationsという苦闘している会社で働き始めました、ペトロサールのシニアマネージャーであったスチュワート・ライアルが退職し、コンサルタントとしてこの会社を若返らせるように頼まれました、彼は今度は私にメンテナンス監督者(5人部門)として参加し、彼が物事を好転させるのを手伝ってくれないかと私に尋ねました。もちろん、私はできませんでした:それは仕事であり、それはサーニアにありました。それは本当に混乱していましたが、私たちは私たちのPetrosar参加型管理スタイルを使用してそれを良いショットにしました、従業員からの敵意に直面しましたが、私たちは進歩しました。

　　PartekInsulationsの従業員は、改善のために議論された変更に関与していることを確認しようとしたため、ゆっくりと来ていました、場所は今では整頓され、よりよく整理され、さらには社交イベントが設定されていましたお互いを少しよく知るために、仕事だけでなく。突然、11月15日にDaveMaceyという人物から電話がかかってきて、すべてがひっくり返りました。デイブは、彼がオーストラリアのパースでPICLの仕事のプロジェクトマネージャーであり、彼はすぐにオンタリオ州ロンドンで、プロジェクトが今「行く」と私はまだエチレンユニットマネージャーの仕事に興味があるので、利用可能なポジションについて話し合うだろうと説明しました何ですか?何度かスタンドをやった後、私は冷静に「はい、そうします」と言いました。

　　11月19日、オンタリオ州ロンドンの高級レストラン「マイケル・オン・ザ・テムズ」でデイブとディナーを共にし、仕事とはあまり関係なく、素晴らしいディナーとおしゃべりをしました。私たちが食事を終えて夕食後の飲み物を楽しんでいるとき、彼は「どう思う?」と言いました。私の答えは、私はエンジニアではありませんが、私はエチレンの経験がたくさんあり、建設、パンチアウト、試運転、実行、保守フェーズ中に本当に価値がある可能性があります。彼の返事は「私はそうだった」でしたプロジェクトディレクターのディック・セルフに、もし望むならこの仕事を提供するように言われたが、彼はあなたがエンジニアであるかどうかは気にしない。あなたが仕事に興味があるなら、オーストラリアのパースに行って彼とそれについて話し合い、周りを見て回るのに一週間かかり、すべての費用旅行と宿泊費はPICLによってあなたのために世話をされますどのように私たちはこのようなオファーを拒否することができますか?これがうまくいけば、パルテックは他の誰かを探さなければならないかもしれませんし、ドリーンは今のところ話し合いの末に乗り込んでいるようです。

12月にパルテックから一週間の休暇を手配し、12月12日にサーニアからトロント、ロサンゼルス、シドニー、そしてパースへの非常に長い旅行(実際の飛行時間25時間)に行きました。

12月15日に私はディックセルフと会った、右に、彼は仕事はあなたがそれを望むなら、もう一度私は彼に私がエンジニアではなかったことを思い出させた、"我々はエンジニアとの会議に座って、彼らが提案するものがあなたの経験に基づいて意味をなすかどうかを教えるために、エチレンビジネスの実用的な側面を知っている人を望んでいる"。彼は言った、「私たちは1991年12月までにエチレンが欲しい、今から38ヶ月後、それはできるのか?はい、と言いました。日本ガソリン公社(JGC)が主な契約者となります。彼は私がオーストラリアで働くためにはビザが必要だと言いましたが、その間に彼が私をコンサルタントとして雇ったなら、それは大丈夫でしょうか、今については、私が提供しなければならなかったものに対する彼の認識に少し圧倒されています。午前10時、プロセス設計、私が考えた簡単な質問、プラントの容量、炉の数、コンプレッサーの数、冷却に何を使用するか、コストの大まかなアイデア、活動のスケジュール、オペレーターの数、高度な制御システムの種類について話し合う短い会議がありました。その後、操作性、効率性、柔軟性、メンテナンス、および操作ユニットを失った場合の影響について、非常に短い議論をしました。

12月16日には、どうやら私には仕事があり、書類はできるだけ早く処理され、PICLと日米時間会社の担当者と供給源について会い、どのような炉とオプションがあるか、時には自分自身をつねる必要があります、これはとても楽しく、高給で、私は自分の深さから感じていません、ディック・セルフは明らかに別の実用的な人であり、謙虚さを尊重します。2日目の午後2時、ディックは私がリロケーション給付金と税金の影響のリ

スト、さらに多くの報酬オプション、そして多額の給与を私に伝えます。

　12月17日、ディックは私に、ダウ・ケミカル、ペトロサラ、SADAFでの経験に基づいて、基本的にはシフトごとのスーパーバイザーとオペレーターを含むオペレーションスタッフ、メンテナンスを含むデイスタッフ、トレーニングコーディネーター、エンジニアリングサポートの経験に基づいて、人員配置計画を立てるように頼みました。彼は私に今日後半にこれをくれと言った、そしてその後、あなたは家に帰って、私たちがあなたの契約を作成しながらエチレン生産の経験を持つスタッフを探し始めることができます。彼は正式に私に仕事を提供し、「評価のための草案」のコピーをくれました。その後、私たちが来ることを決めたときに利用できる可能性のあるいくつかの家を見るために私をドライブに連れて行きました。その日の早い時間に、私たちはフリーマントルの近くにある非常に大きな「フィールド」に行き、提案された施設が建設されるBPRefineryの近くにいました。

　12月、私はまだ私の道に来たこの素晴らしい機会に自分自身をつねる必要がある家に向かい、パースから飛び出し、シドニー、ロサンゼルス、トロントに飛び、その後、サーニアに家に帰りました途中でいくつかの飲み物を楽しみました「これはすべて夢だったのか、それとも何だったのか」。ドリーンと私がこのオファーを受け入れることにした場合に私たちが何をしなければならなかったかの長いリストを作りました、ここで私たちは再び行きます私は考えることをたくさん考えました。1月3日、パースでの会議の議事録のコピーを受け取りました。これは、プロセス設計の提案に関する興味深い内容です。

　1月22日、デイブ・ディクソンから電話があり、PICLプロジェクトの予算案をまとめるように頼まれていたので、彼は何人の監督者とオペレーターが必要か、いつ彼らの訓練を開始す

るかを知る必要があったので、1990年の非常に早い時期に何人かの雇用をずらして開始し、その後、プラント建設が進むにつれて1991年にさらに追加することについて説明しました。彼はまた、非常に高価になる可能性のあるすべての運営スタッフを開発する必要がありました。

その間、エチレンビジネスで長年の経験を持つ少なくとも9人から、更新された履歴書とともにいくつかの肯定的な回答を受け取りました。彼ら全員が私と一緒にサーニアのペトロサーで働いていたことがあり、計画が進めば会社に参加することに非常に興味を持っていました。

2月16日に、オーストラリアの新聞に掲載された広告のコピーを受け取りました。これには、「エチレンスペシャリスト」の要件が丁寧に記載されており、サウスパースの興行収入(参照 #949)に対する回答が記載されています。私はデイブ・セルフに電話し、彼は私にエチレンユニットのマネージャーになるよう頼んだが、政府機関から、新しい仕事にはオーストラリア人が何よりもまず考慮されなければならないと教えられていたと説明しました。彼は、基本的に誰もこれらの資格を「すべて」持っていないように、自分が望む人を選ぶことができ、心配することなく、会議が予定されている場所ならどこでも旅行を続け、観察し、耳を傾け、進捗状況を彼に知らせ続けることができるように表現しました。

その時は不明確な理由があったため、私はPICLのためにカリフォルニア、日本、英国に出張し、MWKELLOGG、LUMMUS、STONE&WEBSTER、CFBRAUNなどの企業からの提案を審査するためのコンサルティング契約をオファーされ、署名しました。私は最近採用されたばかりの新しいエンジニア、ピーター・ビーティと一緒に旅行します。

その計画では、1989年2月27日にCFブラウンのパッケージをレビューするために、約1週間ロサンゼルスに行くことになっていました(週末にパサデナで休暇を過ごしているロン・

フィリップの両親を訪問する機会がありました)。サーニアに戻り、数日後にスコットランドに向かい(いくつかの時間)、約2週間、ロンドンの運営チームと会い、その後、横浜のJGCに4〜5日間進みます。費用は再び米ドルで計算された日当たりのレートで非常に寛大で、小切手は自動的に私たちのCIBC銀行に預けられました。日本の後、私たちはヒューストンに向かい、ストーン&ウェブスターがどのような進歩を遂げたかを見ることになっていました。この旅行に出発する直前に、旅行の日本部分をキャンセルするように求められ、4月/5月に再スケジュールされました「(必要な場合?)」。

- ✪ 1989年MARCH 2ND、非常に長い疲れ果てた日を過ごしたこの旅行中の広範な会議の後、利用可能なすべてのオプション/情報/戦略/予算/タイミング/オブジェクトを見て提示された非常に簡単な要約は次のとおりです。
- ✪ 180,000MTAのエチレンを生産するプラント設計・低資本、エネルギー効率、信頼性、実績のある技術、安全性
- ✪ 4つの最新技術の分解炉、3つのCAPA-BLEの100%の生産
- ✪ 8200時間/年のストリームファクター
- ✪ 4段チャージガスコンプレッサー(ブラウンテクノロジー社製)
- ✪ フロントエンドのDE-ETHおよびアセチレン除去、苛性アルカリ除去およびDE-PROPによる除去
- ✪ プロパン冷凍システム
- ✪ 空冷の可能性を考慮した冷却水の哲学

「類似設計」のプロセスフロー図(PFD)は参照用としてのみ受け取っていましたが、更新されたPFDまたは配管および計器図(P&ID)のレビューを待っていました。

慌ただしい活動の後、物事が少し遅くなり始めたように見えたので、私は家でドリーンと家族と一緒に何が起こるかを「待っている」時間がありました。4月14日、オーストラリア居住ビザに関する手紙がPフリードランダーから届き、私はオーストラリア領事館に連絡することになっていました。何時間も開いていないことが判明しました。最後に領事館のロス夫人に連絡し、彼女は事務処理が現在処理されていると言いました、ドリーンと私は完全な医療とレントゲンを手配し、RCMPの履歴に連絡し、指紋を提供し、それらと写真を送らなければなりませんでした。

5月8日:ストーン・アンド・ウェブスターのシニア・プロジェクト・エンジニアであるゴード・グロコットと話したところ、彼は5月16日にヒューストンで会議を開く予定だと教えてくれた。これは起こらなかった、何が起こっているのか、私は疑問に思い始めました。

5月29日、RCMPから「NoRecord」の許可を受け、トロントオーストラリア総領事館に移民パッケージを送り、PICLのデイブ・メイシーに私たちの状況を知らせましたが、プロジェクトが財政問題に遭遇したという醜い噂を聞き始めていました。数日後、ディック・セルフから電話があり、プロジェクトは確かに問題を抱えており、民間投資家が手を引いたため保留になっていること、そして弁護士が私に連絡し、私に支払うべき補償と費用が近い将来に転送されることについて話し合うと言いました。

バリー・ライアン・テクサー・エンジニアリングは、私が帰国して「保留」になっていると聞いていたので、1989年8月28日から9月26日までの大規模なシャットダウン中に、ペトロサー

ルに戻ってエチレンユニットの検査官として働く仕事を提供
してくれました。

　私たちは新しい家に投資することを決めていた、ドリーン
は、彼女の父の哲学が、現時点では他の投資機会よりも優れ
た選択肢になると感じていた、リスクが少ないので、私たちは
それと一緒に行き、536キャスカートブールバードで美しい家
を見つけました。私たちは、リーズナブルな価格で家を売って
いた2人の若い既婚エンジニアと交渉しました、彼らは町から
転勤していました。残念ながら、マイク・ファーマー(ジェフの
親友)と彼の妻にとって、彼らは本当にこの同じ家を望んでい
ましたが、どうやら、私たちはサウジアドベンチャーのおかげ
で頭金が良くなりました。私たちは購入に満足し、ジムパンプ
ル、不動産業者との計画を動き出し、この新しい家の両方を
借りるために、私たちは再び旅行し、現在借りられていた794
パインビューアベニューを借り続けなければなりませんでし
た。

　それは9月27日、私はキャンベラのトレイシー・コリンソン
からテレックスを配達してもらい、彼らの弁護士に代わって
PICLプロジェクトのステータスを更新し、それは見栄えが悪
く、他の雇用機会を自由に探索するために、「夢」が終わった
ように思えます、皮肉なことに、私たちはオーストラリアの個
人文書、ビザを受け取りました。パスポートとその他の重要な
書類は10月1日に提出します。ビザは、3つの条件で私たちに
発行されていた、我々はar-rivalでチェックアウトされるため
に、セキュリティ面接が必要になります、承認は、プロジェクト
が先に進むことが与えられた場合"のみ"が発行されます。

　本当に全体の状況について複雑な感情を持っていたが、
すぐに私はいくつかの他の雇用機会を探り始めた、明らかに
PICLは保留にされ、今は決して起こらないかもしれない"あま
りにも悪い"と思ったが、私はサーニアのPartek断熱材に戻る
ためのオファーを得た、ヒューストンのMWケロッグでの仕事

に戻る可能性があったと低いと見よ、私はサウジアラビアの SADAFで私の元上司から電話を受けた、私の注意を引いた モハメド・アル・ラビは、サウジアラビアでの　2年間の契約バ ックに興味があり、彼らのトレーニングプログラムと運用手順 を更新しました。

アクション。私は、PICLが将来いつか先に進むだろうと想 定していましたが、それを待ちたくなかったので、Partekのオ ファーを拒否しましたが、必要に応じてMTSトレーニングの目 的で彼らに利用可能にしました。サウジアラビアのオファー の処理を続行しますが、他のオプションを引き続き追求しま す。もし「他の選択肢がなかった」場合は、PICLが成功するま でサウジアラビアに行くか、家に帰りたいと思ってください。

ライフバランス評価に関する簡単な「状況評価」を行いま したが、バランスは自分/家族/仕事の間にあります。通常、こ れらのうちの1つが同期していないとき、1つは他の2つを因 果関係で見ますが、現時点では3つすべてが同期していない ように思えます、深刻な機能不全です!自己は落ち着きがな く、退屈で、不満で、不幸です。家族には深刻な問題があり、人 間関係が悪く、尊敬がほとんどなく、グループディスカッション が行われていません。仕事は、サウジアラビアの間違った時 間に良い仕事を残した、PICLの仕事は、大きな失望、:パルテ ックやヒューストンのオプションを空想していなかった、サー ニアで他の仕事は、サーニアの決定、サウジアラビアのオファ ーを受け入れ、再試行し、ドリーンは同意した。

私たちが536 Cath cart Blvdの家「BALKYMOR」を購入し たのとほぼ同じ時期に、ジェフアンド・ポーラはサヴォイ・スト リートで数年間共有していた家から、ベッドフォード・クレセン トのより大きくて素敵な家に引っ越しました。ジェフはもとも と彼のダグカニンガムの良き友人とサヴォイの家を購入して いた、ダグはある段階で移動することを決めていたので、ポー ラは両親の両方のセットといくつかの「興味深い議論」の後に

ジェフと一緒に引っ越した、それは彼らにとってうまくいったように見えた。エレインは現在、トロントのリトルイタリーに住み、働いており、大都市での生活を経験しており、いくつかの仕事を働いて生活費を稼ぎ、彼氏がいましたが、他の場所でより良い雇用を探していました。

マイクは、サーニアのホームズファウンドリーでしばらく働いていましたが、閉鎖され、コランナのエチルコーポレーションに移り、そこで5年間働いた後、閉鎖され、しばらくの間失業保険に加入していましたが、ラムトンカレッジに戻り、プロセスオペレーターコースを受講し、ウィンザーでBPで働くことができました。これはかつてドームペトロリアムであったアモコで、安定した仕事を見つけました二度目のコントラクトのためにサウジアラビアに戻るという申し出を受け入れた後、ヒューストンですべての書類が再び処理されている間、ここサーニアの自宅で楽しむ時間がありました。9月30日、アイリーンとロンと一緒に数日間リッジタウンへ出かけましたが、そこではロンスコンストラクションの会社「TollboothHomes」が小さな住宅プロジェクトを進めていました。そこにいる間、ロンドーパーク近くのシルバーMランチに滞在し、おいしい食事を楽しんだり、リッジタウンゴルフ&カントリークラブでゴルフをしたり、素晴らしい時間を過ごしました。

リッジタウンへの旅行から家に着いたとき、いくつかの書類と記入するフォームを含むパッケージが待っていました。「さらに」、5,000ドルの移転小切手、1.3,000ドルの配送手当の小切　手。しかし、今回は「軽く」旅行し、出荷せず、そこに着いたときに必要なものを購入し、これを最初に行うべきでした。

10月24日までに、必要なすべての書類が完成し、ヒューストンに返送され、ドリーンの医療情報と署名された契約書が郵送されました。前回の契約から入国ビザのルールが変更されたため、数週間前にサウジアラビアに一人で行かなければならなかったため、数週間前に医療を完了しました。私たち

の親友で、ペトロサールで一緒に働いていたノーム・ブノワと
彼の奥さんも、私たちがほぼ同じ時期にアル・ジュバイルに行
く予定だったので、アムステルダム空港で会う予定でした。

11月29日、私はサーニアを離れてトロントに向かい、数日
間エジンバラに行き、数日マーと一緒に滞在し、その後、彼女
の最初のひ孫、ベティの娘フィオナの子供(レイチェル)の洗礼
のためにソーナビーに行き、その後、12月5日にアムステルダ
ム行きの飛行機に乗り、ノーム・ブノワ(トロントからチケット
を1等にアップグレードし、クレジットカードをチャージした)
に会うために出発しなければならなかったので、私はダーラ
ンに向かい、空港でマイク・エバンスに迎えに来て、アル・ジュ
バイルに車で行きました。ノームは残念ながら、アムステルダ
ムからダーランへの1等車の支払いができなかったため、翌
日飛行機で出発する前に空港で別の友人からいくらかのドル
を借りなければなりませんでした。

12月6日ケン・レスリーSADAF従業員関係に報告され、私
の給与と福利厚生は12月5日から開始されますが、アル・フワ
イロットで本当に素敵な3ベッドルームの家が割り当てられ、
その後、ドリーンのビザが処理して承認を得るのに少なくと
も6週間かかることがわかりました。

工場は良好な状態にあり、サウジのオペレーターは順調
で、新しい駐在員のサイトと「ベテラン」が何人かいて、実際に
は、日常業務にあまり関与せずに、別の役割でここに戻ってき
たのは良かったです。「効率」が日々のオペレーション対話に
忍び込んでいることは明らかで、予算を考慮し、メンテナンス
コストを監視する必要が生じていました。そこで、私は新しい
オフィスに落ち着き、モハメド・アル・ラビから今後数ヶ月に何
が期待されているかについて説明を受け、トレーニング記録
を見直すうちに、これからはかなりの課題があると感じまし
た。

　アル・フワイロットで割り当てられた家は、非常に手入れが行き届いており、設備も整っており、期待できるすべての最新設備が整っていたので、ドリーンが到着したときにがっかりすることはありませんでした。リーズナブルな価格の中古車(2年前のマツダ323を見つけました)を探し回ったのは、今回は2年以上ここにいるとは思っていなかったため、またはドリーンが明確に言ったように、「最初の孫が途中でわかるまで、私はここから出ます」。

　私はDeember14日にダウンの日だったので、私は私の考えのいくつかを書き留めました、missingドリーン、一人でいたくない、群衆と一緒にいたくない、働きたい、本当に仕事の種類がわからない、人生の物質的な利益は現時点では無意味に思えます、30日間の哲学に取り組むでしょう、この仕事の割り当ては、満足感を提供しないかもしれません、楽観的な哲学と格闘しながら、"BALKYMOR"での生活に戻って探し、この"人生の段階"はいつ終了しますかいいえ!人生そのものではなく、これからは良い時代が待っています。私は再び人生の日常のささいなことを好きになることを学ぶ必要があります「孤独な鳩」。

　ドリーンとジャネット・ブノワは、できるだけ早くサウジアラビアに向かう予定でした書類、ビザ、パスポートなどがクリアされたので、その間に「なぜ私はここにいるのが楽しいのか」についてたくさん考えました。アルジュバイルでは、気候、ゆっくりとした生活、仕事を楽しむ、経済的にやりがいのある、人生のプレッシャーから離れて、唯一のドリーンを考慮する必要があります。ノームと私は会社で家に向かった:1990年1月25日に妻を迎えに、私たちは1990年2月2日までに戻らなければならなかった、私は家族のために家に持ち帰る贈り物の巨大なリストを持っていた友人とそこにいる間の「やるべきこと」のリストがあったので、家に帰る時間はあっという間に過

ぎ、アムステルダム経由でサウジアラビアに戻る飛行機に乗った。

2月25日、一般的な健康状態、ドリーンは私と一緒にここにいて、彼女が他の妻たちと分かち合ったすべての活動に元気そうでした。私たちは、その瞬間、再び一緒に、私たちの社会生活が回復し、今では、ローテーションの場所での戦争演習のためにその地域にいた英国と米国の軍隊の一部を楽しませている、合理的に幸せで満足しているようです。サスカトゥーンのスーザンとエルマービーチは、この取り組みを調整しました。その頃には、私は新しい仕事に落ち着き、今のところ工場ではすべてがうまくいっていました。私たちはすぐに起こることを望んでいたいくつかのことがあった、これらはサーニア、マイクは仕事を見つけるために、エレインは彼女の資格に適した良い仕事を見つけるために、スコットカリーのためにカナダにそれを作るためにマーのためにそれを作るためにしたい:今後の結婚式ともちろんドリーンはジェフとポーラからすぐに孫を持つのが大好きで、ジェフは彼が対処していたように気分が良くなり始めるためにしばらくの間、不安発作を伴います。

この頃、イラクの現在の指導者であるサダム・フセインは、クウェートを南の小さな国を取り戻すことについて騒いでいました。それは明らかに歴史上一度はイラクに属していたようですが、クウェート国境はアルジュバイルの北KMSまでしかなかったので、私たちは世界の他の地域と同様に、その展開を注意深く見守っていました。脅威が深刻になりつつある中、アメリカとイギリス軍は、北部国境への脅威が、この地域に多額の投資をしていたサウジアラビアとアメリカ双方にとって懸念事項であったため、"演習"のために軍艦で到着し始めていた。

3月中、ドリーンはあまり気分が良くなかったとき、サーニアから衝撃的なニュースが届いたとき、それは私たちのどち

らにも役に立たなかった、ペギー・ターナーズの夫フィル、本当に良い友人のオフォーズが彼の命を奪ったことに加えて、スコットランドに戻った私の母が非常に悪いウイルスを持っているという知らせを受けました。とてもうまくいっていません。「私たちは一体ここで何をしているのだろう」と疑問に思う瞬間で、全く役に立たないと感じ、乗り越えるのがとても難しい一週間か二週間でした。

　このような悪いニュースにもかかわらず、私たちの日常生活は続いていましたが、ドリーンはすぐに落ち着き、まだそこにいる古い友人や新しい友人たちと再び関わるようになりました。私たちは皆、4月に休憩が必要だと決め、4月24日から4月28日まで、宗教的な休日「イード・アル・フィトル」の間に再びお気に入りの島「バーレーン」を訪れ、ホリデイ・インに滞在し、再びすべての史跡を訪れ、いくつかのショーに行き、ワインを飲み、食事をし、地元のスークで買い物をし、一般的にすべてのことを考慮して楽しい時間を過ごしました。残念ながら、ある買い物旅行中にドリーンが歩道で転んで足首を捻り、あまりうまく動けなかったため、途中でさらにいくつかの飲み物を飲む必要があり、その後、病院に行って検査を受けなければなりませんでした。週末のハイライトは、シェラトンホテルでマニラバンドが「カーパークショー」と呼ばれるもので、素晴らしかったです。

　バーレーンでの素晴らしい4日間の後、私たちはいくつかの良いニュースを得ました、マーはウイルスから回復し、はるかに良く感じていました、そしてジェフは私たちに私たちの家「BALKYMOR」が若い家族に貸し出されたと私たちに電話しました、そして不動産の男は私たちにすべての詳細と書類をファックスするでしょう、良い一日。

　仕事では、SADAFオペレータートレーニングプログラムの更新で順調に進んでいました、ノーム・ベノワはすべてのトレーニングマニュアルを書き直し、私たちは非常に優れたサウ

ジアラビアの技術者のカップルのおかげで、ほとんどの従業員レコードをコンピューターファイルに変換しました。ドリーンはサーニアで夏に家に帰った、と私は私の母がやっている方法を見るために6月にスコットランドへの短い旅行を計画した、短い答えはあまりよくなかった、彼女は本当にお父さんを恋しく思っていたと:私たちが彼女が望むかもしれないと思っていたカナダでの彼女の長い滞在を最近楽しんでいなかった父が亡くなった後、アランと私と一緒に生きるために。彼女はエディンバラの自分の家とライフスタイルが本当に恋しくて、一人でもそこでより快適で家にいると感じたと彼女は言いました。

　スコットランドにいる間、マーとの短い訪問のために、クイーンズフェリーを通ってボーネスにドライブし、毎年恒例のフェアに行き、マッセルバラ、ポートシートン、ガレインへの別の素敵なドライブも行いました。マーはただ彼女の男の子の一人と一緒にいるのが大好きで、おしっこをして「スコッチ」を飲み、過去を思い出し、お父さんについて話すのが大好きでしたが、私はこの時間に彼女が生きる意志を失ったように見えたので、この世に長くはないことに気づきました。なんとか彼女のためにホームヘルプを手配し、彼女のために電話をインストールすることができましたが、これらの数日後に彼女を離れると、まだ私の背筋に悪寒をもたらします、彼女は正面の窓からぶらぶらしていて、目を泣きながらチェリオを振っていました、これが私が彼女に会う最後の時間でしたか?

　1990年8月2日、中東危機、ドリーンからイラクがついにクウェートに侵攻したという電話を受け、BBCとCNNはサウジアラビアの国境について懸念を表明した。SADAFとアルジュバイル地域の他のすべての工場は、緊急時対応計画の策定を開始しました。私たちは、食料、水、燃料を用意し、何かあったら「屋内」にとどまるようにアドバイスされました。

　8月6日 通常通りの業務でしたが、クウェート侵攻を世界が非難し、サウジは予防措置として一部の軍隊を中立地帯に移動させました。

　8月7日、国連は、今やサウジアラビア国境に軍隊を配備し、撤退を拒否したイラクに対して、経済制裁を課していた。

　8月8日、SADAFは在庫の削減を開始し、現在、シャットダウン計画を策定しており、夜間に大規模なバスの車列で扶養家族(女性と子供)を砂漠を通って西のリヤドに避難させ、そこで家に帰ることにしました。アメリカは、イラクがクウェートを併合したため、今や自国の軍隊を活性化させていた。私はブロックキャプテンとして任命され、SCUD攻撃を含むすべての活動について残りの従業員に通知し続ける責任がありました。ファハド国王はイラクを非難し、アメリカ、イギリス、その他の国連諸国は軍隊を送り込み、サダム・フセインは聖戦を呼びかけ、避難計画が実施されました。

　8月13日、イラクはクウェートからの撤退をイスラエルの占領地から、シリアのレバノンからの撤退につなげ、最初のイギリス兵が撃たれた。

　8月15日、不安な落ち着きが漂い、一部のイギリス人とヤンク人がクウェートに抑留され、海上封鎖が実施され、ペルシャ湾で2隻のイラク船が拿捕された。イラクは外国人を飢えさせると脅し、国連はこの行動を非難し、リダム・フセインは、アメリカがその地域から撤退すれば「ゲスト」を解放すると提案し、ファハド国王はサウジアラビア軍の徴兵を命じる。「砂漠の盾」が実施されていた、平和を求めるか、イラクとアメリカの間に世界的な災害があるかもしれない、スカッドミサイルは今、クウェートに配置されていた、アメリカはサウジでパトリオットミサイルを配置している。国連はさらなる制裁を執行することに合意。イラク軍はクウェートの大使館を包囲した。

　8月28日、最高司令官は、イラクはサウジアラビアを侵略するつもりだったと主張している。

8月29日、国連事務総長が和平交渉に参加するが、大使館は依然として孤立し、和平交渉は勢いを増し、イラクはクウェートを州に指定し、すべての女性と子供を解放する。

8月30日 アメリカ軍の増強が続く、バーレーンは武力行使を主張。

9月6日、湾岸危機が続く、対イラク制裁は100,000人の多国籍軍兵士が、クウェート南部国境近くのアル・カフギの北サウジアラビアに配備されている。アメリカのノーマン・シュワルツコフ将軍は、湾岸戦争のための国連連合軍の指揮官に任命され、イラク軍をクウェートから撤退させる計画を立案するよう求められていた。

私たちは限られた資源でプラントを運営し続けました(この時期に一部の駐在員と一部のサウジアラビア人は故郷を離れました)、私たちの南のダーランに向かう途中で頭上を通過していたスカッドミサイルの脅威は絶え間なくありました「しかし」、私たちはサダム・フセインに屈しているとは見えませんでした。扶養家族が去った後も残るほど愚かな私たちは、私たちの忠誠心に対して補償されると言われました。

ドリーンは6月にカナダに出発し、まだそこにいましたが、母は具合が悪く、すぐに病院に入るので、彼女にとってカナダはありませんでした。サウジアラビアからのKLM便が大幅に減便されたため、休暇のためにカナダに帰国するための代替便を探していました。

ちょうど9月24日にダーランからアムステルダムへのサウジ航空のフライトに乗ったばかりで、トロント、そしてサミアへの良好な接続で、そのエリアのすべての活動でサウジエアスペースを離れる前に、いくつかの明らかな不安な瞬間家に帰っている間に世話をすること、そして危機の間にアルジュバイルに戻ることが意味をなすかどうかを決定することがたくさんありました。10月6日のスコット・カリーズ・ウェディングに出席し、マーが恋しかったものの、楽しい時間を過ごしました。

ドリーンとアイリーンの誕生日を祝ったので、10月215日にクリスティーナストリートのレストラン(改装されたヘリテージハウス)の素敵なstですべての家族といくつかの友人を上質な食べ物や飲み物に扱い、スコットランドに戻ってマーに会い、その後サウジアラビアに私たちの決定が下されました。言うまでもなく、誰もが、中東で非常に現実的な戦争の脅威を持つ私たちは頭がおかしいと思っていましたサウジに戻る途中、ドリーンと私はエジンバラでマーとしばらく過ごしましたが、彼女は全然具合が悪く、彼女のかかりつけ医であるタニー博士に会いに行くように手配しましたが、彼は基本的に彼女がジョーディを恋しく思っている、一人で生活するのが難しい、助けを欲しがっていない、生きる意志を失ったように見えました。私たちは数日間車を借りて、彼女を彼女のお気に入りの場所の多くに連れて行き、途中でジーンおばさんとデイビーギバロングおじさんを訪れ、いくつかのパブランチといくつかの良いおしゃべりをしましたが、彼女はちょうど時間をかけているように見えました。残念ながら、私たちは10月27日に出発しなければなりませんでしたが、兄のアランがすぐに到着し、数週間彼女と一緒に滞在することになり、私の母の長年の良き隣人であるロイ夫人が彼女を見て、彼が到着するまで彼女が無事であることを確認しました。私が対処しなければならない2つの人きな懸念は、マーを去ることと、ドリーンをリウジアラビアに連れ戻すことです。後悔しないことを願っています。

　12月20日に電話がかかってきて、マーが病院に入院したので、できるだけ早くそこに行くように努め、緊急休暇とGovernment Relations を通じて出国ビザを申請しました。これは通常21日かかりますが、すぐに承認され、マーは12月21日に76歳の誕生日に亡くなり、私たちは12月23日までエジンバラに到着しませんでした。妹のベティとアランは二人ともそこにいましたが、私が葬儀の手配について話し合うために到

着するのを待っていました。それは、12月27日の父、ウォリント ン墓地、クロイスターズチャペルと同じように配置されます「 さようなら、マはお父さんにこんにちはと言ってください」。私 たちは目から涙がこぼれ落ちる中、アメイジング・グレイスと アバイド・ウィズ・ミーを歌い、その後、彼女の「スティーブンソ ン・ドライブ61番地の家」で素敵なレセプションをしました。ド リーンは、家の世話をし、他のビジネスの問題を解決するた めに、約3ヶ月間エジンバラに滞在し、おそらくアンロイ、隣人 の娘が私たちのためにそれを世話することに興味がある場 合は、orrentを販売するために家を修理するでしょう。それが 起こったようにドリーンがエディンバラに滞在したことは、ペル シャ湾岸戦争が始まろうとしていた彼女にとって不幸中の 幸いでした。平和が衰えているように見えたため、現在「K」デ ーと呼ばれているものに14日間も始まろうとしていました。

　今、私はアル・ジュバイルに戻っていますが、ドリーンはア ル・フワイロットのブロックキャプテンで、トレーニング・マネ ージャーの仕事や、イラク人がサウジを侵略することを決め た場合に備えて、あらゆる種類の手続きを済ませる工場を忙 しく保とうとしています。はい。いずれにせよ、私たちは禁じら れたものをいつも以上に「飲んで」おり、何が起こるかを心配 そうに待っていました。

　1991年1月14日、今から24時間後の「K」の日、雨/寒くて 風が強いのに、なぜ私はここにいるのだろうか?答えはな く、SADAF避難計画が実施され、駐在員の通信が確立し、ガス マスクが発行され、外交の選択肢はなくなり、マネージャーの 何人かが去り、職場の緊張した雰囲気が漂い、革命評議会は サダムを支持し、民間防衛システムが整っています。平和な静 けさに「さようなら」ですが、私たちは不思議な幸福感を持っ ていますか?正午にドリーンと短いおしゃべりを楽しんだ。

　1991年1月17日木曜日午前0時50分「砂漠の嵐作戦」は、ク ウェートを解放するための最初のステップとして、アメリカの

F15爆撃機がイラクを爆撃しています。ダーランから市民警報が発表され、午前5時にレッドアラートが発令され、イラクはイスラエルにスカッドミサイルを発射しました。1月20日4レッドアラート、1月21日3さらにレッドアラートしかし、良いニュースは、アメリカのパトリオットミサイルがイスラエルに向かっているスカッドとダーランを意図したいくつかのスカッドのほとんどを迎撃し、空から吹き飛ばしていることです。カナダのブロックキャプテンとして、これまでに200件以上の電話を受け、関係者を落ち着かせようとしました。ところで、私は電話に対応しながらキッチンテーブルの下にいると冗談を言っていましたが、一部の従業員は明らかにこれにユーモアを見出せませんでした。

1月22日、サダム・フセイン・イラク軍は、サウジ国境のすぐ北にあるクウェートの油井を組織的に爆破し始め、海、空、そしてこの地域の大混乱で大きな環境問題を引き起こした。その後の数日間、国連が侵略者に対して見事な地上攻撃を繰り広げる中、さらにいくつかのレッドアラートが発令されました。

1月26日、イラクは地上部隊の大きな損失にもかかわらず、石油を海に投棄し続けている。

1月30日、イラクはサウジアラビア領内のアル・カフジを攻撃したが、これに対して莫大な代償を払った。彼らはすぐに取り壊され、国境まで追い返された。

2月1日この2週間は、ワクワクし、憂鬱で、不安で、イライラし、不安な日々でした。東部州の北部でのすべての活動にもかかわらず、SADAF経営陣は「通常通りのビジネス」の立場を取り続けています。私は少しイライラしています、なぜなら私はコントロールがなく、私たちの部門で物事を実現する権限を持っていないからです（状況が悪化しています（状況が悪化しています）私はただの痛みです。その後、ノーム・ブノワは、私が以前にそこにいたことを思い出さ　せ、「できることを

して、他のことは忘れてください」と、非常に良いアドバイスをしました。

　スコットランドに帰って短い休みを取っていると、世界で最も大切な人がそこにいて、再び私を待っていて(私はなんて幸運な人間なのでしょう)、それでも私は別の決断をする立場に身を置くことになります。SADAFの経営陣は今のところ私に自信を持たせていません、従業員は神経質で緊張しています、工場は非常に不安定です、主要な油膜はアルジュバイルに近づいています、主要な環境問題、そしてもちろんスカッドミサイル攻撃は続いています。いずれにせよ、なぜ私が戻ったのかは神のみぞ知るで、ドリーンはまだスティーブンソン・ドライブ61番地のマーの家で働いていた。必要に応じて清掃と改装を行います。

　2月23日、ドリーンと過ごした2週間の素晴らしいスコットランドから戻った直後、アル・ファナティール病院を出たばかりです。私たちはレンタカーを借りて、ジェドバラを通って南のイギリスに向かい、カーターバーを通り、ニューキャッスルに行き、ソーナビーに行き、次にレッドカーで姉と彼女の家族に会いに行きました。そこからリーズとマンチェスターに向かい、この地域に住むSADAFの退職した友人を訪ね、ライムという小さな村のキルトンインで昼食をとった後、国境を越えてエジンバラに戻りました。通院については、右足の腫れがひどく、カデカール医師からDVT(深部静脈血栓症)の疑いでアルジュバイルに戻ってきたので、救急科を通じて入院し、すぐに抗凝固薬の点滴が始まりました。血栓はなかったので、医師はおそらく筋肉の断裂であると結論付け、その日に退院しました。

　スコットランドからサウジアラビアに戻る途中、私たちのフライトはオマーンのマスカット空港に迂回していましたが、気がつくと、ひどく腫れた右足で空港に座り、インド、パキスタン、スリランカ、フィリピンなどの場所に向かっている何千人

もの難民に囲まれ、騒音は耳をつんざくほどで、子供たちは走り回っています。男性も女性も、次のフライトまでの5時間または約1時間を埋めるために最善を尽くしています。バーレーンからのフライトがさらに2時間遅れましたが、なぜか落ち着いてリラックスしているように感じましたが、疲れていました。なぜ戻るのですか?私は明日のことを考えずに今日の日を楽しむことができないようです。現在の契約を完了しますか?さらに10ヶ月、我々は"BALKYMOR"に借りているものの残高を返済しようと試みる(どちらも本当に必要ではなく、我々は今では非常に健全な銀行口座を持っている)別のビール、ジムを飲みます。

　2月24日、連合軍の計画が実行され、イラク軍が組織的に敗走する中、北部サウジ州で大規模な地上攻撃が始まり、2月27日深夜、莫大な損失を被っていたイラク軍は降伏し、「停戦」が宣言された。

　2月25日足の腫れの経過観察のために病院に戻り、血栓をチェックするために静脈造影X線検査を受け、ロジンに対して中程度の反応を示したが、血栓はなかった。翌日、クマールズ博士(整形外科医)に診てもらい、脚の関節を検査したところ、軽い関節炎が進行しており、右膝の内側の軟骨がわずかにつぶれていることがわかりましたが、今のところは問題ありませんでした。

　サダム・フセインが荷造りされ、クウェートが解放された今、アル・ジュバイルとすべての化学工場は、ダーランにいくらかの損害を与え、その過程で多くの死傷者を出していたが、事態はいくらかの秩序に戻ることが期待できた。すぐにドリーンは、61スティーブンソンの家を改装する大仕事をして、ここに戻る途中で、彼女が再び私と一緒に戻ってきたのは素晴らしかったですが、私たちは両方とも、中東でのこの2番目の冒険の終わりが近いかもしれないと感じました。その間、私たちは娯楽を提供し、連合軍北部への支援を提供しました。

アル・ジュバイルのすぐ西10kmにある巨大な病院「フリート・フィールド・ホスピタル#15」で、すべての負傷者を交代で訪問するための支援グループが結成されましたが、これは本当に「感動的な体験」であり、ここで私たちは本当に戦争があったことを体験しました。

私たちは、アル・ジュバイルの工業地帯のすぐ西、タリーグにある130.85人が志願したセメントの土台に、約半マイルの長さの巨大なテント張りの複合施設を訪れました。

私たちは、12の病棟を含む施設(火傷、外傷、選択的手術、歯科および死傷者など)のツアーを行いました。アメリカから来た若い女性海兵隊員の一人が重度の火傷を負った。彼のタンクで焼かれた若い男 爆発を起こし、彼の将校が死亡し、他の人々が負傷したが、全員がニュージャージー州出身だった。榴散弾の破片は、アイダホ州、コネチカット州、フロリダ州の海兵隊員を傷つけます。クウェート近郊での攻撃中にトラック事故で足を骨折し、擦り傷を負ったため、煙と道路の損傷が事故の原因となった。2つの本当の悲劇は、「停戦」の直後に海兵隊司令官が地雷で左足を失ったことと、1人のUAEアラブ人が両足を失い、深刻な内部損傷を負ったことで す。私たちはこれらすべてに圧倒されましたが、彼らが皆、自分たちの国に奉仕したと言った「人」に対しては、それは良い理由であり、信じられないほど献身的な人々でした。

アル・ジュバイル・サポート・グループは、1991年3月4日頃に外国人コミュニティによって結成され、近くのキャンプから多くのアメリカ軍とイギリス軍兵士のために、家庭訪問、シャワー、入浴、愛する人への電話、夕食会を手配しました。兵士の多くは正規の兵士ではなく、陸軍予備役兵、または「週末の戦士」と呼ばれ、実際に行動を見るとは思っていませんでした。その中には、数か月ごとに訓練を受け、必要なときに必要なときに準備するための少額の報酬を受け取り、危機の要求に応じて対応する準備ができていた若い母親と父親が含ま

れていました。ホームかアウェイか。彼らが湾岸戦争に召集され、行かなければならなかったときのショックを想像することはできません。

　ドリーンはいつものようにただ馴染もうとしました、私たちは軍隊を楽しませる番を取りました、SADAFのスタッフの何人かが夕食のために数回来ました。彼女は、キルティング、ティーパーティー、そして私が最も賞賛したことを運動しながら、油絵の趣味を続けていましたが、爆撃されたクウェートの井戸からの油で汚染されたペルシャ湾から「野生生物」を救おうとしていた環境団体を支援することを志願したときでした。何千種類もの鳥が油性物質で覆われ、飛ぶことができず、アルジュバイルのすぐ北のビーチに閉じ込められました。このグループは、鳥の清掃センターとして使用するために、利用可能なプールの「すべて」を使用する許可を得ました。トラック一杯の男性がすべての鳥を捕まえてプールに運び、ボランティアが各鳥を優しくこすり洗いしてきれいにし、その後、彼らが暖かく保たれて餌を与えられる回復エリアにそれらを置きました、本当に印象的な成功した生存率を見るのは素晴らしかったです、それは非常に困難で厳しいものでしたが、関係者にとってやりがいのある仕事でした。

　私たちは夜に私たちが近い将来どこに行くかについて多くの長い議論をしました、その時が近づいていたので、次に進むかどうかの決定のために近づいていました、私はトレーニングマネージャーの仕事をやって大丈夫でした、ドリーンは十分に忙しいように見えましたが、彼女は私たちの最初の孫が来るという電話を待って時間を費やしていると感じましたが、多分バーレーンでの別の週末は私たちが決定するのを助けるでしょう。

　イード・アル・フィトル・ホリデー(4月16日〜19日)1991年が来たので、私たちは再び壮大な新しい土手道を越えて、バーレーンのマナーマにあるホリデイ・インに行きました。そこ

では、私たちは多くの素晴らしい時間を過ごし、サインインして
てサドル・クラブ・バーに向かい、次にディルムン・ナイト・クラ
ブ(中東にいるとは信じられません)に向かいました。翌日、私
たちは当時マナマで働き、生活していたサーニアのジムとオ
リーブ・クロスマンを訪ねました。観光をすることに決め、次
の2日間でミナサルマンエリアのいくつかの古い「スーク」を
歩き、「ピークレストラン」で素晴らしい食事をした後、アルジ
ュバイルに戻りました。

　　イラクの「地獄への道」からアル・ジュバイル近くの大きな
ドックに戻る途中、サウジの北部州から来る道路は、アメリカ
とイギリスの艦隊艦艇に積み込まれ、本国に出荷される軍用
車両でいっぱいのようだった。

　　5月13日、なぜかイライラして怒って目が覚め、仕事が少し
も良くならず、仕事から帰ってドリーンと時間を過ごした後で
も「良くない日」でした。その夜遅く、ドリーンは、私が少し前に
ゴミ捨て場にいたときに書いた「自己評価」のメモを見るよう
に促しました。

　　✿　　カウンセラーに会うことを検討してください
　　✿　　私が誰であるかを本当に好きではありません
　　✿　　物事に過剰に反応する。
　　✿　　コントロールしたい
　　✿　　今は幸せではなく、もっとイライラしています
　　✿　　ディスカッションで感情的になる
　　✿　　内なる怒り
　　✿　　非常に防御的で、否定的
　　✿　　もう人の話を聞かない、10分間の集中力
　　✿　　恨みの錯覚
　　✿　　疲れ、痛み、絶え間ない痛みによるイライラ、不機嫌
　　✿　　イライラが多く、「考えすぎ」

　この男は確かにいくつかの問題を抱えているようです、ド
リーンと私は最近ちょうど良い呪文を持っていました、彼女は
これ以上支えることができなかったと思ったので、ジムを振っ
てください。

　3日後の5月16日、ドリーンは右胸に小さなしこりがあるこ
とを発見し(実は私でした!)、私たちはショックを受け、翌朝ア
ル・ファナティア・クリニックに行って医師に相談しました。彼
はすぐにX線、心電図、マンモグラフィーを手配し、その後、私
たちが麻酔科医に会うようにスケジュールされました。その
後、ドリーンは5月30日に外来患者として予定され、しこりを切
除して癌の検査を受けました。後ですべての検査が陰性だっ
たと聞いて、私たちは喜びました、それはドリーンにとって数
週間のテストでしたが、ありがたいことにニュースは良かった
です。

　その後の数ヶ月は全く平穏で、戦争の後片付けは順調に
進んでおり、私たちはアル・フワロットの家を楽しみながら娯
楽を楽しんでおり、仕事は今のところ順調に進んでおり、ウィ
ンストン・チャーチルが「ブラック・ドッグ・デイズ」と呼んだも
のから抜け出したようで、ドリーンはカナダの夏を楽しみにし
ていました。彼女は6月13日にサーニアに向けて出発し、数週
間後に私も彼女と合流しましたが、残念ながらジェフは非常
に困難な時期を過ごしており、体調があまり良くありませんで
した。

　ジェフは、不安/神経の問題のために彼を治療していた博
士ギャノンを見て、中毒性になり、彼の生活をさらに複雑にし
ていた処方箋で彼を助けようとしていた、どういうわけか、ま
たは他のジェフ:自分で投与量を減らすことができなかった
し、薬は将来、いくつかの問題を引き起こす可能性があるの
で、彼はリハビリやヘルスセンターに行くことを検討できるこ
とが示唆されました。そして、ジェフはそれを試してみること
に同意しました。それはジェフにとって、このリハビリコースを

最後まで見届けることは大変な挑戦でしたが、6週間にわたって多くの浮き沈みがあったにもかかわらず、彼は「クリーン」に帰宅し、私たちは皆、彼を非常に誇りに思っていました。

　その夏、休暇で家にいたときは大きな驚きだったのですが、当時カナダにいた駐サウジアラビアのカナダ大使から電話があり、湾岸戦争で「ブロックキャプテン」を務めたことに対する「感謝状」を受け取るために、ある日にトロントのオベロイホテルに行けないかと頼まれました。冗談だと思ったのですが、そうではありませんでした本当の。たまたま、私は行きませんでしたが、とにかく彼らは私に証明書を送ってくれました。

　私の休暇がちょうど終わったとき、私はサーニアを離れてサウジアラビアに戻る前に、私たちはオークウッドゴルフ&カントリークラブでゴルフの週末に家族を連れて行き、そこで私たちは勝利、食事、そしてもちろんゴルフをプレーし、楽しい時間を過ごしました。

　サウジに戻ってから、左のこめかみから小さな腫瘍が取り除かれ、それが基底細胞癌、悪性であることが判明しました。ウゴジ博士はそれを取り除くという良い決断をしました。

　ドリーンがまだカナダにいるにもかかわらず、私が理解するようになったいくつかのこと、私はよりリラックスした感じがし、怒りが去ったようです!その他の要因:

- ✿ 1988年にサウジアラビアを去った、持っていてはいけません
- ✿ オーストラリア旅行は健康面で悪くなった
- ✿ 「何もしない」に調整できなかった
- ✿ オーストラリアのプロジェクトが崩壊。
- ✿ ヒューストンのMWケロッグスが好きではありませんでした
- ✿ 父は日本滞在中に亡くなりました。

- ✿ PARTEK 断熱材が機能しませんでした
- ✿ 私が望んでいたサーニアでの仕事はありません。
- ✿ 家族や友人との付き合い方の問題
- ✿ フィル・ターナーズのサドンデスインパクト。
- ✿ ドリーンを「再び」海外に連れて行く
- ✿ 母の病気とその後の死
- ✿ しかし、これらの要因については、今はあまり何もできません。
- ✿ 私は今まで以上にドリーンが大好きです。
- ✿ 私は親密さとドリーンの周りにいることを楽しんでいます。• ビールを1、2杯飲むのが好きです。
- ✿ 自分には「人生で特別な役割があると思っていたけど、たぶん-誰もがそうします。
- ✿ 両親のために最善を尽くしました/
- ✿ ドリーンと私たちの子供たち。
- ✿ すべてを制御しているわけではありませんが、それは問題ありません。
- ✿ 私たちは裕福で、「バルキモール」での生活を楽しむべきです。
- ✿ 今はネガティブよりもポジティブの方が多い。
- ✿ 人生に適度に満足している、私が本当に必要としているのはドリーンだけです。
- ✿ 人生は再び大丈夫なので、楽しみましょう。

1991年9月26日、クアラルンプールのACECという会社の代表であるレイ・グロウエル氏から電話があり、彼は、翌日、アル・ジュベイルの南約60kmにあるアルコバールで、新しい工場が建設される予定の経験豊富なエチレン要員(全員)の面接を受けると言いました。翌日に面接に行くことを決定し、トム・ブライス氏と話をした、機会はそこにあったが、彼らが提供していた福利厚生と報酬パッケージは、私たちがすでに

SADAFで得ていたものと競合することはできませんでした。私たちは、この現在の契約が上がった後、家の近くで仕事を見つけるためにすぐに西に向かうことを望んでいました。「ジャングル」のように聞こえた場所に移動しないでください。

1991年10月2日、アルジュバイルでの会議で、SADAFとヒューストンのストーン・アンド・ウェブスターというエンジニアリング会社の職員が私たちの工場での仕事を募集していたとき、私たちの社交の場で、「彼ら」は常に経験豊富なエチレン製造の人員を探していると響きました。このチームのリーダーとよく話をしたところ、彼は将来ヒューストンで何かがあるかもしれないと言いました、もし私が興味を持っていたら、これは「家に帰る方法」になるかもしれないと思ったので、履歴書に「たぶん」というコメントを添えて渡しました。

ドリーンと私は再びこの可能性について話し合いました、私たちは近いうちにサーニアに戻りたいと思っています、そこで生活して働きたいと思っています、可能であれば、私たちの財政は私たちが何をすることに決めても大丈夫です。私たちは3つの選択肢を検討しました:(1)SADAFに留まり、1992年11月に現在の契約を終える。(2)今すぐ家に帰ってください、これは「ノー」でした。(3)　ストーン&ウェブスター・オプションを追求する。この時点では、新しい仕事やプロジェクトに対するエネルギーや熱意があるかどうか確信が持てなかったと言わざるを得ません。

決定は、ストーンとウェブスターに応答され、はい、興味があったが、1992年初頭まで利用できないかもしれない、彼らはそれで大丈夫だった、とすぐに私はコンサルタントとしてヒューストンから働く堅固な仕事のオファーを持っていた。ドリーンは、サーニアに滞在し、すべてがうまくいけば定期的にヒューストンを訪れることを考えるかもしれません。

これですべてが解決したように見えましたか?私たちは、今後数ヶ月間、広範な旅行計画に集中することがで

き、SADAFのトレーニングプログラムを更新し、人員のための電子記録を開発し続けます。バーレーンは11月27-29日に予定され、インドは1月14-24日に計画され、カナダとバルバドスは3月9-4月10日に家族旅行を提案しました。残念ながら、友人のジェフ・フェナを訪ねるためにキプロスへの帰路をキャンセルしなければなりませんでした。

10月24日ジェフバルバドス家族の旅行からの呼び出しは、3月15日から22日まで、6人@approximatelyそれぞれ1200ドルプラスプラス我々は保険などが必要になります、"これは、大丈夫だった?"彼は神経質に尋ねたこれはお金の良い塊だった"しかし、"はい、それは大丈夫だった、私たちの家族は値し、キングスビーチホテルで一緒にエキゾチックな休暇を過ごすだろう、だから、それは手配され、予約された。

11月のバーレーンの週末が来て、時間は今、多くのことが起こっていると飛んでいた、そしてインドへの1992年1月に私たちの次の「大きな」旅行を含む考え、そこにある他のすべてのアトラクションの中でタージマハルを見るという子供の頃の夢を実現することについて考えるために。しかし、おそらく私たちの人生を永遠に変えたニュースは、1992年1月3日のジェフとポーラからのもので、彼らは8月か9月頃に赤ちゃんを「期待していた」のです。ドリーンは特に喜んでいました"死ぬほど愛しているジム"でも、"でも、私はすぐに片道家に帰るよ"、彼女はとても興奮していました、そして私も、私たちは祖父母になるつもりです"すごい"。

私たちは本当にエキサイティングなニュースを楽しんでいましたが、赤ちゃんを期待しているという話を受け取っていました私たちのインドへの旅行が計画されていたので、それはまだ進んでいて、その後に何が起こるかを処理し始めることにしました。ドリーンが何をしようとしているのか、そして私にはいくつかの決定を下さなければならないことがすぐに明らかになりました。ドリーンがサーニアに戻って定住すること

を決めたとき、彼女は私と一緒に世界を「さまよう」何年も過ごした後、おそらく1年か2年は一人で滞在し、数ヶ月ごとに往復するだろうとずっと思っていました。突然、彼女がいない状態でここにいるのは、あまり魅力的な選択肢ではないことに気づきました。

　1月上旬、いくつかの議論の後、私の決定は、確認し、ストーンとウェブスターヒューストンのオファーを受け入れ、SADAFの辞表を起草し、我々はインド旅行から戻り、1992年3月のサウジアラビアからの出発を目標とし、帰宅途中にいくつかの停留所を設定した。

　ヴィマル・カピラは、アル・ジュバイルのトーマス・クック・トラベル代表で、そこにいる間に「何をすべきか、何を見るべきか」について何度か良い話し合いをした後、インディアトリップをまとめました。1月14日、私たちは19時45分にダーラン空港を出発し、サウジアラビアからの「毎年恒例の」休暇のために帰国するインド人とパキスタン人でいっぱいのインド航空のフライトで、これほど多くの段ボール箱が「機内持ち込み」アイテム、家族や友人への贈り物として飛行機に一緒にテープで留められているのを見たことがありません。飛行機はニューデリーに着陸する前に、マスカットのドーハに停車し、ドリーンが「煮えたぎる人間性」と呼んだ空港で何千人もの人々、エアコンがほとんどまたはまったくなく、非常に暑い不快な人々の強い匂いがする、どこにでも狼男、不具者、障害者、ムーチャーがいて、どこを向いても「ルピー、ルピー」、私たちが非常に馴染み深い呼び声でした。私たちは、暴動が日常茶飯事であるため、あらゆる種類のお金を配ることに注意するように警告されていました。

　その時は知りませんでしたが、清潔で小柄な小柄な男性が到着エリアでジマンド・カリー夫人のプラカードを持って立っていて、私たちはそれがツアーバスの運転手で、かなり豪華なカニシカホテルに私たちを連れて行くのだと思いました

が、彼は自分の車で「私たちの」運転手であり、アルジュバイル
で前払いを受けており、そこにいる間私たちを護衛すること
を知りませんでした。彼はPieerChandiと自己紹介し、それは
私たちのツアー中に私たちの世話をすることが彼の義務だ
ったと説明し、彼は前払いされていたが、彼が空港に私たち
を戻した後、私たちが望むなら追加料金を支払うことは問題
なかったと述べた"しかし、"ジムさん、どこにでもいる物乞い
にお金ルピーやアメリカドルを配らないでください、または
それは私たち全員にとって非常に危険である可能性がありま
す。ホテルに向かう途中で、私たちは常に群衆に対処し、ホテ
ルのゲートを入ろうとすることは彼にとってかなりの挑戦であ
ることが明らかになりました。あなたが毎日あなたのホテル
に落ち着いているとき、彼は私が消えると言いましたが、私た
ちの計画されたツアーのために毎朝早く利用可能になると
言いました。

　その夜はよく眠れましたが、何に夢中になったのか疑問
に思いました、初日はオールドデリーとニューデリーの両方
の都市を巡るツアーで、リストするにはあまりにも多くの観光
スポットがあり、私たちにとってのハイライトはラージガート
記念碑でした　マハトマ・ガンディ、近くのシャクティ・スタール
のインディラ・ガンディ記念碑、そして彼女の息子ラジーブ・ガ
ンディのヴィール・ブーミ記念碑。各記念碑は、彼らが火葬さ
れた場所(Samadhi)を示していますデリー門とラホール門の
あるレッドフォート、インド門、インド最大のモスク「ジャマ・マ
シッド」、大統領官邸、そしてコンノートプレイスと呼ばれる有
名なビジネス/観光エリア。素晴らしい一日でしたが、とても疲
れたので、夕食前に冷たいビールとカクテルを飲み、その後、
早めの夜を過ごしました。朝食後、辛抱強く待っていたドライ
バーのピア・チャンディは、今日、ニューデリー/アグラ/ジャ
イプールを含むゴールデントライアングルと呼ばれる非常に
交通量の多い道路を長い旅に出ると言いました。高速道路は

悪夢でしたが、ピアは良いドライバーであり、途中でいくつかの停留所があり、途中でいくつかの停留所があり、1631年から1653年にかけてムガル皇帝シャー・ジャハーンがムムターズ・マハル女王を記念して建てた「タージ・マハル」に到着しました。世界の驚異の一つと、モハンとヴィノドという名前のツアーガイドと一緒にタージのツアーは、単に素晴らしかった、何の経験、間違いなく旅行する価値がありました。物乞いはいたるところにいましたが、時間が経つにつれて、彼らに「ある」同情を感じずにはいられず、観光客にアピールするために何らかの方法で自分自身を傷つけることは珍しくないと言われました。私たちはその夜、アグラのホテルアショカに滞在し、他の素晴らしい食事をしました、ホテルの門の外に数ルピーを探している大衆を考えずにはいられません。むしろ愚かにも、私は門の外を散歩し、すぐに地元の人々に飲み込まれ、10歳にも満たないであろう一人の小さな女の子が私のズボンの足をつかんで、「あなたを楽しい時間に連れて行くことができますミスター」と言いました。翌日、私たちはアグラからジャイプールまで4時間半かけてドライブし、途中で、明るい色のドレスを着た多くの女性がピッケル、シャベル、熊手を持って道路で働いているのを目撃しました。

　ジャイプールは「風の宮殿」の色から「ピンクシティ」として知られており、地元の博物館/ギャラリーとマハラジャシンによって建てられた王立天文台を訪れ、その後、アンバーフォートへの道で立ち寄り、山の側面を半マイルのエレファントに乗せて実際のフォートに向かいました。「ルピー」を求めて追求したが、ピアはそうしないように私たちに注意させた。私たちは、赤ちゃん、痩せたが素敵な女の子に母乳を与えていた13歳の女の子と話をしました、私たちは去っていたので、私は彼女にいくつかのアメリカのお金を渡しました、まあ、私たちはすぐにまたお金を求めている乞食の群衆に囲まれていたので、ほとんどWW3が始まりました、私たちは車に私た

ちを乗せてゆっくりと引き離すことができたピーアによって救出されまし　た。言うまでもなく、私は祝福を得て、再びそれをしないように非常に明確に「しない」と言いました。私たちは素晴らしい数日間を過ごした後、ニューデリーに戻りましたが、貧困と物乞いにうんざりしていましたが、あなたの国にgooMの人々の人口がある場合、それは確かにいくつかの重要な課題を提供することを認識しています。翌朝、彼が私たちを空港で降ろしたとき、私たちは運転手に別れを告げました、彼は私たちが彼に与えた米ドルに満足しているようでした。今、空港で再び煮えたぎる人間性を歩いて、私たちはゴア、ムンバイの旧ボンベイの南のインドの東側にあるポルトガルの飛び地への飛行機を見つけなければなりませんでした。

　ゴアのダボリム空港に到着すると、マジョダビーチリゾートに連れて行くための車が待っていて、コントラストは瞬く間に現れました。平和で、静かで、美しい小さなスポット、私たちがリゾートで荷物を降ろしていたとき、ちょうどぶらぶらしていたこの見栄えの良い若い子供が私のところに来て、「あなたはビールマンが好きです」と言いました、私はそれを愛しています、私は言いました:ここでそれを買わないでください私はあなたのためにそれを手に入れます。確かに、十分にノックは後で部屋のドアに来て、彼は冷たい地ビールの12パックを差し出したので、私は彼にSzo USAを与えました、彼は笑顔で「ネイマン」10は十分すぎると言います、私たちはその後の人生の友人だったと思います、そして私は冷たいビールの供給を持っていました私たちの滞在期間中。その夜はアクエリアスビーチレストランで食事をし、次の夜はホテルのバーベキューで地元のゴアの民俗音楽を聴き、本当に楽しい時間を過ごしました。

　翌日、私たちはグランドツアーを行い、古いゴアの教会、地元の市場を訪れ、ボム大聖堂、イエス、聖フランシスコ・ザビエルの腐敗していない遺跡を訪れました。Se、大聖堂(アジア

最大)、セントオーガスティンタワー、その後、メンドーサ川クルーズに出かけた後、Dr. Hugo Mensesrestaurantで夕食をとりました。ゴアでの数日間は非常に楽しかった、ボンベイ(ムンバイ、現在のムンバイ)に向かう前に、特にLounghouniバーでコルアビーチとMagoaMarketでいくつかの楽しい時間を過ごし、ジョンケンタウロスホテルで一晩滞在し、私たちは実際にJehu Beachで馬とカートに乗ることができた彼はカートを降りる前に、"再び"価格を交渉しなければならなかった彼は、カートをオフに私たちを解放するか、彼は地元の警察を呼び出すつもりだった、これがインドでの生活です。

　この素晴らしい一生に一度のインド旅行の後、私たちはサウジアラビアに戻り、1992年1月27日に私は　SADAFに辞表を送りましたが、本当の後悔はなく、3月2日午前2時40分にBA128を出発してSarniaoneウェイに戻るチケットを予約しました。世話をする必要があるアイテムの長いリストですが、私たちは興奮してできるだけ早く行く準備ができていました、新しく到着した外国人に車を含む私たちの「もの」のほとんどを売りました。3月2日、私たちはダーラン/ロンドン/モントリオール/デトロイト/サーニアを行き、堂々としたブルーウォーターブリッジを渡って家に帰るのは素晴らしい気分でした、ドリーンは家にいて、途中で孫がいました、私は家にいましたが、近い将来にヒューストンでの仕事が楽しみでした。さらに、私たちはバルバドスへの家族旅行をしました。今のところ、生活は順調に見えます。

　サーニアにある私たちの「BALKYMOR」の家は、私たちが不在の間も借りられていましたが、幸いなことに、サーニアに戻ったときには借りられていませんでした。私たちの794パインビューアベニューの家は現在借りていたので、私たちはしばらくの間バルキモールに引っ越して、将来がどうなるかを見ることにしました。子供たちには塗装や一般的な掃除を手伝ってもらい、ドリーンはストラスロイのGoudy:'sStoreでい

くつかの素晴らしい家具を選びました。その間、私たちはカナダへの再入国に関するあらゆる種類の書類を持っており、ヒューストンのストーンとウェブスターに連絡し、彼らと開始日について合意し、バルバドスファミリーバケーションの計画を最終決定しました。

　3月14日、ジェフ、ポーラ、マイク、エレイン、ドリーンと私は、午前7時にバルバドスに向けて出発する前に、ハワードジョンソンホテルで一晩トロントに向かうサーニアを出発し、私たちは夜に落ち着く前に素晴らしい夜を過ごし、食事をしました、ジェフとマイクは真夜中の油を燃やし、朝はゆっくりと動いていました。太陽が輝いていて、バンドがカリプソを演奏していたバルバドス空港に到着した後、キングスビーチホテルに連れて行かれ、太陽と楽しい一週間を過ごしました。1日目は、他の観光名所の中でもSpeights town (Mangos Cave)を訪れましたが、ジェフとマイクは道中で地元の飲み物を本当に楽しんでいました。ブリッジタウン、クレーンビーチ、サムロードキャッスル、セントジョンズ教会、ファーリーヒルパークを訪れ、アトランティスでランチをし、その後バトシェバに向かいます。夕方には、プランテーション・ディナー・ショー、カリプソ・フェスティバルに出演し、エレインは彼女にとても憧れていた若者と出会い、彼をウェイン・"ザ・アニマル"と呼んでいました。旅行のハイライトは「ジョリーロジャークルーズ」で、私たちは皆、海賊に扮して海に出て、板を歩き、剣の戦い、さらには模擬結婚式、そしてもちろんバケツの「酒」を飲みながら、とても楽しかったです。私たちの最後の夜はココバナナナイトクラブで過ごしました、ポーラは彼女が妊娠していたので注意していました「しかし」私たちの残りの人々はただそれをぶらぶらさせて、すべての瞬間を楽しんだ。リゾートは、ビールを飲むコンテストは、いくつかのラウンドの後、私はチャンピオン、病気の青春の"ヤフー"の兆候を宣言された最速で、誰が最速でパイントビールを飲むことができるかを確認するた

めにビールを飲むコンテストを持っていた。そして突然、すべてが終わり、私たちはサーニアへの帰路に就いていました。

　ヒューストンで働くストーン&ウェブスターコンサルティングの仕事は、突然、私にとって問題になりました:彼らは私がヒューストンで働くためのビザを取得することができませんでした「まだ」、言うまでもなく、私は失望しました。しかし、彼らはトロントに代表者を送り、私は下に降りて契約に署名しました。契約は、彼らが私が米国で働くための就労ビザを取得できるような時間まで、私はトロントのオフィスで仕事のパッケージを再表示して働くというものでした。だから、毎週月曜日から金曜日までトロントまで車で行き、週末にはサーニアに戻らなければなりませんでした。これはしばらくすると非常に退屈になったので、私は再び海外のいくつかの場所で仕事をオファーされましたが、私は断りました。トルコに行き、マレーシアに行き、韓国に行きましたが、これは私が署名した取引ではなかったので、私は断固として拒否しました。トロントで働いている間、ドリーンは私と一緒に素敵な週末を過ごし、5月6日のミス・サイゴンやレ・ミゼラブルなどの素晴らしいステージショーに行きました。彼女の個人的なお気に入りのショーでは、デルタに滞在しましたチェルシーホテルは、これらの機会のほとんどで、Ed:sWare-ハウスとHopandGrapeレストランで食事を楽しんだ、これは私たちにとってかなりまともな設定でしたが、これは本当に長く続くことができませんでした:私は十分に仕事のパッケージを見直して活用されていなかったので、これは本当にはるかに長く続くことができませんでした。

　1992年6月1日、私はハンヤン韓国での任務の準備のためにヒューストンに「派遣」されることが決定されましたが、これには満足していませんでしたが、とにかく受け入れたので、ドリーンと私は6月4日にNW029便で韓国に出発しました。これには14時間の飛行時間が必要です。サウジから帰国して韓国

に戻って働く。私たちはソウル空港に到着し(ソウルの人口は約1000万人です)、夜はダウンタウンのプラザホテルに連れて行かれました。私たちは徳のDoeksugung宮殿(1397年にセジョン大王の家)を訪れ、食事をし、非常に疲れて「明日何を期待するかわからない」と寝ました。朝、会社の車が私たちを迎えに来て、南にヨス、ヨチュン、タルサンブリッジ、ハンヤンケミカルコーポレーションに工場を見て行き、次に私たちが割り当てられた Peondong Apartment Complex に向かいました2つのベッドルームと最小限の家具を備えた非常に控えめなアパート。これは私たちにとって何が起こるかの兆候でした、ドリーンと私は両方とも「かなり失望した」と感じました、これらはエジンバラの古い部分の長屋のようでした。

　私たちは、落ち着いて、フラットをより住みやすくするために必要だと思うもののリストを作成するのに数日かかるように言われました。翌朝、散歩に出かけた後、ここが町のあまり良い部分ではないことに気づき、時間内に対処されると言われたすべての懸念事項をリストアップしました。2日目に少し不安を感じながらドリーンを出て仕事に向かったとき、突然「私はここで何をしているんだ」と感じました。工場自体はかなり近代的で、効率と生産性を向上させるためにいくつかの主要なプロセス変更が行われていましたが、何が起こっているのかについての知識はリソースが限られているように見えました。私たちのアパートの状況について2週間何もせず、職場での災害感の後、これは私たちにとってうまくいかないだろうと同意しました。

　6月20日、私たちはここから出ることを決定し、ヒューストンオフィスに通知し、フライトを予約し、6月26日にストーンとウェブスターに非常に失望して家に帰りました。サーニアに帰宅したときに事務所に電話して伝えたところ、私はサウジアラビアから戻ってヒューストンの事務所で働くことになったので、今は彼らのために働きたいという気持ちは全くありま

せんでした。私たちは、誰が何にお金を払っているのかについて数週間交渉しましたが、最終的には、一連の誤解と、彼らが私がヒューストンで働くためのビザを取得できなかったという事実により、私の費用のほとんどがカバーされることになり、この章は閉じられました。

　サーニアに戻ったとき、韓国のエピソードがどのように終わったかに失望した私は、今はテクサーという地元の会社のパートナー/株主である旧友のバリー・ライアンにばったり出くわしましたエンジニアリング、彼は私の経歴を知っていて、私が彼らのためにプロジェクトの仕事をすることに興味があるかどうか尋ねました。バリーは、私が会社のオーナーであるピアース・マック・スウィーニーとの面接を受けるように手配し、面接はうまくいき、私はプロジェクトコーディネーターとしての仕事を提供し、必要に応じて特定の仕事に就くことができました。これがこの会社との非常に良好な関係の始まりであり、私が退職(好きな言葉ではありません)または仕事をしないという選択を持つための素晴らしい移行を提供しました。

　私が割り当てられた最初の仕事の一つはナンティコーク製油所で、非常に古い230フィートのデ・メタナイザー・タワーを、オフサイトでプレハブ化され、工場で「ドレッシング」される予定の真新しいものに交換する契約を結んでいました。巨大なクレーンは、6台のトラックの車列によってアメリカのどこかから注文され、配達され、小さなクレーンによって現場で組み立てられ、政府当局によって承認され、古いタワーを「持ち上げる」準備をし、新しいタワーで「持ち上げる」準備ができていました。私はポートドーバーで9週間を過ごし、毎週月曜日から金曜日までサーニアから通勤し、平日は地元のモーテルに滞在し、毎週末は社用車で家に帰りました。ドリーンは週末に時々私を訪ねてきて、プロジェクトはうまくいきました、あなたがどれだけ感動したかは言えません私はクレーンドライバ

ーに感銘を受けました、古いタワーを持ち上げ、新しいタワーを急いで持ち上げました、これは目を見張る光景でした、ナンセンスな年配の紳士ですが、事務処理にはあまり役立ちませんでした。

　1992年9月9日、ジェイク・アーロン・カリーが生まれ、健康な7ポンド130z、ジェフとポーラウルの最初の孫の息子、私たちは皆喜んでいましたが、私の当面の心配は「彼の足はどうですか?」でした。妊娠中ずっと心配していたのは、私が左足の内反を持って生まれたから、このハンディキャップを持つ孫が生まれる可能性は少しでもあるのだろうか?私がこれまでに行ったすべての研究は、「いいえ」、それは遺伝性ではなく、たまたまジェイクは正常な足を持っていたことを示唆していました。

　興味深いことに、私たちの娘エレインは、数年後にブロック大学の卒業パッケージの一部として、1950年代の内反足と1990年代の内反足という非常に興味深いテーマについて「論文」を執筆しました(1998年10月29日付けの添付ファイルを参照)。

　ドリーンはサーニアに戻ってきれいに落ち着いていた、彼女は536CathcartBlvdで美しい設備の整った家を持っていた、私たちは「BALKYMOR」と名付けた、素敵なおしっこ孫、エレインとマイクはうまくやっていた、ジムはTecsarエンジニアリングのために働いていた素敵な小さな仕事の多くで、時折彼は町を出なければならなかったが、また、インペリアルオイルのような場所で町でいくつかの仕事をしていた、ユニオンカーバイド、セントクレアケミカルズ、そしてもちろん、ドームペトロリアムで働くためにウィンザーへのいくつかの素敵な旅行、そして最終的にはペトロサーであったもののために仕事に戻りますが、今ではノバケミカルズがさまざまなプロジェクトのためにすべてのサミア工場で働きます。

1994年1月23日、ドリーンと私はジャマイカに短い休暇に行き、ファンタジーリゾートホテルに滞在し、ズールーバーで月曜日の夜のカーニバルをキャッチし、火曜日にはオキオスリオスに行き、ダンズ川の滝を登りました。週の残りの部分は、ツアー、パーティー、ヘミングウェイのパブでのハッピーアワー中の活気あるジャマイカパーティー、その後モンテゴベイで一日を過ごしました。天気は素晴らしく、28℃で、ほとんどの場合晴れていました。「そして」興味があれば、たくさんの「もの」を吸うことができます。

私たち二人がジャマイカで最も楽しんだエリアの1つは、コーンウォールビーチ(トップレス入浴、すごい)の素晴らしいマルガリータとディナーでしたが、ドリーンはトップレスのものにあまり興味がありませんでしたが、マルガリータを本当に楽しんだ。

Tecsar Engineeringでの仕事は、おそらく私が今まで私の仕事のキャリアで持っていた最高のものの一つでした、彼らはあなたに管理するプロジェクトを割り当て、範囲が明確に特定され、予算は明確にあなたが調整することが期待されていた綴り、リソースは割り当てられ、ただあなたがそれに取り組むことを許可しました、働くのは素晴らしいですが、あなたは進捗状況や対処しなければならなかった問題について彼らに完全に情報を提供し続けなければなりませんでした。彼らはすべての従業員とすべての社会活動にすべての契約者を含んでおり、本当に素晴らしい「人々の家族」でした。

その後の数年間は、サーニアに戻り、Tecsarで働き、古い友人たちと交流し、そしてもちろん、ドリーンが海外で「ノマディック」の夫を追ってとても恋しかった家族や友人と時間を過ごすことが夢でした。1995年1月には、ナッシュビル、テネシー州メンフィス(エルビス・プレスリーとグレイスランド)、アラバマ州モンゴメリー、そして素晴らしいニューオーリンズを訪

れ、フロリダ州パナマシティのような場所への定期的な休暇を楽しむことができました。

1996年1月にハバナキューバのトロピココリゾートを訪れ、古いと新しいHavanaCities、革命広場、アーネストヘミングウェイの家を訪れ、彼は「鐘が鳴る」と彼が書いたCojimar漁村は、彼が「老人と海」を書いた、小さな港を見下ろす近くのテラソバーでいくつかの飲み物を持っていた夜に古いハバナでトロピカーナキャバレーショーを楽しむだけで、どちらかを飲む必要がありますカクテルやミントジュリップ。

1996年5月、ブリティッシュコロンビア州のバンクーバーの北309マイルにあるキティマットという場所で、妻のエレインと一緒にサウジアラビアから引っ越してきた親友のマルコム・ラムと一緒に、メタネックス工場でプロセスマニュアルを更新する仕事に就き、素晴らしい数ヶ月を過ごしました。ドリーンは週末に何度か私と一緒に行くことができ、プリンスルパートで素敵な週末を過ごしました(ドリーンは近くの島々に郵便物を配達する小さな4人乗りの飛行機で一生に一度の経験を持っていました、私たちはパイロットに現実的な「奨学金」を支払わなければなりませ　んでしたが、それは価値がありました)。この小さな飛行機が水から離陸し、近くの山々を飛び越え、そして出発するとき、私の心は口の中にありました。我々はまた、グラウス山を含むすべての素晴らしい観光スポットとバンク　ーバーを訪問する機会を持っていたとバンクーバー島で一日を過ごした、我々は、島の皇后両陛下ホテルで"ハイティー"を持っていると言われていた、我々は"なかった"それは予約だけで、それは頭のブーフー$so費用がかかると言われていた!私たちはどういうわけか予約を取ることができ、お茶とビスケットは「ただ素敵」でしたありがとう。

私たちの非常に良い友人マルコムとエレインは、彼らがサウジアラビアにいたように、ここで優雅なホストであり、キティマットの周りに私たちを案内し、私たちはいくつかのお気

に入りの地元の水飲み場でワインと食事をしました、楽しい時間であり、完了して家に帰るための素晴らしい管理可能なプロジェクトでした。私が遭遇した1つの小さな問題は、メタネックス工場でいくつかの懸念を引き起こしました、私はいつもどこで働いていても昼食時に散歩に出かけていたので、幹線道路まで半マイル歩いて戻ったときに、セキュリティに止められました。私はノーと答えました、それから彼らは私を若い男性が働いている小さなオフィスに連れて行きました、そして彼は何年も前の昼食時に「散歩に出かけた」、彼は大きなクマに襲われ、歩いている間にひどく引き裂かれました。彼の頭と顔の片側は変形しており、彼はその恐ろしい経験を私に話してくれました。彼の態度と回復には感心しましたが、二度とランチウォークには行きませんでした。

　この期間中、私は右膝にいくつかの問題を抱えており、それは日に日に悪化しているように見え、腰が悪く、足首が痛いのですが、1つだけ兵士がいます。6月10日の月曜日、私は短期間サーニアの家にいて、ウパール博士に右膝のレントゲン写真を撮ってもらったところ、結果は重度の虫歯と関節炎で、全く良いニュースではありませんでした。ウパール博士は、私が以前に実際に使用していた有名な整形外科のダンカン・マッキンレー博士を紹介してくれました。ドリーンはスコットランドに短期間滞在し、この間、レイニーと私は昼食をとった、彼女は私に言った彼女は「信じられないほど利己的ではなく」、「再び幸せそうに見える」ために必要なことは何でもするので、彼女の母を本当に誇りに思っています。6月16日(日)(父の日)に、レイニーが私をサーニア空港まで車で送ってくれました。そして、私は再びキティマットに向けて出発し、興味深い考えを消化しました。サーニアに戻って考慮すべき和解可能な違いはありますか?ジェフとポーラはよそよそしく見え、マイクは時折思いやりがなく、エレインは私たちの家族ユニット

をまとめるために非常に懸命に努力し、ドリーンは私たち全員からのコミットメントに値します。

7月9日、ドリーンはスコットランドの姉妹たちと一緒にストーボ・キャッスル・スパにいて、私はここキティマットでくつろいでいます。もうすぐ、サーニアに戻って一緒に家に帰ることになります。私は7月10日にサーニアに帰宅し、レイニーが私を迎えに来たので、私たちはビールを飲みにブルターニュアームズに行きました、私は奇妙な空虚な感じがしました、家に帰るとドリーンはいません、彼女は7月12日にトロントに到着し、私は彼女を迎えに行きました。7月13日土曜日、私たちは兄のアランの50歳の誕生日を祝うためにケルシーズに行きました。

7月23日に、私は週に4時間、友好的な訪問者としてVONのボランティア活動を始めましたが、7月31日には突然、ポーラから再び妊娠するかもしれないという素晴らしいニュースを聞きました。

8月13日、マッキンレー博士が痛みを和らげるためにSynviscとNaproxenというものを提案したとき、私たちは右膝関節を救うための選択肢をほとんど使い果たしました、Synviscは4週間にわたって膝関節に週に一度Aninjectionされますが、OHIPの対象外(約400ドル)ですので、試してみることに同意しました。その間、私はヒューストンストーンのエドロビンソンとインドのウェブスターの仕事から12週間のいくつかの求人がありましたが、私は辞退し、ヒューストンの別の小さな仕事も辞退しました。

10月と11月にTecsarEngineeringを通じてキティマットに戻る作業の別の呼び出しがありましたが、残念ながら膝の問題のために辞退せざるを得ませんでした。家の塗装や装飾に時間を費やしていますが、膝が可動性を制限しています。

1996年11月4日、2番目のブルーウォーターブリッジがセントクレアの上の真ん中で接続され、この歴史的な機会のため

にポイントエドワードで印象的な式典が行われ、最後のピースがボルトで固定されたときに、カメラの望遠レンズで素晴らしい写真を撮ることができました。

私の膝の骨スキャンを受けた、鋭い痛みと骨と骨のように見える、私は本当に不機嫌で、ほぼ毎日不機嫌になって不幸になっていた、ドリーンは私に尋ね続けます"楽観主義者はどこにいる"あなたはこれまで以上に暗く、運命を示しているように見える"周りの厳しい時間。クリスマスと新年の間には、社会的なことや家族のことがたくさんあり、私の視点から見るとすべてが楽しいわけではなく、マッキンレー博士はついに膝関節置換術を検討することになりましたが、技術的には58歳の私は若すぎて資格がなかったため、彼はあらゆる種類の「正当化」を経験しなければなりませんでした。どうやら、私が長年「内反足」の問題に耐えてきたこと、そしてその間、右膝/脚がいわば負荷を支えていたこと、そして彼が続行する承認を得たことが、どうやらそれを振ったのは、今、日付が必要だったようです。

1997年1月1日、元旦に私たちはジェシーとアレックスマッケイに歩いた:毎年恒例の伝統的なスープとチリと彼らは常に寛大に提供した飲み物は、私たちのギャング、楽しい時間を過ごし、いくつかの不快感で家に歩いて、はい、私たちは歩くことができたが、あなたが知っている、"これらの頑固なスコットランドの男たち"彼らは誰にも耳を傾けません。1月3日、私たちはエリック・フェアバーンの葬儀(ノーム・フェアバーンの兄弟)にいましたが、私たちの非常に親しい友人であるメイ・トレーシーが亡くなったこともわかりました。ジェフとポーラの36歳の誕生日に、ジェフとポーラの家で家族の夕食をとりました。

翌日、サーニアを離れてアトランタに行く準備をしていたとき、さらに悪い知らせが届いた、という、　　　　DONを通じて、DONアーチー・ストラングウェイの緩和ケアのクライアン

トが亡くなった。1997年の素晴らしいスタート　それはようで
すが、とにかく私たちはアトランタに向かって、いとこのリズ・
ギブ、彼女の夫のデビッド、そしてスコットランドから訪れて
いた彼女の両親(私の叔母のジーンと叔父のデイビー)を訪ね
る途中で、ジョージア州マリエッタに向かいました。私たちは
ケンタッキー州コービンに一晩滞在し、翌日の正午までにマ
リエタに向かい、楽しい時間を過ごしました。彼らといくつか
の素晴らしい日を過ごし、ゴルフのカップル(アザレアサンズ
GCとクエイルクリークGCでプレー)のためにマートルビーチ
に向かい、シーミストリゾートに滞在してから、カロライナ州、
ウェストバージニア州、オハイオ州サンダスキーを経由してサ
ーニアに戻りました。私たちは合計で約　4000kmを運転しま
したが、私たちが持っていた大きな失望の1つは、ジョージア
州オーガスタの「マスターズゴルフチャンピオンシップ」の本
拠地に入ることを許可されなかったことです。

　私たちは寒い気候とすべてでサーニアに戻って落ち着い
ていました、エレインはオーストラリアへの長期滞在を計画
していました、ジェフとポーラは3月のある時期に赤ちゃん#2
の到着の準備をしていました、マイクは時々来て、かなり忙し
い若い男に行きました。膝関節置換術後数ヶ月間、私はスコッ
トランドへの旅行が適切かもしれないと決めていたので、多
くの議論の末、新しいノイキのロゴ「JustDoIt」を採用しまし
た。2月18日から3月12日までの旅行を予約すると、3月24日の
作戦前に問題に対処するために、戻ってから12日間が与えら
れます。

　ドリーンは、数年前に私たちの子供たちが小さかったと
きに参加していたリカバリーグループに参加しており、いくつ
かの理由でこの時期に再訪問の必要性を感じていました。私
たちの家族は他の家族と同じように、良い時もあれば、葛藤の
「瞬間」もありました。私たちはさまざまなテーマについて多

くの感情的な議論をし、時には緊張しましたが、どういうわけ
か、なんとか耐えることができました。

　私たちは「BALKYMOR」の家の改善のための優先事項の
リストでいくつかの進歩を遂げていましたが、私にはドリーン
にとってそれは無限に見えたので、私たちはリストを選びまし
た、そして最終結果は私にとっても非常に満足のいくもので
した。私たちはこの家を愛していました、そして私はいつもド
リーンが私たちにそれを買うように勧めてくれたことに感謝
します、大きな投資、そして私たちは実際に今それを「所有」し
ました。

　この時期に覚えている素敵な引用文「不平を言うことは私
たちの敵であり、ユーモアは私たちの目標です」それを忘れ
ないようにしなければなりません。セントルークス教会のリカ
バリーグループセッションに訪問者として行ったことさえあり
ますが、これはむしろ楽しく、物事を大局的に見るのに役立ち
ました。ドリーンは参加していて、本当に楽しんでいましたス
コティッシュカントリーダンス、私はボランティアとしてカナダ
のメンタルヘルスとVONに　関与していましたが、私たちは次
のスコットランド旅行の準備にも忙しかったです。

　2月16日、私たちはエレインのためにバルキモールで「オ
ージー・フェアウェル」ディナーをしました、私たちは皆、出席
したすべての直接の家族と快適で幸せな時間を過ごしまし
た、私たちはその夜遅くに別れを告げたとき、たくさんの涙と
感情を味わいました、彼女はオーストラリア中を旅して数ヶ月
間留守にすることになりました彼女にとってなんて素晴らし
い冒険でしょう。

　2月18日(水)、私たちはスコットランドに向けて出発
し、61StevensonDriveのフラットと関係があり、もし借りるこ
とができなければ売るかもしれないと決めていたので、多く
の人を訪れ、もちろん、同時に私たちの休日を楽しもうとし
ました。最初の4日間は、「オールド・リーキー」での活動、訪

問、ランチ、ディナー、そして途中での奇妙なビールの渦でした。25日、私たちはRedcarに向かい、妹のベティを数日間訪ねた後、マンチェスター近くのライムに車で行き、サウジアラビア時代のジョンとシーラ・ヴィンセントに会いました。28日、ペンリス、ケンダル、カーライル、グレトナグリーン、グラスゴー、ダンバートンを経由して北に向かい、クリアンラリッチまで行き、オーバンまで行き、ラガンベッグ　B&Bで夜を過ごし、ローワンツリーレストランで素敵な食事をしました。翌朝、私たちは出発しましたバラチュリッシュ、グレンコー、フォートウィリアム、ベンネビス、スピーンブリッジ、カイルオブロチャイルシュ、新しいスカイロードブリッジを越えてスカイ島に向かい、ポートリーで別の素敵なB&B(クーリンビュー)を見つけました。その夜、ロイヤルホテルパブの「Caeleigh」で素晴らしい夜を過ごしました。スカイからブレア・アソール、ピトロッホリー、パース、グレンロセス、リーブンを通ってエジンバラに帰宅し、フォース・ロード・ブリッジを渡り、ベティとアーニーが住むバーントンを通りました。その日はフィッシュ/ホワイトプディング/チップス/ワインとビールで締めくくりました。

　旅行の残りの部分は、ベティとアーニー、ジョージとジェシー・リー、デイブとモーリーン・ボールド、モイラとジョン・ロイ・イン・リンリスゴーの良き友人たちとのあらゆる種類のビジネス問題と「ディナー」を扱っていました。

　プレイハウスで「リバーダンス」のショーを見に行ったり、ロイヤルマイルでたくさんの買い物をしたり、週末にはスコティッシュフットボールの試合を何度か観戦したりすることができました。その頃には、私の膝は常に痛みを感じていましたが、「終わりが見えてきた」のです。3月12日(水)、霧の涼しい天候の中、ターンハウス空港を出発　し、アムステルダムに向かい、トロント行きの乗り継ぎ便に乗りました。

　ロバートQ空港のバスが私たちを待っていて、私たちは疲れ果ててサーニアに戻りましたが、スコットランドとイギリス

での思い出に残る旅行をしました。私たちはカナダ時間の午後10時にベッドにいましたが、英国時間の午前3時は少なくとも12時間は動く可能性が低く、素晴らしい旅行ではありません。

朝は速く来て、あなたがそれを知る前に、私たちは開梱し、再編成され、いくつかの電話をかけ、メール/請求書を確認し、3月24日の手術のための入院前手続きについて病院に電話しました:休暇の「輝き」を失うのにそれほど時間はかかりません。オーストラリアのエレインから素晴らしい電話がかかってきて、彼女は素晴らしい時間を過ごしていました。

土曜日に私たちのギャングは、5月とビルリデルの家でディックフレッチャーズ60歳の誕生日を祝った:我々は何素晴らしい夜を持っていた、ロンフィリップスは、"売春婦"として服を着て来て、ディックスの喜びにディックの喜びのほとんどで、彼は笑い、笑った夜のほとんどをディックにいた、楽しい時間を過ごしたすべての人が持っていた。

3月17日、聖パトリックの日、なぜか「素晴らしい気分」を感じました。

平和と満足の」この日は、なぜ理解できなかったが、なぜ、ブルターニュアームズでパイントを持っていた兄弟のアランは、いくつかの税金の問題の世話をし、ドリーンと公園で長い散歩をし、気分が良かった。ドリーンはティファニーを注文していました二階のバスルームには大理石のシンクがあり、私は献血に行き、その後、クライアントのジム・ウォードと4時間のVONを行いました。

すぐにそれは3月23日だった、雪の中をポイントエドワードに歩いて、ドリーン、ヘレナンドアランとコーヒーを飲んだ、私たちは皆、明日の手術について話すのを避けようとしていた:sの手術、私は少し緊張していたと思いますが、なぜかわかりません、この手術は膝の問題を解決するつもりだった、そうではなかった?24時間食べ物や飲み物はありません。

　3月24日(月)、午前6:00にセントジョセフ病院にいて、午前8:00に彼らは点滴を開始し、その後すぐに彼らは私に麻酔薬をくれました、さようならの世界。正午頃、ジム、ジム、ジムと呼ばれている私の名前を聞くことができました、私は彼らがスムーズな朝と呼んだものの後、回復室にいました.マッキンレー博士が入ってきて、私の調子を尋ねました、私は抗生物質の点滴を受け、酸素/モルヒネの点滴/真空で傷口を覆い、抗凝固剤の注射をしました、私は微笑んで「ああ、私は大丈夫です」と言いました彼が立ち去ったとき。ドリーンがすぐそこにいて、私は嬉しかったです。その夜、私たちはテレビでオスカーを見ましたが、信じられますか?

　3月25日火曜日、適度な睡眠、サムで目が覚めるとたくさんの痛みがあり、右膝の外側は非常に痛く、モルヒネが多かった。あなたはこれを信じますか?午前11時に理学療法士が現れて、椅子に座って足を動かそうとするように頼みました、私は胃に気分が悪くなりました。痛みがたくさんあり、もっとモルヒネが必要だったので、食べ物を持ってきて「冗談にならざるを得なかった!」。ジェイクがドリーンと一緒に遊びに来てくれたけど、長い一日だったので本当に残念だった。翌26日の朝、非常に長い夜の耐え難い痛みの後、私は発疹を発症しましたが、他の兆候はすべて陽性でした。私はほとんど知らなかったが、この日の午前9時30分頃にポーラが誘導され、午前10時30分頃、私は今、膝を前後に動かして動かす膝の機械に乗っています、そして彼らは私に「歩行器」を手に入れ、私は歩くように頼まれました。

　1996年3月26日の正午12:00、ケリー・リン・カリー、8ポンド3オンスの最初の孫娘が、私が新しい右膝で病院の廊下を歩こうとしているときに生まれました。その日の残りの時間は、ドリーンが1時間後の午後1時頃に出産について私に話し、赤ちゃんが2つの内反足で生まれたことを私に話したので、想像できるように私たち全員にとって壊滅的でした。ドリ

ーンは出産直後、少しがっかりしていましたが、ダイアンがポーラと赤ちゃんと一緒にいると、インターンが待合室に出てきて「わかった、おじいちゃん、もう入っていいよ」と言いました。ポールはすぐに前に出ましたが、ドリーンが前に出たとき、彼女はインターンから「少し待たなければなりません。一度に2人の訪問者だけ」と言われました。

ジェイクが生まれたときに最初に尋ねた質問の一つは、彼が最初の孫であることから大きな懸念事項であったが、なぜかケリーが私たちの次孫であるため、私たちはすべてがうまくいくだろうと本当に悪い仮定をしていたので、ジェイクが生まれたときには、クラブフィートの問題についてでした。

その日の後半になっても、私はまだケリー/モルヒネ/痛みと不快感についてのニュースに苦しんでいました。ドリーン/ジェフ/ドクター・ウパール/ドクター・マッキンレー/ジミー・マック/アランとヘレン/アレックスとジェシー/ディック・フレッチャーは全員何度も訪問し、アイリーンはその日の後半に私がニーマシンに乗っている間に電話をかけました。

その夜、私はひどい悪夢を見て、動悸さえしたので、看護師は私が再び眠るのを助けるためにタイレノール3コデインを私に与えました。これは私の人生で最も長い夜の1つでした。翌朝、また不快な夜を過ごした後、彼らは私をさらに3時間ニーマシンに乗せたので、朝食にコデイン、トースト、目玉焼きと一緒にタイレノール3を2つ食べました。私のダンカン・マッキンレー博士と、ケリーのクラブフィートの状況について呼ばれたサウスコート博士からの訪問があり、クラブフィートについての私の個人的な懸念を理解し、彼はあなたが「赤ちゃんに会いに行く」必要があると言いました。

看護師たちは、必要なすべてのチューブと接続液を備えた車椅子に私を乗せ、ドリーンが私の横で産科病棟に行きました。

　1997年3月27日、私が最初の孫娘ケリーを腕に抱きながら、完全な膝関節置換術から回復した私の体に重要な水分を供給するチューブを備えた車椅子に座っていると、人生が提供しなければならなかったものに対処するための長年の肯定的な自信が数分で蒸発しました。彼女の小さな奇形の足を手で愛撫すると、涙は絶対的な喜びと絶望の入り混じった形で流れ始め、この美しい子供と彼女の両親に今後数週間、数ヶ月、そしておそらく数年がもたらすであろうことを考えると、私自身の不快感はすぐに忘れられました。

　初めての孫(ジェイク)が生まれ、私たちの心の中で最初に疑問に思ったのは「彼の足は大丈夫か」だったとき、医者は「はい」と答え、私たちは安堵に圧倒されました。

　どういうわけか、ケリーの場合、この質問は必要ないように思われました、遺伝学はおそらく結局のところ、本当の懸念事項ではなかった「私たちは考えました」、これは私たちがしばらくして発見したように当てはまらなかった。

　なぜか感情が爆発した後、ふくらんだ小さな目を見つめると、彼女は母のために泣き叫びました。看護師たちは、目に涙を浮かべたまま、病院の廊下をエレベーターまで運んでくれました　た。そこで私は、「これはすべて、ほぼ60年前に始まった場所」という自分の考えを抱きながら、回復室のフロアに戻りました。

補遺1

1998年10月29日

「内反足レポート:
ホノルルのシャミナード大学のエレイン・
カリーによって準備されました

子供が「内反足」で生まれたとき、生後2年間で子供の家族と子供の発達にどのような影響がありますか?
　1992年の9月、兄と彼の妻ポーラは、とても健康で幸せな(時々不機嫌な)男の子に恵まれました。ジェイク・アーロンは、健康な赤ちゃんが経験する発達の正常な段階をすべて経験し、両親に大量の喜びをもたらし、定期的な小さな欲求不満(奇妙な癇癪やうるさい食事)をもたらしました。
　ジェイクの体が強く、速く成長し、ほぼ毎週、彼を見るたびに大小さまざまな形で変化していくのを、私は不思議に思いながら見ていました。彼は1歳になる前に歩いていた。彼が2歳になる頃には、彼はサッカーボールを持って裏庭を走り回り、小さなホッケースケートで氷の上を足を引きずりながら

歩き、木に登る素晴らしい試みをし、基本的に彼の体と手足を
あらゆる方法で使用していました。彼の両親、祖父母、叔父、
叔母たち(私を含む)は、私たち自身の血を引く人間が健康で
幸せな方法で人生の旅を始めるときの興奮に伴う奇跡的な
喜びでいっぱいでした。

1997年3月、ジェイクが4歳のとき、彼の母親は2人目の子
供を出産しました。それぞれ1つずつ持つのはなんと完璧で
しょう!彼女はゴージャスで、ふわふわのブロンドの髪、魅惑的
なブルーブルーの目、そして最もキュートな女性の顔の特徴
を持っていました。彼女の笑顔はナースステーションを照ら
し、彼女の態度は「世界は素晴らしいです。ここにいることに
興奮しています!」でした。

彼女の人生の最初の数週間、そして治療が始まる前の何
ヶ月もの間、ケリー・カリーは、奇形のない赤ん坊が決して耐
える必要のない方法で彼女の肉体的および心理的な強さに
挑戦する奇形を持って生まれたという事実にまったく気づい
ていませんでした。彼女は生まれつき両足にタリペス(内反
足)がありました。

Mosby's Medical, Nursing and Allied Health Dictionary
(1994) によると、この状態の定義は次のとおりです。

足の先天性変形、時には子宮内狭窄から生じ、前足の中
足骨の片側または両側の逸脱を特徴とする。

言い換えれば、片方または両方の足が内側と下向き(ケリ
ーの場合)または外側と上向きに回転します。場合によって
は、非常に軽度のものでは、出生後に歩行が始まる前に足が
自分自身を修正します。ケリーのようなより深刻なケースで
は、手術、ギプス、スプリントが必要であり、それなしでは、子
供は歩くことが不可能ではないにしても、非常に困難である
と感じるでしょう。足首が所定の位置にねじれているため、足
は通常歩くときのように上下に動くことができません。両足が
影響を受けると、子供はボールと側面、さらには足の裏の代

わりに足の甲を歩きます。脚全体が本来あるべきように成長できないことがよくあります。ケリーの医者は、「内反足」が最も一般的なものの一つであると私たちに教えてくれました先天性欠損症は、米国で400人に1人が罹患しており、200年以上前に医師がその分野を専門にし始めて以来、子供の整形外科の主要な問題の1つとなっています。

　この悲しい状況の観察者としてだけでなく、感情的に巻き込まれた家族の一員として、私は兄の家族とケリーに対して非常に動揺していました、それは彼女が人生の最初の数年間に直面する特別な扱いと課題のためだけでなく、彼女が一生耐えなければならないかもしれない長期的な影響のためにも。傷跡のある奇妙な足、未発達のふくらはぎ、一般的に不均衡な脚など。

　その上、私たちは非常に運動神経の良い家族であるため、これによって身体活動にどのような制限が生じるのか心配していました。この時点で私たちが本当に知っていたのは、変形の程度と剛性によって治療が左右されるということだけでした。私たちは、ケリーの足が重篤なケースであり、ギプス、手術、装具が彼女の初期の頃の一部になる ことを知っていました。しかし、彼女はどのくらいの期間、特別なケアを受けなければならないのでしょうか?彼女が最終的に歩けるようになること以外に、私たちが期待できる具体的な明確な期間や結果はありませんでした。しかし、普通にどれくらいですか?そして、いつ?彼女は他の子供たちのように走ったり、ジャンプしたり、登ったり、 遊んだりできるでしょうか?私たちは今のところイライラした霧の中にいました。

　私の両親、ケリーの祖父母は明らかに動揺していましたが、特に父は本当にひどい思いをしていました。彼自身、内反足が片方で生まれてきたので、何か関係があるのではないかと思ったのだと思います。結局のところ、ケリーの医師による

と、ほとんどの症例は子宮内での発達中に獲得され、遺伝(先天性)を通じて獲得されるわけではありません。

しかし、私が行った簡単な調査中に、私は「親のための小児科」(1994年11月)というタイトルの定期刊行物で、「内反足」は遺伝と外的要因(例えば、薬物、病気、感染症などの催奇形物質)の組み合わせによって引き起こされる可能性があると主張するいくつかの情報を見つけました。

また、ブリティッシュコロンビア州の一部の専門家によって行われたMCLEANS(1998年2月2日)の研究を発見し、妊娠15週目以前に行われた羊水穿刺が4374人の赤ちゃんのうち29人に内反足を引き起こしたことを明らかにしました(年配の女性が妊娠について安心を求めたため、テストは以前に行われました)。ポーラは早期の羊水穿刺を受けていなかったので、ケリーのケースではその可能性は否定されました。

医師のコメントも私の研究も、内反足のせいで子供時代が苦しんだ壊滅的な制限を父がよく知っていた父の不安を解決するようには見えませんでした。これらには、長期間病院に閉じ込められることが含まれていました。彼の母親が彼に受けさせなければならなかった苦痛な理学療法は、彼が　12歳になるまで毎日、そして制限され、不快な装具を着用しなければなりませんでした。彼は6歳になるまで、歩いたり走ったりするための「普通の」歩数さえ歩くことができませんでした。

「あれからずいぶん変わったよ、お父さん」と私たちは彼に言いました。私たちは皆、今日、治療がさらに進行することを知っており、それが父が耐えてきた苦しみをケリーに引き起こさないことを密かに願っていました。彼の内反足の脚は未発達で、他の足よりも短くて細いものでした。彼の左足は小さく、土踏まずがなく、足首には大きな傷跡があり、つま先の位置がずれていました。彼はこの困難を乗り越えて、スコットランドの長距離レースサイクリストになり、ある意味ではオンタリオ州のスターサッカー選手になり、定期的にランナーにな

りましたが、彼の脚の外観、足を引きずり、それが彼の腰に与える影響は確かに彼を悲しませました。

　ケリーの人生の最初の数週間、家族のさまざまな反応を観察しながら、私は完全に健康な赤ちゃんがいかに素晴らしいかを実感し、ジェイクがそうではなかったことに深く感謝しました健康上の制限に直面しています。また、私たち家族、特にケリーのお母さんとお父さんが持っていた強さも認識していました。二人の関係は長年にわたって開花し、ますます良くなっています。

　ジェフとポーラは、お互いや子供たちを愛し、支え合っているだけでなく、人生のユーモラスな側面を見て、物事を明るく保つユニークで素晴らしい方法を持っています。彼らの家は笑いと冗談、そして暖かさと受容に満ちています。ケリーとジェイクはどちらも間違いなく素晴らしいホームサポートシステムを持っています。この愛、サポート、ユーモアは、ケリーの足を「固定」するための治療を始めた困難な数ヶ月で生き残るための重要な要素でした。

　次のインタビューでは、ケリーの両親がケリーの足の治療と彼女の発達の進行状況に関する具体的な質問に答えます。

Q　治療は何歳から始まり、どのようなものでしたか?

A　ケリーは生後2週間のとき、サウスコット医師が彼女の足を操作した後、彼女を初めて両側の足のギプスに入れました。彼が彼女の足をひどく痛々しく捻じ曲げるのを見るのは心が痛むものでした。おそらく、彼女は痛みを感じていなかったのでしょうが、私の小さな娘は血まみれの殺人を叫んでいて、その時点で私は医者が冷酷な拷問者のように感じました。彼は2週間ごとに彼女の足を動かし続け、生後4ヶ月になるまで毎回ギプスを交換し、ロンドンの別の専門医を紹介し、3〜4ヶ月以内に手術が必要だと

言われ、これからはモントリオールまで行かなければならない(車で10時間、電車で14～20時間)治療を受けなければなりません。

Q 次に何が起こったのですか?

A 9月7日、私たちはケリーを初めてモントリオールまで列車で移動させました。専門医のハムディ博士は彼女を診察し、キャスティングしました。その後、彼女が手術の準備が整うまで、2週間ごとに再キャストをしなければなりませんでした(それは12月になるはずでした)。

Q 12月に起こらなかったのですか?

A いいえ、彼女の手術は3ヶ月間で4回も延期されました。ある時、モントリオールで吹雪が吹いたことがあり、その後、ケリーはひどい目に遭いました風邪をひいて、それから彼女は2回イースト菌感染症にかかりました。そんなことが起こるのだろうかと思っていましたが、3月4日、彼女がもうすぐ1歳になったときに、ついに実現しました。彼女は実際に、足に金属棒を挿入してまっすぐにするために、4時間の手術を2回受けました。これらはそのままで、彼女はさらに6週間再びキャストしました。その後、ロッドを取り外すためにさらに2回の手術を受け、さらに6週間ギプスを着用しました。

Q ケリーはこれにどのように対処したのですか?

A 私が言えるのは、彼女は本物の兵士だということです!彼女は、イースト菌感染症、風邪、足の痛みを伴うねじれ、大量の薬物、ギプスの下での深刻で持続的な湿疹にもかかわらず、彼女はいつも私たちに笑顔と笑い声をあげていました。彼女の最初の手術の後、私が本当に心配していた夜がありました。彼女を腕に抱きしめていると、彼女がモルヒネに対して奇妙な反応を示し、禁断症状を乗

り越えてくるジャンキーのように振る舞うのを感じました。彼女の目はぐるぐる回っていて、腕と脚は抑えきれずに羽ばたいていた。彼女を抱きしめることができないのではないかと心配でした。彼女は2時間、地獄を通り抜けました。真夜中までに、彼女はすっかり疲れ果てて気絶していた。あの夜のことは一生忘れません。

Q 手術後の次のステップは何でしたか?

A 私たちは、彼女が初めて歯列矯正を受ける5月14日まで、キャスト交換のためにモントリオールへの旅行を続けました。これらは、彼女が成長し、彼女の足と脚がより強く、より機敏になるにつれて調整する必要があります。

Q 医療費は健康保険で賄われていましたか?

A キャスティングや医師の診察にかかる費用の多くはカバーされていましたが、ケリーが専門医に通い、またケリーを通わせるためにどれだけの移動をしなければならないかがわかったとき、私たちは心配になり始めました。結局、シュライナー夫妻が私たちを訪ねてきて、ケリーをモントリオールのシュライナー病院で「スポンサー」にすることを決めたのです。彼らは彼女の列車の切符と、彼女がトーゴーに行くたびに大人の列車の切符1枚を支払うことになった。彼らはまた、私たちの多くの宿泊者のホテル代と食事をカバーします。これは、実の命の恩人であることが判明しました。ケリーの治療を受けるために休暇を取る必要があった仕事の賃金の損失をすべて埋め合わせることはできませんでしたが、私たちはかなり幸運だと感じました。

エピローグ

ケリーは彼女の歯列矯正で驚くほど順調に進行し、1998年6月1日に大人の手の助けを借りて彼女の最初の一歩を踏み出しました。9月14日、彼女は少なくともその年齢の兄ジェイクと同じくらいのエネルギーと熱意を持って一人で歩き始めました。母が1年半で成し遂げたこと を、父は片足だけの傷で6年かけて成し遂げました。彼女の未来は「専門家」によると楽観的に見えます。彼女は他の子供たちと同じように、歩いたり、走ったり、登ったり、やりたいことを何でもします。唯一の違いは、定期的な進行状況チェック(足が内側に戻り始めた場合、彼女は再び軽度の矯正治療が必要になります)、彼女のふくらはぎと足は彼女の上肢に比べてわずかに小さくなり、彼女の足にはいくつかの余分な皮膚のひだと軽度の瘢痕があります。

　「内反足」(一方または両方)の状態は、内反足の赤ちゃんの家族に感情的および経済的に消耗する影響を及ぼし、生後数年で子供の身体の動きを遅くする可能性があることは明らかです。ケリーにとって残念なことに、彼女が自意識を持ち始めると、彼女の足と脚のわずかに異なる外観が彼女の自尊心と自信に影響を与える可能性があります。しかし、彼女が家で持っている愛とサポートにより、彼女の自尊心は非常に健康的であるはずであり、彼女の「兵士」の特徴と前向きな態度が続けば、彼女は幸せで健康で成功した生活を送るでしょう。

補遺2

への感謝の気持ちを込めて書かれています
サーニア・ラムトン・シュライナーズ・プログ
ラム、2003年6月ケリー・リン・カリー

生まれる:
セントジョセフ病院、サーニア1997年3月26日。兄弟:
ジェイク・アーロン、1992年9月9日生まれ。
親:
ポーラ&ジェフ・カリー。
祖父母:
ポール&ダイアン・ジラー、ジム&ドリーン・カリー。

分娩後すぐにブラント医師から連絡があり、娘が内反足を持っていることを知らせ、750人の赤ちゃんのうち1人が内反足で生まれ、通常は片足しかないと教えてくれました。彼女はまた、このタイプの変形は手術やギプスによって矯正できると述べました。

医師は、なぜ子供が内反足で生まれるのかわかりません。遺伝的なものだと感じる人もいれば、子宮内で足が一箇所に詰まって適切に成長できないと信じている人もいます。ケリー:おじいちゃんカリーは片方の内反足で生まれました。

　サーニアの医師は、彼女が生後わずか1週間のときから、2週間ごとに彼女の足にギプスをはめました。彼女の足は、ギプスの各セットが彼女の膝の上に適用される前に操作されました。3ヶ月後、サーニアの医者はできる限りのことをしてくれて、私たちをロンドンに送ってそこで医者に診てもらいました。

　ロンドンのドクターは、ケリーが足を矯正するためにはおそらく手術が必要だと言いましたが、私たちはこのドクターに完全に満足しているわけではなく、何をすべきか不安を感じていました。ラムトンシュライナーズのヒューマクドゥーガルは、ケリーの祖父母と別の共通の友人ボブガブリエルの両方のセットを知っていました、彼らとの会話中に、シュライナーの組織は、これらのタイプの医療/身体の問題を抱えた子供たちの世話をしていると言及されました。アル・ジャックスとジョージ・ダンズワースもラムトン・シュライナーの6月に私たちの家に来て、彼らがケリーのために何をできるのか全くわかりませんでした。彼らは、パレードで変な帽子をかぶったり、ミニカーを運転したりすることは、シュライナーとしての彼らの義務の一部に過ぎないと私たちに保証しました。彼らは、ケリーのような問題を抱えた子供たちを助けることを専門とするモントリオールの病院があることを私たちに知らせました。また、ケリーがシュライナーズ・キッドとして受け入れられれば、彼女の医療費、旅費、宿泊費、食費はすべて支払われるとも言われた。私たちは、これらの男性が私たちに何を言っているのかほとんど信じられませんでしたが、申請プロセスを通過することに同意しました。

　7月にモントリオールのシュライナー病院から電話がありました。彼らは私たちに、ケリーのケースを評価するために、9月にモントリオールに来るように頼みました。私たちは、委員会であるアル・ジャックスに電話しましたChildren's　Welfareの会長であり、モントリオールへの多くの旅行の最初の手配

を進めました。9月7日にサーニアを出発し、夕食時頃にモント
リオールに到着しました。タクシーで迎えに来て、フォーラム
の近くにある「Le Riche Bourg Hotel」という美しい場所に連
れて行かれました。これらはすべてシュライナーの組織によっ
て手配され、私たちを旅行に伴うストレスから解放してくれま
した。

　9月8日、私たちはケリーをタクシーで病院に連れて行きま
した。病院は丘の中腹に建てられたスペインの別荘のように
見え、美しく、このような病院は見たことがありませんでした。
正面玄関を入ると、ロビーには大きなぬいぐるみや子供た
ちの絵が飾られていました。建物は、障害のある子供、スロー
プ、低いトイレ、洗面台などのために設計された。私たちはハ
ンビー博士に連れて行かれ、ケリーの足は手術が必要だと説
明されましたが、彼は彼女が1歳になるまで待つことを好むと
説明しました。ハンビー博士はケリーの足に新しいギプスを
装着し、2週間後に新しいギプスを取りに戻るように頼みまし
た。次の8ヶ月間で、私たちはモントリオールのシュライナーズ
病院に23回行きました。ハンビー博士は、1998年3月の間に
各足の手術を別々に行いました。

　彼女は手術までギプスをはめられ、その後6週間は病棟
にいました。シュライナー:ケリーにカスタムメイドのブレース
を装着させ、その後6ヶ月間着用しました。

　ケリーは1歳半のときに歯列矯正をして最初の一歩を踏
み出しました。彼女は現在6歳で、他の6歳児と同じように走
ったり、ジャンプしたり、遊んだりします。ケリーは、足が適切
に成長していることを確認するためだけに、モントリオール
のシュライナーズ病院に毎年訪れる必要があ　　り。Shri-
ner:swillは、彼女の骨の成長が止まるまで、ケリーの医療ニー
ズの世話をします。

　ラムトン・シュライン・クラブのアル・ジャックスとジョージ・
ダンズワースに会った日以来、ケリーの医療費、旅費、食費は

1セントも支払っていない。これがどれほどの費用がかかるかは想像できませんが、それ以上に、ケリーが受けた質の高いケアを受けることは想像できません。モントリオールシュライナー病院の医師、看護師、スタッフは世界中から来ています。

シュライナーズは、子供たちとその家族にクリスマスパーティーを提供し、ピエロの風船を吹き飛ばしたり、子供たち全員のために動物や帽子にねじったり、手品を披露したりしました。サンタテンは、子供たちとその家族に一足早いクリスマスのサプライズを届けるために来ました。毎年、私たちはまた、誰もが楽しめる毎年恒例のシュラインサーカスに参加するように扱われています。

私たちは常にラムトンシュラインクラブ、アランジャックとモントリオールシュライナー:sHospital　が「ケリー」のために何をしてきたか、そしてこれからも続けて行ってくれることに感謝します。

ポーラ、ジェフ、ジェイク(2003)

ケリー・リン・カリー

ケリー・リン・カリー、17歳、スコットランドのエジンバラにある#1アッパーボウを訪れ、約67年前におしっこをしていました。昨年の春、ケリーは英国全土を1ヶ月間旅行し、エジンバラ大学を含むいくつかの大学を訪れ、「グローバルジャーニー」と呼ばれる教育グループに参加しました。

ケリーは現在、オンタリオ州サーニアのセントクレア中等学校に通っており、すべての科目で平均96%を維持し、11年生で1位になり、いくつかの賞を受賞し、2015年にオンタリオ州のどこかの大学に行くことを楽しみにしています。

ジム・カリーについて

ジム・カリーは、スコットランドのエジンバラのすぐ西にある小さな町、ボーネスで生まれました。彼は55年以上にわたって彼の人生の愛ドリーンと結婚しています。一緒に、彼らは3人の子供と4人の孫を持っています。現在、カナダのオンタリオ州サーニアに引退した彼らは、ウォーキング、運動、読書、音楽鑑賞、友人との訪問を楽しんでいます。